集人文社科之思　刊专业学术之声

刊　　名：东南法学

主办单位：东南大学法学院

主　编：刘艳红

SOUTHEAST UNIVERSITY LAW REVIEW

学术　顾问（以姓氏笔画为序）

王利明　李步云　张文显　张卫平

吴汉东　应松年　陈兴良　韩大元

编委会主任　周佑勇

主　　编　刘艳红

副　主　编　汪进元（常务）　熊樟林

编　　委（以姓氏笔画为序）

于立深　叶金强　沈岿　李浩

何海波　陈瑞华　欧阳本祺　赵骏

桑本谦　龚向和

编　　辑　冯煜清　叶泉　刘启川　陈道英

单平基　杨志琼

2019年　春季卷

集刊序列号：PIJ-2018-355

中国集刊网：http://www.jikan.com.cn/

集刊投约稿平台：http://iedol.ssap.com.cn/

刘艳红 ◎ 主编

2019年
春季卷

SOUTHEAST
UNIVERSITY
LAW
REVIEW

东南法学

社会科学文献出版社
SOCIAL SCIENCES ACADEMIC PRESS (CHINA)

目 录

名家讲坛

什么是人权

——根据李步云教授讲座录音整理

李步云

　　讲座中李步云教授围绕"什么是人权"这一主题展开论述。李步云教授回顾自己七十年的工作经历，初心未改，感谢党和人民的养育之恩。李步云教授一生主要做了两件大事：一是倡导依法治国；二是倡导尊重保障人权，形成比较系统的理论并将其写入宪法。我们东南大学十分重视人权法理论教育，因此今天和老师同学们主要就人权这个题目进行交流。

　　人权是个伟大的名词，在实践中我国对人权的保护自改革开放起步，但在理论观念上我们曾走过一段曲折的道路。这是因为对偶尔的一个事件的发生没有处理好。1982 年宪法制定以后我国决定取消"文化大革命"中开展的"大鸣、大放、大字报、大辩论"，但是取消"四大"以后仍允许各个单位、城市选定一个地方允许老百姓、学生贴大字报、小字报。北京市就选定西单一块墙壁允许北京市市民、学生张贴大字报、小字报，后来被称为"西单民主墙"。在这个过程中，从 1982 年到 1990 年，曾有张"不好"的大字报写道："我们党欢迎美国总统卡特到中国来关注我国人权问题。"这张大字报引发社会各界的热烈讨论，最后汇报到时任国家主席邓小平同志那里，邓小平同志当时作出回应，我们保护多数人的人权，在这一点上我们与美国是不同的。党中央十分重视这个问题，决定对广大市民进行人权教育，并委托社

科院法学研究所撰写文章阐述我国人权观点，但撰稿人由于对人权问题并不是很了解，对中央精神产生了误读，将文章的题目表述为《人权是资产阶级的口号》。一个多月以后，党的机构刊物《红旗》杂志刊登了北京大学三位教授合著的关于人权的文章，文章最后得出"人权是资产阶级的口号"的结论。该文一出，在西方社会引起巨大反响，西方国家纷纷批评中国政府不讲人权。从此以后，舆论一边倒，不再讨论社会主义的人权问题。直到苏东剧变，国际社会主义阵营经历巨大浩劫。国家领导对此十分重视，认为有些问题我们无法回避，应对其进行仔细研究。政治局给出十九个题目要求社会各界一起研究探讨，其中要求两个课题组对苏联垮台原因进行分析。最后，其中一个课题组得出结论认为，一是戈尔巴乔夫叛变，二是帝国主义颠覆。而社会科学院的课题组得出结论认为社会主义制度在运行中出现了问题，当时对这个问题大家的观点未达成一致，但党中央对这十九个题目十分重视。为了更好地对人权理论进行研究，社科院成立了人权研究中心。在研究所成立后，在社科院召开的第一次人权研讨会中，大家集中讨论了"什么是人权"这一问题，并得出结论认为：人权是人依据自己的自然属性和社会属性所应当享有的权利。人权的这一定义在李步云教授编著的教材中仍保存使用。

随后，李步云教授对人权的定义进行了详细分析。首先，什么是人权的主体？什么人可以享有人权？从人权的主体来看，其可以是个人，也可以是某个群体。个人所享有的权利有很多种，但我们每个人都享有的权利可以分为人身和人格权、经济社会文化权利、政治权利和自由这三种权利。同时，社会群体也享有一定权利：一是弱势群体的权利，二是特殊群体的权利。例如，服刑人员、灾民、战俘的人格权利保护。除个人和群体这两大类，全人类也可以成为人权的主体，例如，世界范围内的战争涉及全人类的安全问题，环境污染也涉及全人类的利益。因此，人权从主体来看主要涉及个人人权、群体人权、集体人权这三类。从人权的内容来看，人权存在三个层面：应当

享有的权利、法律规定的权利、法律未规定但实际享有的权利。这个观点即使在国际理论界也是十分先进的。然而在这个定义中仍有一个问题，即人为什么会享有这种权利。在国际上有一种公认的观点认为，这是依据人的人格尊严和价值而产生的。但人为什么会有自己的人格尊严和价值呢？这就涉及人的属性问题。人从本质上来说是一个理性动物，因此人能够认识、利用自然界的规律，从而改变自然界。从这个角度出发，李步云教授认为人具有天性、理性与德性这三种区别于其他动物的属性。就人的德性这一属性来说，博爱、平等这些德性是人的血统，是人类共同战胜自然所必需的。因此，人之所以具有人格尊严和价值，这是由人的本性所决定的。

接着，李步云教授对几个人权问题提出了自己的观点。一是国家主权与人权国际保护的地位问题。曾有学者主张在任何时候、任何地方，国家主权都应高于人权保护，但李步云教授认为这种观点"过头了"，他认为人权保护是既有国界，又没有国界的。对于以下八种侵犯人权的行为，人权保护应是"没有国界"的，国际社会可以对其进行干涉，包括：奴隶买卖、种族歧视、种族隔离、种族灭绝、国际恐怖活动、非法发动侵略战争、非法监测他国领土、大规模污染空气海洋。比如，五十多年前南非政府推行的种族歧视和种族隔离政策，就遭到了国际社会的谴责和制裁，我们国家当时也有参与。对于人权领域出现的政治化、意识形态化现象，李步云教授持反对意见，他认为属于一国内政管辖范围且与上述八种行为无关的事项，人权保护就应是"有国界的"，不能打着"保护人权"的旗号对他国内政滥加干涉。二是人权的普惠性和特殊性问题。过去很长一段时间里，无论是在国家、政策，还是人权观念上，我们都回避人权的普遍性，只讲特殊性。直到1993年维也纳宣言的时候，我国的代表团表态，承认人权的普遍性。很快我们国家就发表了关于人权共同标准的红皮书，之后我国还参与了25个国际人权公约。但承认人权的普遍性与强调我国特有的国情，这二者并不矛盾，是可以

统一起来的。比如，生存权、发展权便是所有人的人权，这也是我们国家反复强调的。

此外，李步云教授向大家讲述了"人权为什么伟大"这一问题。2013 年国务院授权国务院新闻办公室，发布了第一个中国人权状况白皮书，书中第一段提到人权是个伟大的名词，无数仁人志士为之奋斗。那么人权为什么是伟大的呢？"伟大"这个词我们国家在官方文件中是不轻易用的，而在此处提到人权时却用了"伟大"这个形容词，这有何深意呢？李步云教授对此提出了五点个人理解。第一，尊重和保障人权是社会主义的最高追求。马克思在《资本论》等巨著中曾经说过，我们共产主义的最终目的是要使每个人得到自由而全面的发展。有位西方记者曾问恩格斯："社会主义究竟好在哪里？社会主义究竟是什么？"恩格斯用共产党宣言的两句话来回答他，一句是"我们所追求的理想社会是一个个人的自由，是所有人自由的条件"，另一句是"平等是共产主义的政治论据"。正是因为资产阶级社会的不平等，所以追求平等的人才要推翻旧的制度，建立社会主义制度，所以说平等自由就是社会主义最本质的特性。另外，人们各取所需、物尽其用，大家都能满足自己的一切需要，实现共同富裕，这也是我们共产主义的理想。所以说社会主义的目的归根结底就在于保障人权。第二，尊重和保障人权是对人民权益的最好保障。我们党和国家成立的目的就是为人民服务。但是，为人民服务是一个抽象的、总的概念，如果每个老百姓的权益得不到保障，为人民服务就只是一个空洞的口号。第三，尊重和保障人权是制定和实施社会主义法律制度的根本目的。法律把人民的权利具体化、明确化，并以国家强制力作为保障，确保每个公民的人权不受侵犯。这也是法律作为一种保障人权的手段所具有的根本目的。第四，尊重和保障人权是科学发展观的出发点和最终归属。早在十六大中，我党就提出，我们的发展为了人民，发展依靠人民，发展成果由人民共享。发展本身并不是目的，发展始终要围绕人民利益的最大化来

展开。第五，尊重和保障人权是全人类的共同价值追求。

最后，李步云教授谈到了他在 2003 年对宪法修改提出的重要建议。在当年全国人大常委会召集宪法学专家征集修宪意见的会议上，李步云教授曾提出四条建议，最后有"两条半"被采用。一是主张把尊重和保障人权写入宪法。其理由在于：首先，尊重和保障人权曾被广泛误解为资产阶级的口号，将其写入宪法将有利于解放思想；其次，有利于立法、执法和司法机关开展人权保护；再次，将尊重和保障人权写入宪法更是提高宪法内部体系科学性的必要举措；最后，这对我国国际地位的巩固也有重要意义。二是主张废除《城市流浪乞讨人员收容遣送办法》。2003 年的孙志刚事件在当时社会产生了很大影响，引起了人们对该行政法规的广泛讨论，人身自由属于绝对法律保留的事项，行政法规对限制人身自由作出规定，就是违宪。对该法规进行废除也是众望所归。最后的半条是提倡建立违宪审查委员会，建立违宪审查机制。虽然我国还未建立违宪审查制度，但现在已将法律委员会改为宪法和法律委员会，所以说是被采纳了半条建议。

李步云教授发言后，周佑勇副校长代表东南大学和法学院对李教授十多年来对法学院建设的支持和做出的巨大贡献表示了感谢。讲座在师生热烈的掌声中圆满结束。

《监察法》理解和适用的若干重要问题[*]

——根据秦前红教授讲座录音整理

秦前红^{**}

一 《监察法》的立法背景

很高兴到东南大学法学院这个有温度又有锐度的法学院，刷了一个巨大的存在感。《监察法》已经正式颁行了，在这一段时间里面，我大概调研了全国十几个省份的监委。从监察制度启动改革之初，我就一直在关注和跟踪它的发展，因此我想借这么一个宝贵的时间，跟在座的各位教授、监察委、人大的领导和各位同学，把我所理解的《监察法》在实施中或者立法中的有关问题跟大家做一个汇报。

监察制度的改革，从十八届四中全会关于全面依法治国的决议开始，高层的想法是把监察体制改革也写进决议中。但当时（高层）只是想修改《行政监察法》，尽管说要解决监察范围比较狭窄、监察力量分散的问题，然后把修改行政监察法的任务交给了中纪委。中纪委经过研究以后，认为要进行一次大修改。五四宪法以后，我们确立的中国的宪制架构，基本上就是人

---

　　* 本文系东南大学法学院硕士研究生丁鹏根据讲座记录。

　　** 秦前红，教育部"长江学者"特聘教授，武汉大学法学院教授、博士生导师。

大制度之下的"一府两院"。在七十多年的时间里面,这个架构基本上没有变过。改革开放四十多年,我们即便做过无数次改革,也没有动国家的宪制架构。

当然,这一次国家的组织架构和权力配置都发生了重大的变化,即要把行政监察体制变成国家监察体制。这样的改革如果试点,是无法做到立法科学化的。于是从2016年的6月份到10月份,中央深化体制改革领导小组、中央政治局连开五次会议,研究监察体制的问题。这表明:第一,决策层最初对这个问题是没有达成一致共识的;第二,这个问题兹事体大,(决策层)非常慎重。五次会议之后达成的共识是要推进监察体制改革。首先在三个地方展开试点。关于试点,《立法法》规定重大改革的试点最长是可以有五年期限的,我们的监察体制改革从部署到展开只用了半年左右的时间,到12月底就全面推开试点了。

这里有一个重要的问题,就是监察体制改革要不要同时修改宪法。最初中纪委的想法是绕开宪法的,支撑我的证据有全国人大常委会的网站上显示的《监察法草案》一审稿,这一稿中是没有"根据宪法制定本法"这八个字的。

李建国在关于监察法草案的说明中,讲到了绕开宪法的两个理由。第一个理由,根据《宪法》第62条第3款,全国人大有权"制定和修改刑事、民事、国家机构的和其他的基本法律"。法律的解释方法一般是文义解释,这里涉及的问题是这个条款结合监察体制改革到底应该选择什么样的解释方法。我的初步感觉是应该用体系解释的方法,并结合比较研究的方法。一个宪法里没有出现过的国家机构,应该是(由)宪法保留的,但这个结论需要有一个学理的梳理过程。第二个理由,说是修改《行政监察法》,使之变成《国家监察法》,但这两者的职能、使命、内容都是完全不一样的。更重要的是《行政监察法》本来就有一句话,即"根据宪法制定本法"。最后当然宪法就绕不过去了。

之后的 2017 年 8 月 28 日，中共中央决定正式启动修宪。最重要的原因就是监察体制改革。在修宪的立法工作中还发生了很多问题，这是在宪法教义学中需要解决的。

第一个问题是应该把监察机关放到宪法的哪一部分。有人说放在国家机关这一部分。但宪法规定了这么多国家机关，具体放在哪里呢？有两种主要分歧意见，一种是放在法院之前，另一种是放在检察院之后。现在的方案是放在了法院之前。为什么放在法院之前更合适，这个是需要宪法的理论作出回答的。

第二个问题，之前在 1982 年之后有 4 次修宪，形成了 31 条修正案，我们的修正案跟美国的宪法修正案是不一样的，美国的宪法修正案独立成条，独立援引，我们过去的修宪是要根据修改的内容对宪法重新进行颁布的。但是以往八二宪法的 138 条序号是没动的，这次加了 5 条变成 143 条了，产生了很多问题。首先，是应该表决 21 条修正案还是将 143 条全部表决？因为 125 条之后跟原来对应的序号表述的内容是不一样的，从逻辑上来讲可能是需要重新表决的。其次，我们的现行宪法是叫八二宪法，还是叫一八宪法？当然现在定调可能还是叫八二宪法。实践上的后果是序号的变动造成大量的立法要打包修改。根据宪法制定的法律法规，如果引用了序号，引用的条文（都）要打包修改。所以司法考试、国家公务员考试、干部法律知识考试、建立了题库的、根据宪法出题的也要修改，我们的教材也要改，成本很高。其实是有不变的办法的，德国基本法是有一种技术办法去处理这个问题的。"两会"期间，我和韩大元教授提交了一个报告，就是说坚持宪法修改的内容不变，但是要保持序号的稳定性。报告一直给到中央修宪小组和很多部门，其基本上认为我们是有道理的，但最终没有采纳。因为从中央提出建议案到全国人大常委会提出草案再到表决，从来都是一字不动的。如果这次按照我们的建议做了改动的话，那可能是要犯政治错误的。但是王晨的修宪说明最后一段提到了序号问题，就是对我跟韩大元教授这个报告的回应。

第三个问题是宪法和监察法的审议议程是有特殊安排的。1月2日，中央召集智库和学者就修宪问题举行专家座谈会的时候，在152号会议室，我当天提了几点说明建议，就提到这个问题。因为我们（学者）的预期是修正案表决后一两年再表决《监察法》，（而中央）最后的决策是两个法在一次会上通过，逻辑上会产生一定问题。如果不处理好这个问题就会影响社会观感，后来果然在开会中就出现这个问题了。3月11日宪法的修正案表决通过，当天监委就要做《监察法草案》的说明。全国人大常委会包括人大主席团的很多人不同意。因为宪法的正式生效是必须要有公布程序的，通过以后如果没有公布，这个宪法（修正案）就没有生效。这样，本来是要为监察体制改革制造合宪性依据，结果现在宪法还没生效就做说明，不合适。后来是3月12日做《监察法草案》的说明，3月20日通过《监察法》，把这个逻辑关系理顺了。

就《监察法》立法本身怎么来设计也是有几种考量的。过去国家机关一般的立法模式是有一个组织法、有官员法、有职权法和程序法，两院有法院和检察院组织法、有法官法和检察官法，政府系统有组织法、有公务员法，人大有组织法、有代表法。按这样一个立法模式，监察法也应该先有监察组织法，再有监察官法、职权法和程序法。但最后我们的《监察法》是一个综合立法，前三章讲的是组织问题，第14条提了监察官制度的问题，后面就是职权、程序等其他问题。

第四个问题是监察立法应是完备详尽的还是具有简约原则性，这是两种不同的立法思路。一审、二审的时候，监察法只有66条，到了三审又增加3条就是69条，如此重大的一个改革，只有69条，我把它称为宜粗不宜细的立法智慧，这可以解决很多立法难题。但这是一个硬币的正反面，会造成很多执法中的问题，甚至以后可能会造成司法中的重大问题。

二　理解与适用

（一）监察对象与监察范围

接下来我来讲在《监察法》的理解和适用中，经过调研和思考发现的一些问题。

关于监察范围的问题，也就是监察对象范围到底有多大，现在有很多是不清楚的，或者说是没有完整地把握监察法的立法意旨的，即使是监委的人也未必搞清楚了。通常讲，监察对象是指第 3 条的行使公权力的公职人员，这讲得对，但不完全对，是似是而非的。除了第 3 条以外，第 15 条采取列举加概括的方式讲了六种情况，监察机关对下列公职人员和有关人员进行监察：第一种是人大、党委、政协、民主党派、人民法院、人民检察院、监委、参照《中华人民共和国公务员法》管理的人员等；第二种是法律、法规授权或者受国家机关依法委托管理公共事务的组织中从事公务的人员；第三种是国有企业管理人员；第四种是公办的教育、科研、文化、医疗卫生、体育等单位中从事管理的人员；第五种是基层群众性自治组织中从事管理的人员；第六种是其他依法履行公职的人员。

这里面第一个问题是，很多在我们国家政治生活中起很重要作用的组织，如工会、共青团、妇联、法学会、基金会、证监会中从事管理的人员当然是监察对象，但没有进入第 15 条的描述范围。原因可能是立法表述的困难性，还有可能是一种疏忽。最终可以通过兜底条款将其纳入监察对象范围。

第 15 条实际上已经突破了《监察法》的第 3 条，因为它的表述是下列公职人员和有关人员，是并列关系，有关人员其实不在公职人员里面。这其实是可以理解的，比如在基层组织中从事管理的人员，国有企业从事管理的人员，很多事业单位的管理人员，其实不是公职人员。关于把他们纳入监察对象的原因，我去查了一下比较法的资源，发现韩国的反腐败立法中有类似的规定。你的行为的公共性，可能导致（你的行为）影响公共利益、损害公共秩序，因此将其纳入监察范围。

这样一种立法的表述，其实是一个不确定的词，由此产生的第二个问题就是应该如何将其确定化，转化为具体问题。比如在高校中，将校长、院长和书记划进监察对象没问题，但下一步，教研室主任、学科带头人划不划进去呢？这是一个现实问题，我给教育部也提了一个正式的咨询报告，原则上处理这个问题的第一种方式是做列举，大概也只能列举到中层，要再往下走，就一定会造成监委"消化不良"。在监察体制改革试点的初期弄得太宽泛了是很麻烦的。但高校的其他人员确实也有一定的权限。这里要采取的办法就是确定某些原则。

又如《监察法》第22条就是涉案人员和涉案单位条款。这个条款从逻辑上导致了每个人都可以成为监察对象。比如说在农村抓某村主任、某支部书记，农民就可能成了涉案人员；在某城市把学院院长抓了，那可能一个普通老师就成了涉案人员；在某公司里面抓一个老总，普通工人就可能成为涉案人员。无人不可能成为涉案人员。现在在监察实践中就已经出现了这种（滥）用涉案人员条款的情况。比如说很多地方在扫黑除恶的时候，请监察委员会出面。本来扫黑除恶应该是公安机关的事情。但是公安机关受《刑事诉讼法》等的约束，于是它就请监察委员会出来兜底，这是第一种情况。第二种情况是用涉案人员和涉案单位条款去限制当事人的诉讼权利，限制律师的权利。前不久我到广东去给广州市的律师协会做演讲的时候，有两个律师给我提出了一个和一个北京的律师曾经向我提出过的同样的问题：在普通团伙犯罪中，公安机关剥夺办案律师的会见权，理由是这个犯罪嫌疑人有行贿行为。行贿就适用涉案人员条款了，而监察机关调查的（人员）不允许律师会见。广州也有这种情况，在普通案件中用涉案人员条款剥夺律师的会见权。

湖北黄石目连寺，寺名取自目连救母的典故。目连是历史上有名的孝子，母亲生病以后，他割身上的肉熬汤给母亲喝，母亲的病就好了。目连寺的人问我现在监察委员会怎么可以管我们和尚了。监察委员会不管我们（和尚）的退休、工资、财产，管我们的和尚有没有照章经营。我说和尚是可以管啊，和尚要经过宗教事务管理局任命，只要我们（的和尚）是依法任命的和尚，他就可以管。所以涉案人员和涉案单位条款是非常厉害的条款。如果监察委员会不谦抑地行使权力，就可以将这个涉案条款指向每个人。

监察委员会讲的全覆盖，是指凡是国家工作人员、国家公务人员与拿国家工资、接受财政供养的人员都在其范围之内。我统计过中国有 8000 多万财政供养人员。按照刑事犯罪学的原理，查 1 个人至少影响 2 个人，那么监察覆盖 8000 多万财政供养的人，理论上可以覆盖 2 亿～3 亿人口范围。

《监察法》第 22 条是讲涉案人、涉案单位，第 23 条是讲指向财产。第 23 条也是可以用来扩充监察范围的。第 23 条表面（规定）监察机关对涉案人员和涉案单位财产不明的，可以依照规定查询、冻结。在湖北就出现过一个本身是扫黑除恶的案件。在这个案件中，岳父是涉黑人员，但不是职务违法、职务犯罪，而是普通的刑事案件，结果监察委员会莫名其妙地把女婿的财产全部冻结了。监察委员会的理由就是怀疑女婿财产里有来源不明的财产。还有其他一些类似的案件。而在这些案件中，财产被冻结是没有小法获得救济的。《监察法》只规定对查封、扣押、冻结的财产，经查明与案件无关的，应当在查明后三日内解除强制措施，予以退还。但是《监察法》对这个"查明"的期限是没有限制的。

讨论监察对象和监察范围，还需要看第 34 条——说明合并管辖的条款。

"人民法院、人民检察院、公安机关、审计机关等国家机关在工作中发现公职人员涉嫌贪污贿赂、失职渎职等职务违法或者职务犯罪的问题线索，应当移送监察机关，由监察机关依法调查处置。"在普通犯罪和职务犯罪发生竞合的情况下，实行合并管辖，是可以产生扩大监察对象范围的效果的。

在中国，监察委员会是一个特殊的机关，不仅要看《监察法》，还要看党规党法。4月16日，国家监察委员会和中纪委联合颁布了一个政务处分的暂行规定，这个暂行规定有22个条款。其中第2条就把监察对象的范围又扩充了。我们的《监察法》严格的从法的原意来讲，是要求（有）职务违法和职务犯罪（才能适用《监察法》）。暂行规定表明公职人员有违法违规行为应当承担法律责任的，在国家有关公职人员政务处分的法律出台前，监察机关可以根据被调查的公职人员的具体身份，依照《中华人民共和国监察法》、《中华人民共和国公务员法》、《中华人民共和国法官法》、《中华人民共和国检察官法》、《中华人民共和国企业国有资产法》、《行政机关公务员处分条例》、《事业单位人事管理条例》、《事业单位工作人员处分暂行规定》、《国有企业领导人员廉洁从业若干规定》以及《农村基层干部廉洁履行职责若干规定（试行）》等相关法律、法规、国务院决定和规章对公职人员违法行为及其适用处分的规定，给予政务处分。它不要求有职务违法的前提。

（二）《监察法》第12条、第13条：派出机构、派出人员

我最近在研究《监察法》第12条、第13条讲的派出机构、派出人员。这里面产生了一系列问题。监察体制改革的目标能不能真正实现？或者我们应该用什么去检验《监察法》实施的社会效果和法律效果？《监察法》第12条、第13条规定了监察委员会的派出机构、派出人员以及与被派出单位的权利义务关系。但是派出机构和派出人员如何去派出和派驻？派出机构和被派出单位之间的关系怎么去处理？每一个被配置派驻的单位，它应该有自有的运行规律，或者我们叫作机构本身的自洽性，怎么来处理？

以监察机关与人大及其常委会的关系为例。将监察委员会置于人民代表大会制度之下，它与其他国家机关的关系问题主要有二：一是基于民主集中制而形成的监察委员会与同级人大的关系；二是在"一府两院"的中央国家机关构架中，监察委员会与"一府两院"的关系。作为国家机构组织原则的民主集中制，其内容体现在国家权力机关和其他国家机关的关系上，就是遵循其他国家机关由民选的国家权力机关产生、对其负责、受其监督的原则。依此逻辑，在监察委员会与人大的关系上，即监察委员会由人大产生，对人大负责，受人大监督。然而，我们所设计的监察机关的监察对象是全覆盖的，即人大也在监察对象之列。这就产生了"监察全覆盖"与"监察委员会受人大监督"的逻辑关系难题。监察机关监察权力机关时至少有以下三个问题需要考量：其一，监察机关监察之对象应为人员而非机构；其二，监察机关不得介入权力机关职权的"核心领域"；其三，监察机关应尊重人民代表之"民意代表"身份。

法院、检察院以后怎么搞监察？大家要注意到一个问题，有很多情况很多人是有一个误会的，即以为这个监察体制改革是把所有的这个监察系统进行整合的。但是过去在法院内部和检察院内部是有监察机构的，这个机构并没有被监察体制改革吸纳进去。最高法院院长周强针对这个问题有过三次讲话。总体说法是国家监察体制改革以后法院的监察室要坚持机构不撤、思想不乱、队伍不散、工作不断几个原则。那么现在就产生一个问题了，法院保留了一个内部的惩戒机构，即内部监察机构。法院和检察院里还有法官／检察官惩戒委员会，这是第二个机构。第三个机构是监察委员会要往这个地方派出的机构。司法体制改革过程中应该用哪一个机构？内部监察机构、惩戒委员会、派出机构这三个机构之间怎么协同？前不久最高法院专门在福州开会讨论《法官惩戒办法》的 72 个条款。但是对这个《法官惩戒办法》不能自作主张，要跟中纪委等去沟通，要在司法体制改革背景下做一个总体的考量。另外，司法要追求司法公正和司法权威，而司法公正和司法权威是要靠法院独立行使审判权来实现的。这里面同样涉及与监察委员会的派出机构之间如何协调的问题。

我认为，监察机关监督审判机关的法理基础并不存在，但审判机关公职人员所为的与审判职权无涉的行为，仍属监察之范围。对审判机关公职人员监督"余地"之具体形态有二：一是监察机关有权对法官之外的司法行政人员和司法辅助人员进行监督；二是监察机关亦可对法官的个人行为进行监督，但不得有碍法官之独立审判。

（三）监察措施

另外，我想说一下监察措施的问题。监察措施的使用现在是有很多麻烦的。检察院实现了反贪、反腐预防犯罪职能的转移，国家监察委员会有了12项权力，对物的方面可以去扣押、冻结，对人的方面可以去留置，那么，调查权究竟是行政权的性质，还是司法权的性质？有人说，这与我何干？但（这个问题）其实关系到权力性质、属性定位的问题，关系到《刑事诉讼法》可不可以进入这个空间，关系到律师介入问题，兹事体大。律师不介入，这是一个不可思议的问题。但是要解决这个问题，需要进行很多精细化的研究：监委的调查权是单纯的行政权，还是单纯的司法侦查权，还是两种属性都有？抑或要分阶段厘清性质？查党内违规（行为）的时候是党内纪检调查权，查行政违纪（行为）时是行政调查权，走司法程序的时候是侦查权。如果完全定位为行政调查权，那么取证可否作为刑事诉讼证据？在调查过程中可不可以用行政强制措施？留置决定批准权在谁的手上？

监察委员会的"留置"措施之设置初衷，很可能为代替"双规"。监察委员会职务犯罪调查活动不可避免涉及外部衔接问题，主要是留置和以逮捕为主的刑事强制措施之间的程序衔接设计。监察程序期间不涉及任何刑事强制措施且不受法律监督机关、司法审判机关影响。只要在监察程序期间，案件与人民检察院、人民法院就无直接关联，二者均无权决定（批准）留置措施，至于谁来决定（批准）留置措施此处不作讨论 。一旦人民检察院采取逮捕等刑事强制措施，案件立即转入司法程序。留置措施和司法程序的具体衔接，主要表现为留置和刑事强制措施的衔接。假如人民检察院不决定逮捕而采取其他强制措施，"留置"是否自动解除？假如人民检察院不采取任何强制措施，"留置"是否仍自动解除？在司法实践中，的确出现了"一留到底"的情况。

理论前沿

国际贸易体制中的知识产权保护[*]

吴汉东^{**}

近年来，我们可以观察到在国际贸易领域出现了两种针锋相对的战略趋势。一方面，共赢合作建构人类命运共同体的积极态度；另一方面，则是主张本国利益优先的贸易保护主义倾向。我国积极参与国际贸易的进程，显然受到了保护主义主张的挑战。在贸易争端的背后，是创新主导的新经济发展模式变革，参与国际贸易的各方均有意识地对创新领域的主导地位展开了争夺。因此，我们今天谈知识产权保护问题，应该说既有非常鲜明的时代特色，更有复杂的国际背景。因此，我们今天谈知识产权保护问题，应该说既有非常鲜明的时代特色，更有复杂的国际背景。

一 时代特色：创新与发展

中国当前处于一个创新发展的崭新时代："全球新一轮科技革命和产业变革与我国加快经济发展方式的转变形成历史性交会。"^① 可以说，创新既是时代的大潮流，也是国际的大趋势，更是中国的大战略。自 18 世纪英国工

---

* 本文初稿曾在 2018 年"中原论坛"上宣读，系作者在中原论坛上的演讲，根据录音整理而成。感谢徐珉川博士、硕士研究生马文博为文稿进行加工润色和引文加注。

** 吴汉东，中南财经政法大学文澜资深教授。

① 参见吴敬琏、刘鹤等主编《中国经济新方位》，中信出版社，2017。

业革命以来，人类社会的创新活动就在不断地深入和发展。用德国专家的话说，当下我们已经进入"工业 4.0 时代"。[①] 照此理解，工业社会的发展可以被细分为四个阶段。

工业 1.0 时代，也即"蒸汽时代"。其时间跨度为 18 世纪下半叶到 19 世纪初，这一时期最为重要的两项技术是钢铁冶炼技术和蒸汽机技术。英国作为欧洲工业革命的策源地，也是近代知识产权制度的发祥地，在这一时期率先崛起，成为"日不落帝国"，其国力鼎盛，无人望其项背。

工业 2.0 时代，也即"电气时代"。其时间跨度为 19 世纪下半叶到 20 世纪初，电气、化学、汽车技术引领着这一时代的技术进步。德国和法国在这一时期抓住产业变革的发展机遇，寻求突破，从而迅速成为世界强国。

工业 3.0 时代，也即"信息时代"。人类社会历经两次世界大战的停滞后，大约在 20 世纪 50 年代进入了新一轮的产业升级和变革过程。可以说，信息时代造就了美国，以至于国际舆论认为 20 世纪是美国的世纪——美国成为整个 20 世纪，乃至到今天依旧独一无二的超级大国。

工业 4.0 时代，也即"智能时代"。从 21 世纪第二个 10 年开始，相较于以前，世界范围内出现了包括信息网络、生物技术、清洁能源、新材料和智能制造技术等在内的产业变革。有专家预测，未来的二三十年间，全球将会在北美、东亚和西欧形成三大科技创新中心。[②]

实际上，无论是发达国家还是新兴的工业化国家，都在积极推动本国的科技革命，寻求产业变革的重大突破。2016 年召开的 G20 杭州峰会，中国政府提出了"创新经济增长方式"，这个提议得到了 G20 其他成员国的响应；2017 年的汉堡峰会，G20 成员国又提出了加大对创新发展的投入，以大力促进经济的增长，挽救世界经济发展的颓势，这些都表明了世界各国对创新发

---

① See Wolfgang Schroeder, "Germany's Industry 4.0 Strategy", *Fes London*, 2016.11.

② 白春礼：《未来世界科技创新十大趋势》，《人民日报》2017 年 1 月 22 日。

展模式的高度重视。

对于中国而言，一方面，蒸汽时代、电气时代的历史发展机遇已不可及，全因彼时中国尚未摆脱半殖民地半封建社会的困窘境地；但是，在"工业3.0时代"积累了相当的发展后劲之后，到了如今的"工业4.0时代"，其势必要寻求突破，开始崛起。另一方面，创新发展也是中国从一个世界大国走向世界强国的必由之路。2012年，习近平总书记在党的十八大上首次提出以"创新驱动发展"；2013年在中央经济工作会议上提出构建"经济新常态"；2016年在中央财经领导小组第十二次会议上又提出推动"供给侧的经济结构性改革"；2017年，习总书记在党的十九大上提出"以创新为首要的新发展"理念。这些都充分说明，党和国家领导人对当下中国经济发展的动力、经济发展的方式、经济发展的质量，均有高瞻远瞩的时代战略眼光：创新发展，同实现中国梦的时代命运紧密相连。

毫无疑问，创新发展是知识经济的基本特征，而这一特征又以知识产权保护为其制度支撑。党和国家领导人多次谈到创新发展对我们这个民族、国家的重要意义，反复告诫我们，"创新是一个民族不懈进步的灵魂，一个没有创新的民族是一个没有希望的民族"。[1] 同样的，一个不保护创新的国家，是一个没有未来的国家。保护创新，应当成为一个现代国家的基本法律制度。在宏观层面上，中国对外开放格局的调整和持续的推进，离不开知识产权制度的保障；在微观层面上，中国企业的走出去、走上去，更需要知识产权制度的保驾护航。

2018年是中国改革开放40周年，这是一个与国际贸易规则对接的40年，也是一个知识产权事业持续发展的40年。从1978年到2008年，以中国加入

---

[1] 《1995年5月26日江泽民在全国科学技术大会上的讲话》，人民网，2008年7月3日。资料来源：http://hn.rednet.cn/c/2008/07/03/1542423.htm，最后访问日期：2018年12月16日。

世界贸易组织为节点,是中国对外开放的前 30 年:在这一轮的对外开放当中,中国与国际经贸规则逐步接轨,参加了一系列重要的知识产权条约。这一时期,我们初步建立了知识产权法律体系,即 1982 年的《商标法》、1984 年的《专利法》、1990 年的《著作权法》和 1993 年的《反不正当竞争法》。在与国际惯例接轨、创建法律制度体系的同时,中国也在积极吸收外国资本,引进外国技术,成为这一时期世界上引进外资最多、发展速度最快的国家;以新千年为起点,中国的第二轮对外开放已走过 10 年,是水平更高的对外开放:中国于 2008 年颁布并实施《国家知识产权战略纲要》,并且对《著作权法》、《专利法》和《商标法》先后进行修改。中国的知识产权保护在立法这个层面,已经几乎与国际保护水平保持一致,满足了我们创新发展的制度需求。在持续引进外国的资本和先进技术的同时,中国的商品、中国的技术和服务,乃至中国的资本,伴随着"一带一路"构想的实施,正大踏步走出国门、走向世界。

也正是在这一点上,美国对中国产生了强烈的战略敌意。美国认为中国推动重点发展的战略性新兴产业,所针对的正是他们拥有大量知识产权的优势产业。《中国制造 2025》这份文件列举了我们应该优先发展的战略性新兴产业。首先是新一代的信息技术,包括了集成电路、工业软件、信息通信。除此之外,还有数控机床和智能机器人、航天航空装备、海洋工程装备和先进船舶、以高铁为代表的轨道交通以及新材料、新能源、新医药等,不一而足。① 但在美国政府看来,中国政府、企业及个人在这些技术领域的发展采取了不正当的手段,侵犯了美国的知识产权。而其宣称的罪名包括但不限于,强制性技术转让、战略性对美国高新技术产业的投资以及通过网络窃取商业

---

① 参见《国务院关于印发〈中国制造 2025〉的通知》,中国政府网,2015 年 5 月 28 日。资料来源:http://www.gov.cn/zhengce/content/2015-05/19/content_9784.htm,最后访问日期:2018 年 12 月 16 日。

秘密。① 这充分说明了在当今时代，大国之间较量的核心，实际上是关键技术领域的竞争。

二 国际背景：全球化与逆全球化

20 世纪下半叶以来，世界经济发展的一个基本趋势是全球化。全球化意味着世界市场的开放与联系、国际经济的分工与合作。全球化发展过程中，1946 年的《关贸总协定》及其后继的世界贸易组织（The World Trade Organization，以下简称"WTO"）发挥了极为重要的作用，为整个国际社会构建了一个新的全球自由贸易体系。

简单来说，这一体系有三点不同于以往之处。

第一，以全球自由贸易为目标。要在 WTO 框架之下实现货物、服务、劳动力和资本的自由流通，将经济全球化与经济自由化联系在一起。

第二，以全面减让关税为手段。尽管 WTO 未能实现世界范围内零关税的目标，但受其影响，一些区域的自由贸易协定仍积极主张实施零关税。

第三，以提供无差别的最惠国待遇为基础。WTO 框架不仅强调本国企业与外国企业"内外平等"的国民待遇，还强调一个国家对任何一个国家的国民都必须采取"外外平等"的非歧视性待遇。

事实上，WTO 可以被视为由多项法律制度和国际公约支撑的"经济联合国"，其制度基础也即我们所熟悉的《货物贸易协议》《服务贸易协议》《与贸易有关的知识产权协议》（简称为《TRIPS 协议》）。其构建的一整套全球自由贸易体制和知识产权的国际保护体制有以下特点。

首先是保护规则的一致性。从 19 世纪的《保护工业产权巴黎公约》《保

---

① See Shawn Donnan、Jenny Leonard, "U.S. Accuses China of Continuing IP Theft as WTO Launches Probe", *Bloomberg*, 2018.11.21.

护文学艺术作品伯尔尼公约》，再到 20 世纪的《TRIPS 协议》，都将 "最低保护标准原则"作为基础性的制度建构：任何一个缔约方提供的知识产权保护水平，只能高于但不能低于这个最低标准。在知识产权具体制度中，无论是授权对象、权利构成，乃至于保护方式，都由此实现了全球范围内一般性规则的普遍适用：国际法高于国内法，国际法同于国内法，国内法服从国际法。任何一个缔约方均不能过分强调其本国的制度特色，而应该遵守国际规则。

其次是争端解决机制的约束性。凡是 WTO 缔约方之间发生贸易纠纷，当然也包括知识产权纠纷，国家与国家之间必须进行磋商，或者是请第三方进行斡旋。如果磋商不成，也没有第三方斡旋，可以提交专家小组裁定；对裁定不服，可以提请上诉，上诉一旦作出终局决定，各方必须服从。任何一个缔约方不能在争端中采取单边主义的做法。易言之，从争端解决机制的规则上来看，任何单边制裁都是缺乏国际法依据的。

但 21 世纪以来，整个知识产权的国际保护格局已经发生了剧烈的变化，这其中有些是积极的因素，而毫无疑问有些是消极的因素。

首先是多极化问题。过去普遍认为知识产权国际保护有两个中心：一个是世界知识产权组织（WIPO），另一个是 WTO。但现在很多国际组织，比如国际人权组织、世界卫生组织、世界粮农组织、联合国教科文组织等都十分关注知识产权问题，并将知识产权保护与生物多样性、文化多样性、公共健康、基本人权联系起来。应当说这是一个积极因素，能够丰富并完善现有的知识产权国际保护规则，推动知识产权国际保护制度向多元化方向进行变革。

其次是碎片化问题。"碎片化"指的是一些缔约方绕过 WTO，绕过《TRIPS 协议》，签订了许多双边自由贸易协定也包括区域自由贸易协议。最有代表性的是美国、加拿大和墨西哥签署的《北美自由贸易区协定》。当然，还有东盟十国与中、日、韩、澳、新、印正在谈判的《区域全面经济伙伴关系协定》(简称"RCEP")。以及中国政府正在推动的中、日、韩三国的《自由贸易协定》。可以看到,无论是双边的还是区域的自由贸易协定,都必然包含知识产权保护条款,而且其保护水平比《TRIPS 协议》更高、更严、更为有效。这些规定毫无疑问丰富了现有的知识产权国际保护规则体系,但坦率地说,在一定程度上也削弱了《TRIPS 协议》乃至 WTO 的权威地位。

诚然,传统国际知识产权保护多边秩序的瓦解,使未来充满了不确定性、不稳定性因素。这固然是一个值得我们关注的问题,但更应警惕的,是逆全球化而动的保护主义、单边主义。以当前美国针对中国开展的"301 调查"为例,一个共识是:美国依照其国内法启动诸多的调查,针对的是它的贸易伙伴,是一种反全球化的贸易保护主义。

20 世纪 80 年代,美国出台了《综合贸易法》,授权美国的贸易代表,每年对全球的贸易伙伴进行各种问题的调查:针对其他国家进入美国市场的产品,如果违反了美国的产业安全,可以进行"201 调查";如果涉及不公正的贸易,包括侵犯知识产权可以适用"301 调查";如果涉及侵犯知识产权,还可以启动"特别 301 调查";另外,还有一个兜底的"232 调查",凡是外国的产品有害于美国国家安全的都可以动用"232 调查"。根据调查报告,某个国家进入了调查名录后,就可以将其列为"重点国家"、"重点观察国家"或"观察国家"。如果列为"重点国家",一年之内不改变现状的,美国就可以征收惩罚性关税,实行进口禁止的指令。[1] 这一次对中国开展的"301 调查",本质仍是贸易争端。但美国一方面向世界贸易组织申请磋商程序;另一方面直接采取单边制裁措施,开出惩罚清单,实际上无视了 WTO 框架下的争端

---

[1] "Omnibus Trade and Competitiveness Act of 1988", Pub. L. No. 100–418, § 1301, 102 Stat. 1107, 1164 (1988)[amending §§ 301–309 of the Trade Act of 1974, 19 U.S.C.A. §§ 2411–2419 (West 1978 & Supp. 1989)].

解决机制，是逆全球化的单边主义行径。

三　中国应对：完善全球知识产权治理

今年 G20 峰会在阿根廷的布宜诺斯艾利斯举行，国内外舆论对此充满期待，希望习近平主席和特朗普总统就中美贸易战能够达成磋商协议。但是这场贸易战折射出来的问题非常复杂，"美国在这场贸易战中充满了战略敌意，是一种全面冷战"。[①] 要真正抓住贸易战背后的脉络，就必须了解知识产权在其中所发挥的关键性作用。因为无论最终协议是否达成、什么时候达成，知识产权问题将始终伴随着今后的中美经济交往——这与知识产权问题自身的特殊性质有关，故而有必要对此加以充分认识。

首先是长期性。中美两国于 1979 年签订双边《自由贸易协定》至今已39 年。这 39 年的双边贸易，中国一直顺超，美国一直逆差。按照美国白宫的统计"口径"，中美贸易逆差 5000 亿元，这 5000 亿元相当于美国贸易逆差总额的 48%[②]；尽管白宫所谓"中国侵犯美国知识产权的损失高达 3000 亿"的指控缺少事实依据，但无论如何，它表达出一个信息，即中美知识产权冲突是长期存在的，是从双边贸易开始就有的。早在中国加入 WTO 之前，美国就曾先后于 1991 年、1994 年、1996 年三次把中国列为"重点国家"。20世纪 90 年代这三次重大的知识产权冲突，两国最后都经过磋商达成了和解协议，可谓有惊无险。2001 年中国进入 WTO 以后，中美之间的知识产权冲突依旧，先后大小有 6 次，其中有 3 次美国都把中国告上了 WTO，直接适

---

① 参见《贸易战唤醒中国，我们的社会在成熟》，环球网，2018 年 10 月 17 日。资料来源：http://opinion.huanqiu.com/editorial/2018-10/13281298.html，最后访问日期：2018 年 12 月 16 日。

② See Ana Swanson, "U.S.-China Trade Deficit Hits Record, Fueling Trade Fight", *The New York Times*, 2018.2.6.

用多边争端解决机制，中国也接受终局裁定的结果。2009年美国指责中国限制好莱坞大片的进口，违反了自由贸易的原则。根据WTO的裁决，我们放开了对外国大片的进口数量的限制[①]；美国政府说中国《著作权法》"4.1条款"中"反动、淫秽作品不受著作权法保护"的规定违反了《伯尔尼公约》的精神，因为著作权保护的是作者的思想表现形式，而不涉及思想内容，结果在裁定后18个月，中国便将"4.1条款"予以修改。[②] 这说明中美之间的知识产权纠纷本身并非新事，是伴随着两国贸易长期存在的。只是之前其多选择提交磋商机制来解决，或者由世界贸易组织作出裁定，而这一次美国直接采取了单边主义制裁；考虑到中美贸易仍将继续——两国在国际经济分工合作中是相互依存、不可分割的。因而无论最终达成一个什么样的协议，知识产权问题都会持续存在。

其次是复杂性。应当看到，对于中美的知识产权纠纷不能孤立地站在法律层面来探讨。中美贸易战首先是经济战，这里面除了贸易逆差，有政府的出口补贴，还有过剩产能的倾销，这都属于中美两国争论的焦点。毫无疑问，知识产权冲突问题是一场法律战，但此外还有人民币汇率的金融战、网络安全的信息战，以及"台海问题""南海问题"的地缘战。所以中美关系问题实际上是政治、法律、经济、产业、科技、文化、军事等诸多问题所交织构成的一个复杂问题。

最后是严峻性。作为最大的发达国家和最大的发展中国家，美中两国应该学会如何相处。过去的国际价值链，美国在上游，中国在下游；而

---

① 参见《中美就解决WTO电影相关问题的谅解备忘录达成协议》，人民网，2012年2月19日。资料来源：http://media.people.com.cn/GB/17152162.html，最后访问日期：2018年12月16日。

② 参见《全国人民代表大会常务委员会关于修改〈中华人民共和国著作权法〉的决定》，中国政府网，2010年2月26日。资料来源：http://www.gov.cn/zhengce/2010-02/26/content_2602241.htm，最后访问日期：2018年12月16日。

国际制造业，美国在高端，中国在中低端，具有极强的互补性。但中国随着改革开放这几十年发展壮大后，与美国产生了某种程度的竞争性，后者便产生了一定的恐慌心理。有两组数据值得关注。第一组是国内生产总值（Gross Domestic Product，以下简称"GDP"）。在中国入世前一年，美国GDP 占了全球总量的 30%，中国只有 4%，相当于美国经济总量的 1/7。到2017 年，全球经济总量中美国占到 24.6%，中国则超过了 15%。[1] 作为全球第二大经济实体，可以说中国 2017 年的经济总量相当于美国的 65%。显然，中国经济力量的成长，已是一个不容置疑的事实。第二组是制造业总量。美国作为第一工业制造大国的地位保持了 110 年，但在 2011 年被中国超越。在全球制造业总量中，中国是 19.8%，美国是 19.2%。到 2017 年，中国已经跃升到 26%。[2] 扼言之，这场贸易战背后其实是大国崛起的对手戏。在这一过程中，有竞争，但不应该成为对抗；有冲突，但可以开展磋商。两个大国应当学会如何相处，避免跌入"修昔底德陷阱"[3] 的泥沼之中。具体而言，中国应当在知识产权保护领域积极创造战略和运用战略，以应对当前中美贸易摩擦。

经济的高质量发展必须有高水平的知识产权制度。中国现在是一个知识产权大国，但是还远远不是强国。以专利为例，中国发明专利的数量相当可观。根据 WIPO 统计，2017 年中国发明专利的申请量达到 42.8%，美国为

---

[1] See International Monetary Fund, *World Economic Outlook (October 2018)*, https://www.imf.org/external/datamapper/NGDPD@WEO/OEMDC/ADVEC/WEOWORLD.

[2] 参见《统计局：中国制造业总量连续多年稳居世界第一》，人民网，2018 年 9 月 4 日。资料来源：http://industry.people.com.cn/n1/2018/0904/c413883-30271299.html，最后访问日期：2018 年 12 月 16 日。

[3] 所谓的"修昔底德陷阱"，源自古希腊著名历史学家修昔底德。他认为，当一个崛起的大国与既有的统治霸主国家展开竞争时，正如公元前 5 世纪希腊人和 19 世纪末德国人面临的情况一样，多以战争告终。公元前 5 世纪，雅典急剧崛起挑战了陆地霸主斯巴达的地位，长达 30 年的战争结束后，两国均遭毁灭。参见〔古希腊〕修昔底德《伯罗奔尼撒战争史》，谢德风译，商务印书馆，2013。

20%，日本为10%，韩国为6.7%，整个欧洲只有5.4%。美国、日本、韩国，包括欧洲地区专利申请的总量，还不及中国的申请量。我们虽然在数量与规模上比较可观，但在质量、水平和效率层面，同上述国家、地区还有很大的差距。2017年中国支付的知识产权许可费是286亿美金，其中1/4付给了美国。[①]换言之，中国是全球最大的技术引入国。而相较于进口，中国的技术出口却不甚乐观。据国际贸易组织2015年的统计，中国出口知识产权收取的许可费只占到美国的0.75%，差距非常明显。[②] 在现代知识经济的大背景中，发达国家的经济发展在很大程度上依赖于某种形式的知识产权。不仅是知识产权的规模和数量，更重要的是质量和水平。美国有所谓的朝阳产业、新兴产业，也即知识产权密集型产业，这其中有人们熟知的谷歌、微软、戴尔、惠普、苹果等超一流互联网、计算机企业；还有以好莱坞、迪士尼为代表的影视娱乐业；以及联合技术、洛克希德和波音等公司挈领的大型装备制造业。这些产业均以版权、专利、商标为重要支撑，是具有价值高成长性的先进产业。其产业发展的高水平，关键在于有高水平的知识产权，特别是高水平的专利技术提供支撑。因而，知识产权的创造战略也是中国应对经济高质量发展所必须具备的一项制度。

中国的知识产权战略的实施还应特别重视市场主体的作用。政府除了在战略引导、政策规范和法治保障上充分发挥作用，更多的事情应该让市场主体即企业来做。企业兴则国家兴，企业强则国家强。企业是创新的主体，也是知识产权的主体。中国继美国、欧洲之后，于2015年也提出要发展知识产权密集型产业，但多有未竟之事。首先是产业政策的导向。当前的产业政策

---

① 参见《关于中美经贸摩擦的事实与中方立场》，新华社，2018年9月24日。资料来源：http://www.xinhuanet.com/politics/2018-09/24/c_1123475272.htm，最后访问日期：2018年12月16日。

② 参见朱雪忠《理性看待我国的知识产权贸易逆差》，《中国知识产权报》2015年6月4日。

在鼓励、保障创新等方面发挥的作用是令人可喜的，过去多年的产业政策导向却值得我们反思：房地产投资过热，低端无效产能过剩，政府、企业负债过多，使整个产业的发展变革异常艰难。从某种意义上说，如果中国首富不是中国的"乔布斯"和"比尔·盖茨"，那么中国的科技革命和产业变革就没有前途。其次是知识产权的质量和水平的提升。知识产权的获取不是最终目的，必须把它转化为有益的生产力。而要转化为有益的生产力，就必须使知识产权所保护的知识、技术和信息，具备相应的商业价值。比如与同类技术相比的竞争优势，知识产权转化所具有的经济价值，以及可产业化的发展前景。在这一点上，中国需要认清同世界先进水平之间存在的差距，奋起直追，更加注重知识产权的实施发展，为知识产权的全球治理做出自己的积极贡献。

四 结语

时代潮流澎湃，国际风云变幻。中国正在转向高质量的发展阶段，保护知识产权不仅是中国扩大开放和融入经济全球化的需要，也是中国经济实现转型升级和高质量发展的需要。中国更高水平的对外开放，更加深入的市场体制和改革，更加有力的科技创新和产业变革，需要更加严格的知识产权保护，从而营造更加公平、更有吸引力的投资环境，实现以高水平开放推动经济高质量发展。

PPP 协议的法律问题

于 安[*]

一 我国 PPP 立法的首要任务是防范财政债务风险和金融风险

如果把防止国家财政债务风险和金融风险作为立法制度设计的基本方向，首要任务是切断 PPP 项目风险与国家财政债务风险和系统性金融风险之间的通道。地方政府的隐形债务是导致财政和金融风险的主要问题之一，不规范的 PPP 是隐形债务的潜在来源。PPP 之所以能够把项目风险引入国家财政债务风险和金融风险，在法律上首先是因为合同主体方面存在缺陷。

本来在民事法律上存在一个管理政府民事债务的制度，即机关法人制度。机关法人制度使国家机构参与民事活动产生的民事责任能够限于机关经费，政府债务不至于延伸到国家的全部财产，所以不会产生重大的财政债务风险，更不会引起全国的系统性金融风险。机关法人制度的功能，主要还是为保障政府机构履行行政职能进行的货物和服务采购，并不适宜理解为履行机关承担的国家职能本身进行的民事交易活动，尤其不是为了处理政府建设

---

* 于安，清华大学公共管理学院教授。

性职能的投资交易的活动。从目前的情况看，机关法人制度在 PPP 方面作用很小或者基本失灵。

政府也可以直接以国家的名义参与民事活动，并且以国库资产承担民事责任。在这一意义上，有公法人和国家政权名义两种选择。目前我国民法总则没有直接规定公法人制度，其原因之一可能是我国对于中央与地方的事权和财权在法律上尚没有进行有效的划分。地方政府缺乏足够清晰的职权界限，所以很难有完整意义上的独立法律人格。直接以国家名义订立的 PPP 合同，民事责任的财产基础应当是国家的全部现有资产或者未来资产，未来资产实际上是政府的财政债务。如果这样形成民事法律上的财产性债务，无疑将提高 PPP 项目风险转移成为政府财政风险乃至系统性金融风险的可能性，所以在法律上是不安全的。

如果目前机关法人、公法人和国家三种主体形式均不能有效地解决 PPP 合同的政府主体资格问题，一个临时性选择是对参与 PPP 交易的地方政府实行缔约人能力管理制度，以此来加强对地方政府以 PPP 变相举债的控制。根据这一制度，地方政府的缔约能力是地方政府缔约权的基础，也是 PPP 协议生效的必备要件。不具备缔约能力的地方政府订立的合同，应当作为无效合同处理。PPP 协议上的政府方缔约能力来自预算法。2014 年修订的《预算法》第 4 条规定："政府的全部收入和支出都应当纳入预算。"由于地方政府承担了建设投资的发展职能，预算法释放了一定程度的债务杠杆，允许地方政府发行债券和实行中期财政规划。但是《预算法》第 35 条规定了政府利用债务杠杆履行职能的原则和界限：地方各级编制预算应当实行量入为出、收支平衡的原则；提出地方政府及其所属部门不得以任何方式举债，也不得为任何单位和个人的债务以任何方式提供担保。这些原则和界限性规定也应当适用于采用 PPP 的地方政府。

二　PPP 模式的成熟度把握

选择一个成熟的合作模式有助于降低政府所承担的风险。目前我国 PPP 的应用，缺乏一个比较成型的模式，主要是按照一个大原则和一些基本特征设置项目，这种方式的商业风险比较大。

按照大致原则设立 PPP 项目，国际经验方面还比较少见。20 世纪 90 年代以后实行 PPP 的国家，基本上都比较谨慎，比较多地采纳英国 PFI 模式。不但德国和法国吸收了英国 PFI 的基本元素，而且远在东亚的日本、韩国和我国台湾地区也积极效仿。所以，我们应当善于利用既有的经验模式，逐步地推进，并且总结提高成型后，再普遍地推行。

PPP 是一个可以容纳许多具体做法的包容性制度，也与相关的制度存在交叉和重叠。从横向关系上看，厘清 PPP 的制度边界确实存在一些困难。从出现时起，PPP 就一直与政府采购、特许经营等制度密切地联系在一起并且不能全部分离。从纵向发展看，PPP 是对过去既有制度的继承和对有效商业模式的引用，经历了适应时代的改造和逐步演化成型的过程。

三　PPP 合同属性

合同属性要解决的不仅仅是协议争端解决的问题，也是行政法与民法适用的问题。即使在不严格区分公法与私法的英美法中，存在"政府合同"制度，也有一些不同于普通民事合同的特殊规则。如何确定适用法律中行政法与民法的关系，是一个比较复杂的问题，不完全是按照既有的法律逻辑进行推理得出逻辑结论的过程。

就 BOT 的历史经验来看，对于行政法与民法的选择，公共政策的因素起了很大作用,所以这里存在政策与法律交会的问题,当然也与特定国家的司法体制有关。我国早期引入的 BOT 模式只适用于外商投资人,为了吸引外资并参考外国的一些做法,确定 BOT 民事合同。这可以理解为一种政策选择。

这种政策选择不仅体现在对外关系上,在国内法上也以政策判断作为主要的依据,法律逻辑是次要的。尤其是在公私合作中的公共利益保护问题上,对于公共利益的理解和保护方式的选择,实际上也就完成了对行政法和民法的选择。法国把政府特许合同列入行政合同的主要理由,是考虑政府特许经营的基础设施具有公共服务属性,应当优先适用行政法。法国当时一些属于民法调整的活动,因为具有公共服务的属性而被划入行政法院的管辖范围。但是德国则不这样看问题,德国选择私法来调整同样的事务。德国的研究重视合同的经济财务交易部分,重视经济财务交易在决定契约关系法律属性中的作用。政府的特许被认为是为了取得经济上的有偿收益,让对方有期限地使用建筑设施。但是如果问题涉及公共利益,则根据争议的公法或者私法的性质来确定适用什么法律。

四 PPP 争议解决

我国解决 PPP 争议方面,利用民事方式的经验多于行政方式。时至今日对实践影响最深的,仍然是 2004 年前后形成的市政基础设施特许经营管理政策和制度。2004 年 9 月 14 日,建设部印发了城市供水、管道燃气、城市生活垃圾处理协议三个示范文本。在争议解决方式部分,虽然文字表达各有不同,但是都规定了仲裁和诉讼。尤其是城市供水的文本对仲裁的选择明确提及了中国国际经济贸易仲裁委员会。至于向人民法院的起诉,由于当时尚没有法律明确规定特许经营行政协议进入行政诉讼,所以特许经营协议争议解决可以推定是指向民事诉讼的。

以仲裁方式解决特许经营协议争议，在 20 世纪 90 年代引入外商投资特许权项目中就已经开始使用。国际组织曾经推荐使用国际仲裁，主要是出于促进国际投资，当然也有案件处理的客观公正性考虑。

通过行政诉讼解决有关政府特许经营案件也是可以的，现在法律规定政府特许经营合同案件应当进入行政诉讼。问题是国内的司法实践还比较少，缺乏专门的诉讼制度。因此需要逐步积累经验并加以提炼，形成适合于行政协议的诉讼制度。

五　新行政法的导入

解决我国 PPP 协议法律属性问题，可以引入一种能够在公共服务领域容纳市场因素的行政法新制度，如"新行政法"。新行政法在市场经济主体提供公共服务方面提供制度支持。新行政法实行结果导向的工作绩效评价机制，确认经济效率原则在行政活动中的合法性。新行政法的特点，在于以公法原则和公共价值支配效率主义的适用，以公益规则规范市场主体利己导向的经营活动，在公私合作和公私价值冲突中有效和合法地实现政府的公共职能。新行政法的主要适用领域是公共服务。公共服务是当代政府合法性的基本方面，决定着政府必要性的基本理由，与政府维护秩序的职能具有同等的意义。

根据新行政法，公共服务提供方面可以引入市场因素，实行多元的提供方式，包括 PPP 以及政府购买服务等。政府购买服务不同于传统的政府采购。传统的政府采购以政府本身为直接消费者，而政府购买服务则是以公众为消费对象的政府职能性采购。新公共服务不仅带来了公共服务消费的支付和领受方式，还可以带来提高投资吸引力的产业效果。

新行政法的原则、制度将对传统行政法进行渐进型替代。在这一发展过程中，公共服务的新制度和原则将可能被引入传统的秩序行政领域，还可以进入分配领域和福利领域。在新行政法的基本内涵和结构中，合作治理和行政协议是重要方面，基于公私合作的公共服务日益成为现代行政法的重心。新行政法可以为公共服务提供制度基础和保障。

教育人权评价指标体系的建构[*]

管 华^{**}

摘 要 量化研究是实证法学研究的方向。国内外尽管就教育人权评价提出了诸多指标，但并不全，需要基于教育人权的国际标准提出教育人权评价的指标体系。在吸收国际教育人权评价指标有益经验的基础上，综合考虑教育人权的各方面影响因素，主要应该从教育目的、各阶段教育人权、相关权利和国家义务这四个方面来构建教育人权评价指标体系。

关键词 教育人权 教育人权评价指标 教育人权评价指标
体系 受教育权

指标是在原始统计数据基础上通过分析和整理得到的、能综合反映统计整体数量特征的概念和数值。[①] 运用法治指标、法治指数评估法治建设的进展，是我国最近的风潮，如 2005 年香港大学戴耀廷副教授的"香港法治

---

* 本文得到国家留学基金委资助。

** 管华，西北政法大学行政法学院教授，教育立法研究基地执行主任，人权研究院副院长，法学博士。

① 安晓敏著《义务教育公平指标体系研究——基于县域内义务教育校际差距的实证分析》，教育科学出版社，2012，第 47—48 页。

指数"的实践^①，2008 年浙江大学钱弘道教授主持开发的"余杭法治指数"^②，随后各地的法治指数、司法透明指数、电子政府发展指数如雨后春笋，遍地开花。^③ 大风起于青蘋之末，这股指标化、指数化的风潮其来有自，其远端可以追溯到美国的"法律与发展运动"，1979 年梅里曼等人出版的《大陆欧洲和拉丁美洲的法律与社会变化》一书，首次对法律制度进行了"定量比较"。1996 年世界银行的考夫曼等人提出的世界治理指数（Worldwide Governance Index，WGI）才真正使法治指数具有全球性影响。2006 年美国非营利组织"世界正义工程"（the World Justice Project）开发的"世界法治指数"将法治指数的研究推向了高潮。^④ 进一步追溯，法治指数是 20 世纪 60 年代美国社会指标运动的产物。美国学者雷蒙德·鲍尔（Raymond Bauer）在 1966 年发表的《社会指标》中指出，社会指标是用来"判断社会在准则、价值和目标等方面的表现"的依据，"在那些通常不易于定量测量或不属于经济学家专业范围的领域内，为我们提供有关社会状况的信息"。法治指数是社会科学方法论的"计量主义"风潮的产物，意在描绘一幅新的世界法律地图。

与"世界法治指数"相比，无论是"香港法治指数"还是"余杭法治指数"，都存在"基本权利"指标缺位的问题。^⑤ 北京、天津、江苏、福建、四川、南京等省份的法治评估指标体系虽然或多或少关注到了基本权利（人

---

① 戴耀廷:《香港的法治指数》,《环球法律评论》2007 年第 6 期。
② 钱弘道、戈含锋、王朝霞、刘大伟:《法治评估及其中国应用》,《中国社会科学》2012 年第 4 期。
③ 钱弘道:《法治指数:法治中国的探索与见证》,《光明日报》2013 年 4 月 9 日, 第 11 版。
④ 鲁楠:《世界法治指数的缘起与流变》,《环球法律评论》2014 年第 4 期。
⑤ 张保生、郑飞:《世界法治指数对中国法治评估的借鉴意义》,《法制与社会发展》2013 年第 6 期。

权）保障，但将人权保障状况作为法治建设评估的一级指标的，在笔者的观察范围内，尚未出现。

一 教育人权指标的学术史概观

联合国开发计划署《2000 年人类发展报告》的"人权与人类发展"指出："统计指标是为人权而斗争的有力手段。它们使民众和组织，从基层活动分子、民间团体到政府和联合国，能够确认主要行为者，并要求他们对其行动负责。"建立人权评价指标体系具有重要意义：（1）有助于评估各国人权状况；（2）有助于国际人权法与国内法律体系的衔接 [1]；（3）能够把缺乏承诺与无能力区分开来；（4）有利于克服法学思维的局限。法学倾向于评价是否合法，相当于给出一条是否及格的标准，但在及格之上或达标之下还有广泛的领域，人权保障的状况并不一致，需要更细化的指标来分析人权保障所取得的成就。

早在 2000 年，联合国教育权问题特别报告员卡塔琳娜·托马舍夫斯基就提出"人权界需拟定能确保受教育权和教育方面人权实质内容的一些指标" [2]，并于 2002 年从政府的 4A 义务角度 availability(可提供性)、accessibility(可获取性)、acceptability(可接受性) 和 adaptability（可适应性）提出以权利为基础的指标（见表 1）。[3]

---

[1] Todd Landman, *Studying Human Rights*, London and New York: Routledge, 2006, p.75.

[2] 联合国教育权问题特别报告员卡塔琳娜·托马舍夫斯基 2000 年提交的报告，E/CN.4/2000/6，第 73 段。

[3] 联合国教育权问题特别报告员卡塔琳娜·托马舍夫斯基 2002 年提交的报告，E/CN.4/2002/60，第 28 段。

表 1 把 4A 义务转化为以权利为基础的指标

可用性	吸取全貌与投入之间的对应情况 预算拨款与人权义务的相对应情况 政府对教育机构的监督以保证最低标准并促成列入可用性名单 专业教育工作者 父母为儿童选择教育	全貌包括根据国际禁止的歧视理由所做明细表 在中央与地方一级的预算拨款应当对应于保证所有儿童免费、义务教育直到最低就业年龄并逐步实现教育权 教育机构领取执照、受到监督和获得资金应当符合人权法，包括加强全面教育的目标 专业教育工作者的地位应当符合他们国际承认的权利和工会自由 承认和落实父母选择应当符合国际人权
可及性	义务服务：消除所有学龄儿童接受教育的一切障碍 义务教育后：非歧视的就学和是否能负担	清除障碍：法律和行政的；教育的直接、间接和机会成本；运输费用 查明相应于国际禁止歧视的理由的义务教育面临的障碍 按照国际人权法透过是否能负担的标准，审查接受义务教育后的情况
可接受性	最低标准 教学过程 学习过程	平等、安全或环境健康的最低标准应当予以落实 人权法应当指导教学过程，特别是讲授、学术自由或纪律的目的、内容和方法 学习过程要求消除障碍，诸如穷困引起的、讲授的用语言造成的、健全/残疾导致的障碍
可调试性	年龄决定各项权利的协调 对于无法接近教育机构的各种人安排校外教育使教育符合享有所有人权，保障通过教育实现人权	离校年龄与就业、结婚、服兵役、刑事责任的年龄之间的协调 对于被剥夺自由、难民、国内流离失所、工作和游牧社区的儿童安排校外教育 教育对于所有人权的影响应当经由诸如离校儿童逐渐失业或受到日益激烈的种族主义待遇等指示数予以评估

其典型的评价指标包括：平等与不歧视，识字率，初等、中等和高等教育入学率、毕业率和辍学率，小学师生比，公共教育支出占国民生产总值的比例，教育总支出与其他支出如军事开支的对比。对这些指标进行今昔对比，所有指标应放在总的经济和政治条件下解释。[①] 受教育权的国家义务矩阵见表 2。

---

① 白桂梅主编《人权法学》，北京大学出版社，2011，第 180 页。

表2 受教育权的国家义务矩阵

受教育权的维度 国家义务	社会维度（接受教育的权利）		自由维度（选择教育的权利）	
	可进入性	可获得性	选择教育的自由	设立教育机构的自由
尊重	不仅在立法和政策中，而且在实际中尊重公民不受任何歧视，自由接受公共教育（m.c.o.）	尊重现有的用少数民族语言进行的公共教育	尊重宗教和哲学信仰 尊重选择学校的自由 尊重人的尊严 尊重用少数民族语言教学（m.c.o.）	尊重自由设立私立学校（符合法定最低标准） 尊重教育中的（文化）多元性
保护	在立法、政策和实际中实施并坚持不受第三方（父母、雇主）侵犯的平等的受教育机会；制定并实施禁止使用童工的法律	制定规范，认可私立教育机构及其颁发的文凭	打击其他人对受教育者的思想灌输或强迫 保护合法的选择自由（m.c.o.） 反对在私立教育机构录取中的歧视对待 确保课程的多元化	实施并坚持平等对待原则 保护合法的私立教师培训机构及其颁发的文凭
	为在教育上有缺陷的人（如残疾人、辍学者、流浪儿童）提供专门的教育设施（m.c.o.） 消除消极歧视 逐步实施免费的中等和高等教育 促进奖学金制度的发展	确保义务教育和免费的初等教育（m.c.o.） 培训教师 提供交通设施和教学材料 消除文盲 促进成人教育 确保教育质量（m.c.o.）	促进课程的多元化 促进跨文化教育	在非歧视基础上为私立教育机构提供财政补助 质支持

注：m.c.o.＝最低核心义务。

　　挪威学者艾德提出了经济、社会和文化权利的实践应用指标：意愿性指标，是否通过相关立法，是否存在司法救济或行政救济；特别关注任何状况恶化区域或地区以及任何特定群体或亚群体的数据资料；可利用资源的分配是否确保使最脆弱者得到优先考虑；是否请求国际援助以履行对最脆弱者的义务。① 伯吉特·托贝斯从社会和自由两方面绘制了健康权保护的国家义务矩阵。② 冯·科曼斯（Fons Coomans）提出受教育权的国家义务矩阵（见表2）。③

　　联合国人权事务高级专员办事处（简称"联合国人权高专办"）以《世界人权宣言》第 26 条为基础，提出了受教育权的说明性指标（见表3）。④

　　在我国，杨成铭提出的教育人权的国际标准本身包含了评价指标。（1）基本教育权：免费；取消了《世界人权宣言》起草委员会关于基本教育（扫盲教育）是"义务"的要求；在 2000 年前文盲率减少至 1990 年的一半，明显减少男女文盲率之间的差别。（2）初等教育权：免费；义务性（家长让孩子上学，政府创造条件，儿童自觉接受）；在 2000 年前普及初等教育，使 80%的儿童完成初等教育。儿童接受基础教育的两个关键指标是初等教育净入学率和毕业率，尤其关注女童。（3）中等教育权：普遍设立、对所有人平等开放、逐渐免费。（4）高等教育权：根据能力对一切人开放，能力评定的基础是个人的"专门知识、技能"（expertise）和"经验"（experience）；逐步免

① 〔挪〕A. 艾德：《在经济、社会和文化权利的实践应用指标》，载〔挪〕A. 艾德等编《经济、社会和文化的权利》，黄列译，中国社会科学出版社，2003，第 612–615 页。
② 国际人权法教程项目组编《国际人权法教程》（第 1 卷），中国政法大学出版社，2002，第 349 页。
③ Fons Coomans, "In Search of the Core Content of the Right to Education", in: A. Chapman & S. Russell (eds.), *Core Obligations: Building a Framework for Economic*, Social and Cultural Rights, Antwerp, Intersentia, 2002, pp.217–246.
④ United Nations Human Rights office of the high commission, *Human Rights Indicators A Guide to Measurement and Implementation*, HR/PUB/12/5, p.93.

表 3　关于受教育权的说明性指标（《世界人权宣言》第 26 条）

		普及初等教育	中、高等教育可进入性	课程和教育资源	教育机会和自由
结构性指标		国家对有关受教育权的国际人权公约的批准情况 保障受教育权的宪法或其他正式的高级法的生效日期 保障受教育权的国内法的生效日期，包括禁止体罚、禁止入学歧视、实现教育机构无障碍和包容性教育（如残疾儿童、被拘留儿童、流动儿童、土著儿童） 保障个人和组织（包括少数群体）设立和指导教育机构的自由的国内法的生效日期 涉及受教育权促进和保护的注册和（或）活跃的非政府组织的数量/10 万人			
过程性指标		政府实施的义务教育对所有人免费原则与行动计划覆盖范围的时间和范围 规定的义务教育年限和最低入学年龄	国家关于全民教育政策的时间和范围，包括为目标群体（如童工和流浪儿童）提供的临时的和特殊的措施 国家关于职业和技术教育政策的时间的时间框架和覆盖面 包括所有层次的教育的标准化课程的生效时间和覆盖面 所有层次的教育机构教授人权的比例/人权教育课程的小时数 教育机构中存在教师与学生参与影响他们的事务的机制（学生委员会）的比例		
		收到对国家人权机构、人权调查员或其他机制关于受教育权的调查裁决的申诉的比例和政府有效回应的比例 初等、中等和高等教育的公共支出占国民总收入的比例；教育获得的或成为教育提供方发展援助占公共教育支出的比例*			

续表

	普及初等教育	中、高等教育可进入性	课程和教育资源	教育机会和自由
	目标群体包括残疾儿童的净入学率*	目标群体升入初中的比例	达到国家的学术和硬件设施要求的学校或教育机构的比例	从事"主动学习"教育机构的比例
	目标群体小学每年级的辍学率	目标群体中等教育和高等教育每年级的毛入学率	所有层次课程的定期修订	成年人接受基础教育的比例
	公立小学入学率	目标群体的中等和高等教育机构的比例	在报告期间被主管部门认可或撤销认可的教育机构的数量	各年级接受远程教育和继续教育学生的比例
	公共支持项目或奖励所覆盖的小学生（目标群体）比例	学生进入公立中等和高等教育机构的比例	教师平均工资作为法定最低工资的比例	种族的、少数民族语言的、宗教的机构被承认或获得公共支持的机构的数量
	收杂费而不收学费的公立学校的比例	公立中学生或大学人均教育费占家庭年支出的份额	报告期间所有层次教师完成强制性在职培训的比例	在公共支持或补贴的机构中再培训以提高技能的劳动力的比例
	完全合格并接受过培训的小学教师的比例	中学里获得公共支持或补助的学生（目标群体）的比例	小学、中学、公立、私立学校生比	管理和学术自治的高等教育机构的比例
	用母语接受教育的学生的比例	完全合格并接受过培训的中学或大学教师的比例		每100人中使用个人电脑的比例*
	一年级学生受过学前教育的比例	中学或中学后层次就读职业教育项目的学生的比例		
结果性指标	目标群体小学*每个年级男女生比例 小学生从一年级上到五年级的比例（完成小学教育的比例*） 学龄儿童未上小学比例	中学或大学*每年级男女生比例 上完中学生（第一级大学学位）毕业生的人数 每千人中获得（第一级大学学位）毕业的人数	报告期间初等、中等和高等教育设施密度（的提高）	女性和目标人群获得职业资格或大学毕业的比例

青年（15~24岁）和成人（15岁以上）识字率（即读、写、算、解决问题及其他生活技能）

作为可应用和反思性的元数据表，所有指标都应基于收集止收视分解

* 千年发展目标有关的指标

费；平等进入。(5)教育选择权：受教育者家长的权利，包括在公立学校或非公立学校间为其子女选择的权利，确保子女在校接受教育符合其本人的宗教或道德信仰；教育举办权。[①] 随后，杨成铭对评价指标又有所补充。初等教育包括净入学率、巩固率、义务教育年限、初等教育（包括学前教育）经费占日常教育经费的比例四大指标。中等教育的普遍设立体现为在校人数和毛入学率。高等教育的规模包含在校大学生人数、每10万居民中的大学生人数和毛入学率三项指标；招生程序之外必须有一套措施保证经济困难的好学生不被排斥；男女生比例；高等教育经费占GDP的比例。教育选择权包括私立学校的比例；私立学校在校生的比例；私立学校的办学条件，可否盈利、国家有无补助；私立学校办学自主权；私立学校与公立学校课程分轨程度等。[②]

李俊在4A义务的基础上提出了我国农民工子女受教育权的指标体系。可提供性：机构的足够性包括教育机构的数量、种类和平均规模。教育机构配备：资金配备、硬件配备和软件配备。可获取性：学校影响包括学校环境和学校收费；家庭影响包括家庭经济状况和家长对教育的态度；社会影响包括身份歧视和阶层歧视。可接受性：教学内容包括课程设置和作业安排；教育形式包括课上和课下两方面；学校制度包括组织管理体系、学生行为规范和教学时间安排等。可调适性：素质教育包括课程安排、教学方法和校园文化等；经济发展水平主要包括硬件设施和课程安排两方面；人口结构包括规模、结构和流动状况。[③]

从已有国内外教育人权评价指标体系可以看出：卡塔琳娜·托马舍夫斯

---

① 杨成铭：《受教育权的促进和保护》，中国法制出版社，2004，第101—129页。
② 杨成铭：《受教育权的促进和保护》，中国法制出版社，2004，第131—186页。
③ 李俊：《建立以权利为基础的指标体系：以我国农民工子女受教育权为例》，载张万洪主编《我们时代的人权——多学科的视野》，中国法制出版社，2010，第88—95页。

基、冯·科曼斯和李俊所提出的评价标准都聚焦于教育人权的国家义务，要么是 4A 义务，要么是尊重、保护和促进义务，不可能全面反映国际人权法在教育人权上的要求，如不受体罚。联合国人权高专办从结构性、过程性和结果性三方面提出了评价指标体系，颇具特色，但其规范基础仅仅是《世界人权宣言》，较为片面。杨成铭提出的指标体系考虑了各阶段的教育人权和教育选择权，是基于国际人权法的梳理总结，相对最为全面，但遗漏了教育目的，还有一些小的遗漏，如教育相关权利中的学术自由。因此，有必要以教育人权的国际标准为依据，在已有教育人权评价指标的基础上，构建教育人权评价的指标体系。

基于国际人权法，教育人权的国际标准包括教育目的、各阶段教育人权和教育相关权利三方面。教育目的有：充分发展人的个性、尊严、才智和身心能力，加强对人权和基本自由的尊重，促进各国、各种族或各宗教集团间的了解、容忍和友谊，培养对自身的文化认同和国家认同，培养对各民族、种族和信仰的尊重，培养对自然环境的尊重，等。各阶段教育人权包括：基本教育免费，初等教育属义务教育并免费，中等教育普遍设立、开放并逐渐免费，高等教育根据能力开放并逐渐免费。教育相关权利包括：平等、选择教育自由、建立教育机构自由、学术自由、不受体罚和建立相关制度等。教育人权的国家义务，包括优先义务和核心义务、渐进义务与即刻义务，尊重、保护、给付和促进义务等。一种真正的指标体系，必定有自己的理论基础和一定的理论分析模式。[①] 上述教育人权的国际标准是建构教育人权评价指标体系的理论基础，将标准转化为指标时，要考虑代表性（representativeness）、典型性（typicality）、相关性（relativity）和可获得性

[①] 安晓敏：《义务教育公平指标体系研究——基于县域内义务教育校际差距的实证分析》，教育科学出版社，2012，第 81 页。

(relativity)。[1] 安德森（Anderson）还认为构建指标体系应遵循几个原则：敏感性原则、全面性原则、层次性原则、可操作性原则、客观与主观指标结合原则。[2]

从世界正义工程法治指数的历次整合中可以看出，指标并非多多益善，体系的复杂程度与科学性也不成正比。[3] 有效的指标总是集中于一个问题。单一指标能基于社会底线反映一个最能够吸引公众关注的社会趋势。[4] 在人权评价上，应尽可能排除评价主体的主观判断，为作出客观判断，必须尽可能利用统计学或其他科学性材料。将经济社会和文化数据及其理论分析导入人权评价，能提高人权评价的正统性、客观性。[5]

已有的大量教育统计指标可供参考，但正如2004年被任命为特别报告员的弗农·穆尼奥斯·维拉洛博斯所说，通常所用的教育指标与监测受教育权实现情况的指标之间有所区别：（1）受教育权指标来源于人权原则和标准；（2）区分教育指标与受教育权指标的另一个因素是承担义务者及其行动与权利实现之间的联系。[6]

以上述原则为指导，基于教育人权的国际标准，笔者认为应该根据以下标准来建构教育人权评价的指标体系（见表4）。

---

① 王若磊：《基于人权发展观的指标体系：理论基础与指标建构》，《中国法律评论》2015年第2期。

② 安晓敏：《义务教育公平指标体系研究——基于县域内义务教育校际差距的实证分析》，教育科学出版社，2012，第96页。

③ 周尚君、彭浩：《可量化的正义：地方法治指数评估体系研究报告》，《法学评论》2014年第2期。

④ Andrew Sharpe, "A Survey of Indicators of Economic and Social Well-Being", Paper prepared for Canadian Policy Research Networks, July 22, 1999, p.46.

⑤ 大沼保昭：《人权、国家与文明》，三联书店，2014，第162、166页。

⑥ 联合国受教育权问题特别报告员弗农·穆尼奥斯·维拉洛博斯2004年提交的报告，E/CN.4/2005/50，第66段。

表4 教育人权标准

教育目的	充分发展人的个性、尊严、才智和身心能力，对残疾人也应充分开发其潜力	
	加强对人权、基本自由、人的多样性和《联合国宪章》所载各项原则的尊重，并使所有人能有效参加自由社会	
	促进各国、各种族或各宗教集团间的了解、容忍和友谊，并应促进联合国维护和平的各项活动	
	培养对儿童的父母、儿童自身的文化认同、语言和价值观、儿童所居住国家的民族价值观、其原籍国以及不同于其本国的文明的尊重；培养儿童本着各国人民、族裔、民族和宗教群体以及原为土著居民的人之间谅解、和平、宽容、男女平等和友好的精神，在自由社会里过有责任感的生活；培养对自然环境的尊重	
受教育者的权利	各阶段受教育权	基本教育免费
		初等教育属义务性质并一律免费
		中等教育包括中等技术和职业教育应普遍设立，对一切人开放，逐渐免费
		高等教育根据能力，对一切人平等开放，逐渐免费
	教育相关权利	平等
		不受体罚
其他主体的权利	父母选择自由	
	设立及管理教育机构的自由	
	学术自由	
其他国家义务	建立学校制度	积极发展学校制度
		设置奖学金制度
		不断改善教员物质条件
	通过并执行一项国家教育战略	
	儿童最大利益	
	防止父母或雇主阻止女童入学	
	禁止使用童工	
	提供课程所需的资源	

二 教育人权评价指标

（一）教育目的

教育人权的国际标准所规定的教育目的包括以下几个方面。（1）充分发展人的个性、尊严、才智和身心能力，对残疾人也应充分开发其潜力。（2）加强对人权、基本自由、人的多样性和《联合国宪章》所载各项原则的尊重，并使所有人能有效参加自由社会。（3）促进各国、各种族或各宗教集团间的了解、容忍和友谊，并应促进联合国维护和平的各项活动。（4）培养对儿童的父母、儿童自身的文化认同、语言和价值观、儿童所居住国家的民族价值观、其原籍国以及不同于其本国的文明的尊重；培养儿童本着各国人民、族裔、民族和宗教群体以及原为土著居民的人之间谅解、和平、宽容、男女平等和友好的精神，在自由社会里过有责任感的生活；培养对自然环境的尊重。

和我国的实践往往强调学生全面发展迥异的是，国际人权法提出的教育目的首先就是发展个性。[①] 其在《世界人权宣言》英文本中用的是"personality"，该词在《英汉大词典》和《心理学大辞典》中翻译为"人格、个性"。[②] 但在《牛津高阶英汉双解词典》中，其前两位释义为"characteristic"和"distinctive"，均强调"特色、独特"。[③] 在哲学和心理学上，个性是个人身上相对于共性而言的个别性，是个人独有的。[④] 因此，这里的"个性"应理解为个人与他人不同的特质。对于如何发展学生的个性，

---

① 罗祖兵：《突出个性：普通高中综合素质评价的应然价值取向》，《中国教育学刊》2015年第9期。

② 陆谷孙：《英汉大字典》，上海译文出版社，1993，第1351页；朱智贤：《心理学大辞典》，北京师范大学出版社，1989，第244页。

③ 《牛津高阶英汉双解词典》（第4版），商务印书馆、牛津大学出版社，1997，第1096页。

④ 袁贵仁：《马克思的人学思想》，北京师范大学出版社，1996，第131页。

新加坡提出了"卓越学校模式",以学生自主的程序与活动及其成果为最突出的特征。[①] 澳大利亚政府推出的《全国学校改进计划》明确提出"差异化教学"的指标,要求任课教师在日常的教学中确定和解决学生个性化的学习需求。[②] 北京市 2007 年开始对高中生进行"个性发展"评价,内容之一就是对活动成果的评价。[③] 此外,灵活的课程体系有助于培养个性,与无个性的"听话、乖"相对立的强大的质疑能力则是培养个性的成果。综上,教育应充分发展人的个性,在过程中可以体现为灵活的课程体系、差异化的教学、自主的程序活动,在结果上体现为较强的质疑批判精神和自主活动的成果。为避免过于烦琐,在此采取单一指标,即将学生自主活动的时间多少或选修课时占在校学习时间的比例大小作为教育是否有助于发展个性的指标。

尊严的一般含义是人、事物或神灵、国家、民族等所具有的不可冒犯、不可亵渎、不可剥夺、不可侵越的地位、权威和意志精神。其内在的精神性要素最重要的是自尊,自尊的心理基础是自信;其外在的精神性要素最基本的是尊重。[④] 当代世界,人性尊严是人权的根基。日本法学家宫泽俊义指出,"当今在许多国家中,都在考虑作为承认人权的根据,已经没有必要再把神或自然法抬出来,而是以'人性'或'人的尊严'等作为人权的根据就足够了"。[⑤] 人权两公约(《公民权利与政治权利国际公约》《经济、社会及文化权利国际公约》)在序言中都指出"确认这些权利是源于人身的固有尊严";

---

① 董立彬:《浅谈新加坡卓越学校模式的特点及启示》,《教育实践与研究》2006 年第 11 期。

② Australia National School Improvement Tool, "Differentiated Teaching and Learning", http ://docs. education. gov. au/system/files/ doc/ other/ improvemenitoolv2pdf,最后访问日期:2016 年 1 月 23 日。

③ 王薇:《北京市高中生个性发展评价的实践及思考》,《学校管理与发展》2012 年第 3 期。

④ 韩德强:《论人的尊严——法学视角下人的尊严理论的诠释》,法律出版社,2009,第 15—16、134、137、140 页。

⑤ 〔日〕宫泽俊义:《宪法》Ⅱ 新版,1974,第 78 —79 页,转引自沈宗灵、黄枬森主编《西方人权学说》(下),四川人民出版社,1994,第 6 页。也可参见〔日〕芦部信喜、高桥和之:《宪法》(第 3 版),林来梵等译,北京大学出版社,2006,第 71 页。

罗尔斯、德沃金等当代思想家在论证人权时，也反复征引康德的人性尊严理论。[①] 如果说，教育的目的在于"使人不再受教育"，使人"成为主体性的人"、启蒙了的人[②]，那么过分高扬教育的尊严、"师道尊严"就是没有必要的。[③] 调查显示，中小学生认为在课堂上老师"凶"的占八成，有时"不公平、偏心眼、嘲笑、讽刺、挖苦"，对学生"体罚和变相体罚"的接近六成，更不要说打断老师讲话、质疑老师观点了。[④] 现有教育评价指标中并无维护学生尊严、尊重学生的指标，与《儿童权利公约》所要求的"以儿童为中心"的原则相去甚远。在教育过程中，教师对学生尊重的程度，有无讽刺挖苦乃至体罚，毕业生自尊、自信和尊重他人的心理特征等都可以作为尊严的指标。选择单一指标莫过于学生受体罚的比例，这和"教育相关权利"中的"不受体罚"相反相成。

发展人的"才智"是教育自古就有的目的，可以体现在识字率、受教育年限或采取类似的国际学生评价项目（Program for International Student Assessment, PISA），从阅读、数学和科学能力三方面进行测量。[⑤] 此项指标与"各阶段教育人权"密切相关。

发展"身心能力"体现为身体和心理健康两方面，可以用体育测试合格率、视力不良率、心理疾病发生率等指标来评价，取单一指标即体育测试合格率。

"残疾人也应充分开发其潜力"的要求可以归入"教育相关权利"中"平等"的子范畴，在此不赘。

---

① 管华：《儿童权利研究——义务教育阶段儿童的权利与保障》，法律出版社，2011，第3940页。

② 胡金木：《捍卫人的尊严：教育启蒙的价值诉求》，《现代大学教育》2015年第4期。

③ 高德胜：《人的尊严与教育的尊严》，《高等教育研究》2012年第2期。

④ 杨东平：《要尊重学生》，《中国培训》1999年第3期。

⑤ 胡中锋主编《教育评价学》，中国人民大学出版社，2013，第209页。

教育目的的其他各项内容包括对人权、自由、人的多样性和《联合国宪章》各原则的尊重，对各国、各种族和各宗教的友善和社会责任感，对自身及其所在国以及不同于本国的文化价值观和文明的尊重，对环境的尊重等。上述目的既可以体现为相关教学内容的比例，也可以体现为校内不同民族、种族、宗教信仰师生的比例，还可以体现为学生对其他民族、种族、宗教信仰、文化价值和文明的认可程度和环保意识。取单一指标，即学生公民教育或道德教育课程中，人权、各国、各民族、各种族、各宗教和环保知识所占课程内容的比例。

（二）各阶段教育人权

"人人都有受教育的权利"要求消除对种族、女童、移徙儿童、残疾人、难民、无国籍人、幼儿、被判处监禁儿童和土著儿童的歧视，与"教育相关权利"中的"平等"的要求一致，留在"平等"相关指标中讨论。

教育人权保障的"4A"模式是从国家义务角度提出的要求，体现于各教育阶段，其相关内容放在各教育阶段讨论更妥，剩余部分留在国家义务中分析。

1. "基本教育免费。"其要求扫盲教育免费。1949 年的教科文组织在其通过的《基本教育：现状与计划》中对基本教育进行了解释：基本教育主要是指帮助人们学会读和写以及全面参与社会所需要的其他主要技能、知识和价值观的教育。从基本教育内涵的演变来看，现在，基本教育主要是指扫盲教育。这里文盲的标准就是"能否读写"。① 基础教育的教育评价指标有：成人扫盲率、青年文盲率、成人文盲率、扫盲教育经费的投入、成人识字率、扫盲教育机构的数量、妇女文盲率、复盲率、基本教育在双边教育援助中所占的份额等。各国文盲数量、财政经费投入差别极大，此项指标可以确

① 杨成铭：《受教育权的促进与保护》，中国法制出版社，2004，第103—106页。

定为：政府所投入的扫盲经费／文盲总数。

2."初等教育属义务性质并一律免费。"此处指小学教育具有强制性并免费。测量小学教育强制性的指标有：小学净入学率和辍学率。小学学龄儿童净入学率＝已入学的小学学龄儿童数／校内外小学学龄儿童总数×100%。净入学率不包括超龄学生，明确了超龄和低龄入学的情况。教育方面的直接开支有很多，如教科书、学习用品设备（笔记本、绘画本、钢笔、铅笔）、交通、午餐、校服，这些费用相当高，往往导致辍学。[①] 各国免费的范围并不相同，可以用免收学费、杂费的小学生的比例作为评价指标。《经济、社会及文化权利国际公约》第14条要求，如果缔约国缔约时尚未做到免费，必须在两年内制定和采取一个行动计划，在合理的年限内实现初等教育属于义务性质并免费。此项要求可以归入最低限度核心义务中，制定一项国家战略，在此不赘。

根据经济、社会、文化权利委员会第13号一般性意见：缔约国必须优先实行义务性的免费的初等教育。[②] "优先"体现为小学教育经费占全国教育经费的比例。

同时，小学教育应符合4A义务，即availability（可提供性）、accessibility（可获取性）、acceptability（可接受性）和adaptability（可适应性）。可提供性要求缔约国在管辖范围内设置足够多能够运作的教育机构和方案，其评价指标可以确定为每万小学学龄儿童拥有的学校数。可获取性要求在缔约国管辖范围内，人人都应该能够利用教育机构和方案，包括不歧视、实际可获取性和经济可获取性。其中，不歧视归入"平等"，经济可获取性归入免费，此处只讨论实际可获取性。实际可获取性的评价指标可确定为每平方千米学

---

① 联合国教育权问题特别报告员卡塔琳娜·托马舍夫斯基2004年提交的报告，E/CN.4/2004/45，第26段。

② 经济、社会、文化权利委员会第二十一届会议通过，载E/C.12/1999/10号文件。

校数或家校距离。可接受性要求教育的形式和实质内容，包括课程和教学方法，必须得到学生及其家长的接受。课程和教学方法的可接受性可以分别用课时数和用母语接受教育学生的比例来评价。可适应性要求教育必须灵活，能够针对变动中的社会和社区的需求而进行调适，使其符合各种社会和文化环境中的学生的需求。可适应性可以用校本课程占全部课程的比例来评价。

3. "中等教育包括中等技术和职业教育应普遍设立，对一切人开放，逐渐免费。"中等教育是初等教育与高等教育之间的教育，相当于我国的初中和高中，包括了职业中学。"普遍设立"的含义类似于"可提供性"，可用每万中等教育学龄儿童拥有的学校数来评价。"对一切人开放"体现为在校人数和毛入学率。"逐渐免费"并未要求全部免费、立即免费，但不得出现倒退。世界各国义务教育年限从 3 年到 12 年不等[1]，截至 2000 年，经济合作与发展组织国家的儿童几乎全数完成 11 年义务教育，这对发展中国家来说仍是遥不可及的梦想。[2] 截至 2004 年，还有 91 个国家即使是小学也不是免费的。[3] 可以用中等教育经费占 GDP 的比例来评价中等教育是否逐渐免费。

中等教育也应符合 4A 标准，可提供性前已述及。可获取性可用家校距离来评价，可接受性可用就读职业教育学校学生的比例来评价，可适用性可用校本课程占全部课程的比例来评价。

4. "高等教育根据能力，对一切人平等开放，逐渐免费。"所谓根据"能力"，实质是根据成绩，可以用没有获得优待或加分的学生的比例来评价。"对一切人平等开放"中的平等归入"平等"另述，即"对一切人开放"，可

---

[1] 联合国教育权问题特别报告员卡塔琳娜·托马舍夫斯基 1999 年提交的报告，E/CN.4/1999/49，第 80 段。

[2] 联合国教育权问题特别报告员卡塔琳娜·托马舍夫斯基 2000 年提交的报告，E/CN.4/2000/6，第 12 段。

[3] 联合国教育权问题特别报告员卡塔琳娜·托马舍夫斯基 2000 年提交的报告，E/CN.4/2004/45，第 23 段。

以体现为高等教育规模,用在校大学生人数、每10万居民中大学生人数和毛入学率来说明。一般来说,公立高校越多,公民获得高等教育的机会就越大,也可以用公立高校占高校总数比例来评价受教育机会。取单一指标,即用高等教育毛入学率作为评价"对一切人平等开放"的指标。至于"逐渐免费",由于高等教育成本远高于初等教育和中等教育,其外溢性相对较小、私人产品的属性明显[①],只有极少国家真正实现免费,可以用高等教育经费占GDP的比例、获得奖学金或贷款的学生比例来评价。

高等教育应符合4A标准,可提供性可用每万人拥有的学校数来评价,可获取性可用学费占家庭支出的比例或每千人获得本科学位的人数来评价。可接受性可用接受职业高等教育学生的比例来评价,可适用性可以用接受远程教学的学生的比例来评价。

(三)教育相关权利

1.平等。如果说各阶段教育人权是接受教育的权利,平等权本身并不是接受教育的权利,而是在教育过程中应保障的权利,涉及教育的各个阶段。《世界人权宣言》规定:"人人有资格享有本宣言所载的一切权利和自由,不分种族、肤色、性别、语言、宗教、政治或其他见解、国籍或社会出身、财产、出生或其他身分等任何区别。"《儿童权利公约》提交的政府报告表明,有不下32类儿童尤其可能被排斥接受教育,包括:被遗弃儿童、寻求庇护儿童、乞丐儿童、童工、儿童母亲、雏妓、非婚生儿童、犯法儿童、残疾儿童、流离失所儿童、佣仆、吸毒儿童、女孩、感染艾滋病儿童、无家可归儿童、被监禁儿童、土著人儿童、已婚儿童、精神病患儿、移民儿童、少数民族儿童、流浪儿童、孤儿、怀孕女童、难民儿童、无身份儿童、受性剥削儿童、无国籍儿童、街头儿童、被贩卖儿童、受战争影

---

① 许长青:《教育投资的外溢效益及其内在化》,《教育学术月刊》2015年第3期。

响儿童和做工儿童。①

如前所述，"人人都有受教育的权利"，基本教育、初等教育、中等教育和高等教育过程中的平等都在这里讨论。"人人都有受教育的权利"可以用禁止入学歧视的国内法的生效时间来评价。在基本教育平等方面，可以用妇女文盲率或扫盲率来评价。在初等教育（小学）平等上，可以用目标群体的净入学率或辍学率来评价，主要包括少数民族、族裔、宗教信仰儿童，女性、经济困难、残疾、移徙、被拘留、土著、感染艾滋病儿童的净入学率或辍学率。在中等教育平等上，可以用类似于初等教育平等的办法评价，由于中等教育实行逐渐免费，因此，可以增加目标群体获得公共支持或补助的比例作为指标。高等教育平等评价办法与中等教育相同。

2. 父母教育选择自由，并保证他们的孩子能按照他们自己的信仰接受宗教和道德教育。实现教育选择，首先要有可供选择的学校，可以用各教育阶段私立学校的比例以及私立学校在校生的比例来评价。就"保证他们的孩子能按照他们自己的信仰接受宗教和道德教育"，可以用入读宗教学校学生的比例来评价或者用政府是否规定了不接受包含特定信仰的公共教育的例外办法来评价。

3. 个人或团体设立及管理教育机构的自由。设立教育机构虽有自由，但是其前提是符合国家最低教育标准。这要求国家建立各阶段学校（教育机构）的最低教育标准，这是政府的核心义务。因此，是否存在各阶段教育机构的最低法定标准或达到国家最低标准的教育机构的比例，是前提性的评价指标。设立或管理私立学校的自由可以用政府当年批准设立或撤销的教育机构的数量和私立学校选修课时占总课时的比例来评价。

4. 学术自由。美国联邦最高法院大法官弗兰克福特在 *Sweezy v. New*

---

① 联合国教育权问题特别报告员卡塔琳娜·托马舍夫斯基 2003 年提交的报告，E/CN.4/2003/9，第 24 段。

Hampshire 案中指出，大学的学术自由包括四项基本自由：基于自身的学术理由决定谁来教、教什么、如何教以及谁来学。[①] 1965 年在日本召开的国际大学协会第四次总会讨论的结果认为，大学自治应包括：(1) 人事的自治；(2) 学生选择的自治；(3) 教育课程决定的自治；(4) 研究计划决定的自治；(5) 财源分配的自治。[②] 学术自由可以从管理和学术自治的高等教育机构的比例、教授终身聘任、研究生院的建立、选修课的种类、发表论文数等方面来衡量，取单一标准即大学拥有终身教职教师的比例作为评价标准。

5. 不受体罚。各阶段学生都有可能受到体罚，尤其是在初等教育和中等教育阶段。国际文件规定的体罚包括三种：一是用手或器具殴打儿童；二是强迫儿童做不舒服的姿势或动作（如让儿童深蹲、吞咽辛辣作料等）；三是非对人体进行但同样残忍和有辱人格的惩罚（如贬低、侮辱恐吓或者嘲讽儿童）。[③] 可以用遭受体罚儿童的比例、体罚对学生身心影响情况以及体罚引起纠纷的情况作为评价指标，取单一指标，即公开媒体报道体罚致死的数量作为评价指标。

6. 建立学校制度。《经济、社会及文化权利国际公约》要求积极发展学校制度，设置奖学金制度，不断改善教员物质条件。就学校制度而言，建立各阶段教育的最低标准，已在设立及管理教育机构的自由中体现。学校制度的其他方面体现为：学校管理制度、学生行为规范和教学安排等各个方面。就学校管理制度而言，学校章程是学校的根本制度，取具备章程的学校比例作为评价指标。

就学生相关制度而言，以学校存在学生参与影响他们的事务的机制（学

---

① 管华、陈鹏：《异地高考权及其实现》，《高等教育研究》2015 年第 1 期。

② 周志宏：《学术自由与高等教育法制》，高等教育文化事业有限公司，2002，第 191—192 页。

③ 《儿童权利委员会第三十二届会议通过的第 8 号一般性意见》，儿童受保护免遭体罚和其他残忍或不人道形式惩罚的权利，第 11 段，载 CRC/C/GC/8(2006) 号文件。

生委员会）的比例作为评价指标。奖学金制度包括奖学金覆盖范围、评比方式、奖励标准等，取获得奖学金的学生的比例和奖学金占学费支出的比例为评价指标。

就教员物质条件而言，根据联合国教科文组织《关于教师地位的建议》梳理出的教员物质条件应包含：一是有足够工资以维持自身与家人正常生活；二是有足够的钱可供接受深造或参加文化性活动等增进教学品质之事使用；三是享受相关社会保障。取单一指标，即教师平均工资作为法定最低工资的比例。

（四）教育人权所对应的国家义务

1. 优先义务与核心义务。优先义务包括两方面：一是缔约国必须优先实行义务性的免费的初等教育；二是缔约国所有保障教育人权的行为都应符合"儿童最大利益原则"。前者已在初等教育中列明，后者以规定"儿童最大利益原则"或"儿童优先"的国内法生效时间为指标。

教育人权所要求的最低限度核心义务包括：公立学校入学平等；教育目标；为人人提供初等教育；通过并执行一项国家教育战略，该战略包括提供中等、高等教育和基础教育；达到"最低教育标准"的学校或教育机构的选择自由。[①] 上述义务除"通过并执行一项国家教育战略"外，均已讨论。可以用国内制定教育国家战略的起始时间作为评价指标。

2. 渐进义务与即刻义务。就教育人权而言，基于宗教信仰自由的教育选择自由、国家"采取步骤"（实施一项国家战略）的义务和"不得歧视"的义务属于即刻义务，前文均已述及。

对于渐进义务，中等教育（含技术职业教育）和高等教育都有"逐渐做到免费"的条款，意味着缔约国不得采取任何倒退措施，可以用中等教育经

---

① 经济、社会、文化权利委员会第13号一般性意见：受教育权利，第57段，载E/C.12/1999/10号文件。

费、高等教育经费增长的比例来评价。

3. 尊重、保护、给付和促进义务。尊重义务要求国家机关承担消极义务，尊重选择自由、信仰自由、设立教育机构自由、少数民族语言等前文均已述及。保护义务要求防止第三方侵害受教育权，如防止父母或雇主阻止女童入学，禁止使用童工，可以用强制入学和禁止童工的国内法生效时间作为评价标准。给付义务要求缔约国在个人或群体通过努力也不能满足时提供服务，各阶段免费政策前已述及，还需要针对学生在不断变化的世界中的需要，设计课程，提供课程所需的资源，可以用所有课程定期修订的比例作为评价标准。促进义务较为宏观，在此不赘。

三 教育人权评价指标体系的具体设计

综合上述，笔者对教育人权评价的指标体系具体设计如下。

1. 教育目的

1.1. 选修课时占在校学习时间的比例

1.2. 识字率

1.3. 体育测试合格率

1.4. 人权、各国、各民族、各种族、各宗教和环保知识占课程内容的比例

2. 基本教育

2.1. 政府所投入的扫盲经费／文盲总数

3. 初等教育

3.1. 小学净入学率

3.2. 小学辍学率

3.3. 免收学费、杂费的小学生的比例

3.4. 小学教育经费占全国教育经费的比例

3.5. 每万小学学龄儿童拥有的学校数

3.6. 家校距离

3.7. 课时数

3.8. 用母语接受教育学生的比例

3.9. 校本课程占全部课程的比例

4. 中等教育

4.1. 每万中等教育学龄儿童拥有的学校数

4.2. 毛入学率

4.3. 中等教育经费占 GDP 的比例

4.4. 家校距离

4.5. 就读职业教育学校学生的比例

4.6. 校本课程占全部课程的比例

5. 高等教育

5.1. 没有获得优待或加分的学生的比例

5.2. 毛入学率

5.3. 高等教育经费占 GDP 的比例

5.4. 获得奖学金或贷款的学生比例

5.5. 每万人拥有的学校数

5.6. 每千人获得本科学位的人数

5.7. 接受职业高等教育学生的比例

5.8. 接受远程教学的学生的比例

6. 平等

6.1. 妇女扫盲率

6.2. 女童小学净入学率

6.3. 少数民族儿童小学净入学率

6.4. 残疾儿童小学净入学率

6.5. 女童中学净入学率

6.6. 少数民族儿童中学净入学率

6.7. 残疾儿童中学净入学率

6.8. 获得公共补助的中学生比例

6.9. 女童大学净入学率

6.10. 少数民族儿童大学净入学率

6.11. 残疾儿童大学净入学率

6.12. 获得公共补助的大学生比例

7. 父母教育选择自由

7.1. 私立小学的比例

7.2. 私立中学的比例

7.3. 私立大学的比例

7.4. 入读宗教学校小学生的比例

8. 设立及管理教育机构的自由

8.1. 达到国家最低标准的教育机构的比例

8.2. 政府当年批准设立的教育机构的数量

8.3. 私立学校选修课时占总课时的比例

9. 学术自由

9.1. 大学拥有终身教职教师的比例

10. 不受体罚

10.1. 媒体报道体罚致死的数量

11. 建立学校制度

11.1. 具备章程的学校比例

11.2. 获得奖学金的学生的比例

11.3. 教师平均工资作为法定最低工资的比例

12. 教育人权所对应的国家义务

12.1. 规定"儿童最大利益原则"或"儿童优先"的国内法生效时间

12.2. 制定教育国家战略的起始时间

12.3. 中等教育经费增长的比例

12.4. 高等教育经费增长的比例

12.5. 强制入学的国内法生效时间

12.6. 禁止童工的国内法生效时间

12.7. 所有课程定期修订的比例

中国司法改革四十年变迁及其时代特征 *

高一飞　陈　恋**

摘　要　改革开放以来，我国经历了四个阶段的司法改革。一是恢复重建中的司法改革（1978—1997），这阶段完成的主要司法改革内容有：进行机构恢复与重建、制定与实施基本法律、创设严打程序和下放死刑复核权、设立专门法院并对法院内部权力分设、改革经济检察机制并调整检察权。二是第一轮司法改革（1997—2007），这轮改革的主要内容是：进行法官检察官职业化建设、推进人民法院审判制度改革、全面推进检察体制机制改革。三是第二轮司法改革（2007—2013），改革的主要内容是：改革法院内部权力运行模式、全面推行司法公开、拓宽监督渠道、规范司法行为。四是第三轮司法改革（2013—），主要内容是：推进以司法责任制为核心的四项基础性改革、完善确保依法独立公正行使审判权和检察权的制度、优化职权配置、保障人民群众参与司法、加强人权司法保障。四十年司法改革的基本经验是：司法改革要坚持顶层设计

---

　*　本文为高一飞教授主持的 2017 年度司法部重点课题"优化司法机关职权配置研究"（17SFB1006）、2018 年度国家社科基金课题"看守所法立法研究"（18BFX078）的阶段性成果。
**　高一飞，西南政法大学诉讼法与司法改革研究中心教授，博士生导师。陈恋，西南政法大学刑事诉讼法方向博士研究生。

与摸着石头过河相结合、司法改革应当全面推进、应同步进行体制改革与机制改革。党的十九大之前，我们已经完成了以四项基础性改革为主要内容的"四梁八柱"式的改革。党的十九大后，司法改革的方向是"深化司法体制综合配套改革，全面落实司法责任制"。

关键词 改革开放　司法改革　体制改革　机制改革　综合配套改革

1978 年，党的十一届三中全会作出党和国家工作重点转移到经济建设上来，实行改革开放这一关系国家命运的决定，揭开了中国社会主义改革开放的序幕。同时十一届三中全会指出："为了保障人民民主，必须加强社会主义法制，使民主制度化、法律化，使这种制度和法律具有稳定性、连续性和极大的权威，做到有法可依，有法必依，执法必严，违法必究。从现在起，应当把立法工作摆到全国人民代表大会及其常务委员会的重要议程上来。检察机关和司法机关要保持应有的独立性；要忠实于法律和制度，忠实于人民利益，忠实于事实真相；要保证人民在自己的法律面前人人平等，不允许任何人有超于法律之上的特权。"[1] 我国的法制建设在十一届三中全会以后重新走上正轨，开始了司法改革的新征程。

十一届三中全会以后，我国在大力发展经济的同时，制定和修订了一系列基本法律，不断推进我国司法制度的建设与完善。可以说，改革开放的四十年，也是司法改革的四十年。习近平总书记指出，"历史和现实都告诉我们，一场社会革命要取得最终胜利，往往需要一个漫长的历史过程。只有回看走过的路、比较别人的路、远眺前行的路，弄清楚我们从哪儿来、往哪儿

---

[1] 《中国共产党第十一届中央委员会第三次全体会议公报》(1978 年 12 月 22 日)，中国共产党新闻网，http://news.12371.cn/2013/10/25/ARTI1382683065898177.shtml，最后访问日期：2019-05-01。

去，很多问题才能看得深、把得准"。① 在改革开放四十年之际，也是在新一轮司法改革继续推进的中途，总结梳理司法改革的理论与实践，合理评价改革得失，展望党的十九大后司法改革的未来，这对于推进司法改革，意义重大。

一 恢复重建中的司法改革（1978—1997）

这一阶段的司法改革以 1978 年十一届三中全会为开端，直至 1997 年十五次全国代表大会之前。

十一届三中全会确立了"有法可依，有法必依，执法必严，违法必究"的法制建设十六字方针，标志着中国社会主义法制建设在经历了一个艰难曲折的过程之后进入了一个新的历史发展时期。② 1987 年，中国共产党第十三次全国代表大会对法制建设提出了具体要求：应当加强立法工作，改善执法活动，保障司法机关依法独立行使职权，提高公民的法律意识；法制建设又必须保障建设和改革的秩序，使改革的成果得以巩固。

1988 年 7 月第十四次全国法院工作会议提出了六项改革措施：一是改善执法活动，认真执行公开审判制度，改进合议庭工作机制；二是改革现行法院人事制度，制定法官法，建立法官制度；三是改革法院干部教育培训管理体制，建立一个多层次、正规化的法院干部教育培训体系；四是改革和加强法院系统的司法行政工作，加强法庭建设，解决法院办案经费不足的困难；五是加强基层建设，加强建设、调整和充实人民法庭，加强对人民调解委员

① 佚名:《习近平在学习贯彻党的十九大精神研讨班开班式上发表重要讲话》(2018 年 1 月 5 日），http://www.xinhuanet.com/politics/leaders/2018-01/05/c_1122218349.htm，最后访问日期：2018 年 11 月 10 日。
② 肖扬:《肖扬法治文集》，法制出版社，2012，第 156 页。

会的业务指导；六是积极开展同外国法院的司法协助。这次工作会议从制度保障和提高人员素养两方面为法院司法改革创造条件，审判工作向正规化和规范化发展。法院进行了一系列内部改革。

（一）进行机构恢复与重建

1978 年《宪法》对检察机关的职权和领导关系等作了原则规定，以《宪法》为依据，检察机关得以恢复与重建。1979 年，第五届全国人大常委会第十一次会议决定恢复撤销长达 20 年的司法部，由其主管全国的司法行政工作。到 1980 年底，从中央到地方都恢复了司法行政机关。1979 年 12 月，司法部发出《关于律师工作的通知》，明确宣布恢复律师制度。1980 年 8 月 26 日，第五届全国人民代表大会常务委员会第十五次会议通议了《律师暂行条例》，这是我国关于律师制度的第一部法规。

司法部、最高人民法院于 1982 年 8 月 6 日出台并实施了《关于司法厅（局）主管的部分任务移交给高级人民法院主管的通知》，将司法部主管的审批地方各级人民法院、各类专门人民法院的设置、变更、撤销，拟定人民法院的办公机构、人员编制，协同法院建立各项审判制度，任免助理审判员以及管理人民法院的物资装备（如囚车、枪支、司法人员服装等）、司法业务费等有关司法行政工作事项，移交最高人民法院管理。各省（自治区、直辖市）司法厅（局）管理的同类工作移交各省（自治区、直辖市）高级人民法院管理。机构的恢复与重建为法制建设提供了前提条件，推动了法制建设的进程。

（二）制定与实施基本法律

据统计，从 1979 年到 1983 年 3 月，第五届全国人大任期结束，除两件宪法修改和 1982 年新宪法外，共通过法律 35 件，其中新制定法律 33 件，修改法律两件。此外，还通过了法律问题的决定 28 件。1983 年到 1987 年底在第六届全国人大任期内，共通过 42 件法律，其中新制定法律 37 件，修改法律 5 件。此外，还通过了法律问题的决定 23 件。1988 年到 1992 年在第七届全国人大任期内，除宪法修改 1 件外，共通过 49 件法律，其中新制定法律 44 件，修改法律 5 件。此外，还通过了法律问题的决定 38 件。[1]

徒法不足以自行，法律的实施是法制建设的关键。中共中央于 1979 年 9 月 9 日施行的《关于坚决保证刑法、刑事诉讼法切实实施的指示》指出，各部法律能否严格执行，是衡量我国是否实行社会主义法治的重要标志。

（三）创设严打程序和下放死刑复核权

严打于 1983 年开始，是中国的一连串严厉打击严重刑事犯罪的运动的简称。共有三次严打运动：1983 年严打、1996 年严打和 2001 年 4 月开始的"新世纪严打"。1983 年的那次严打内容包括在实体上的从重，在程序上的从快。

作为严打两个重要法律文件之一的《关于严惩严重危害社会治安的犯罪分子的决定》（1983 年 9 月 2 日第六届全国人民代表大会常务委员会通过）规定：原来没有死刑的"严重危害社会治安的犯罪"，"可以在刑法规定的最高刑以上处刑，直至判处死刑"。关于程序上从快，1983 年 9 月 2 日全国人民代表大会常务委员会通过了《关于迅速审判严重危害社会治安的犯罪分子的程序的决定》。该决定全文内容只有两条，第 1 条规定："对杀人、强奸、抢劫、爆炸等严重危害公共安全应当判处死刑的犯罪分子，主要犯罪事实清楚，证据确凿，民愤极大的，应当迅速及时审判，可以不受刑事诉讼法第一百一十条规定的关于起诉书副本送达被告人期限以及各项传票、通知书送达期限的限制。"第 2 条规定："前条所列犯罪分子的上诉期限和人民检察院的抗诉期限，由刑事诉讼法第一百三十一条规定的十日改为三日。"其体现为越重越快，违背了"繁案精审、简案快办"的规律，对可能判处死刑的案件反而采用了超快审理、简化诉讼程序的做法，违背了司法规律。

---

① 陈斯喜：《新中国立法 60 年回顾与展望》，《法治论丛》2010 年第 2 期。

1980 年 2 月 12 日，第五届全国人大常委会第十三次会议批准，"在 1980 年内，对现行的杀人、强奸、抢劫、放火等犯有严重罪行应当判处死刑的案件，最高人民法院可以授权省、自治区、直辖市高级人民法院核准"。1981 年 6 月 10 日，全国人大常委会通过《关于死刑案件核准问题的决定》延长了下放的期限，"在一九八一年至一九八三年内，对犯有杀人、抢劫、强奸、爆炸、放火、投毒、决水和破坏交通、电力等设备的罪行，由省、自治区、直辖市高级人民法院终审判决死刑的，或者中级人民法院一审判决死刑，被告人不上诉，经高级人民法院核准的，以及高级人民法院一审判决死刑，被告人不上诉的，都不必报最高人民法院核准"。部分死刑复核权虽然下放到了各省高级人民法院，但各省高级人民法院在复核死刑时，也纠正了一些冤错案件和不当量刑，仍然坚持了"少杀""慎杀"的原则，总体办案质量是好的，绝大多数判决是经得起历史检验的。但个别法院工作疏忽，酿成了一些错杀案件，产生了不良社会影响。

（四）设立专门法院和对法院内部权力分设

第一，恢复与设立专门法院。1978 年中央军委颁发《关于军队编制的调整方案》，决定重建解放军军事法院和各大单位的军事法院。根据 1984 年 11 月全国人民代表大会常务委员会《关于在沿海港口城市设立海事法院的决定》和最高人民法院《关于设立海事法院几个问题的决定》的规定，我国在上海、天津、广州、青岛、大连和武汉等市设立了海事法院。

第二，完善法庭设置。1981 年起，针对新型的经济类纠纷，我国法院专设了经济审判庭。此外，我国对于不符合法律规定的"专业法庭"和不利于独立审判的人民法庭进行了调整和撤并。[①]

第三，审执分立、立审分立、审监分立的体制和机制改革。审执分立，

---

① 肖扬:《肖扬法治文集》，法制出版社，2012，第 571 页。

是指人民法院内部将审判工作与执行工作分开，审判员负责审判，执行员负责执行。1995 年最高人民法院设立了执行工作办公室。执行工作办公室成立后，积极开展了制度建设、队伍培训、集中清理执行积案、立法调研等宏观指导工作及个案的监督协调工作，推动了执行工作的健康发展。[①] 最高人民法院从 1997 年 4 月 21 日起实施了《关于人民法院立案工作的暂行规定》，该规定要求各类案件的立案受理由法院专门的立案机构办理。1997 年，为加强人民法院内部审判监督活动，最高人民法院设置了审判监督庭。

（五）改革经济检察机制并调整检察权

加强经济检察工作。1978 年开始我国进入了改革开放时期，经济迅速增长的同时，经济犯罪频发。1982 年 4 月 10 日，邓小平同志在中共中央政治局讨论《中共中央、国务院关于打击经济领域中严重犯罪活动的决定》的会议上，明确指出要坚决打击经济犯罪活动。中国共产党第十二届中央委员会第三次全体会议于 1984 年 10 月 20 日通过的《中共中央关于经济体制改革的决定》强调："检察院要加强对经济犯罪行为的检察工作。"[②] 该决定对这一时期的检察工作提出了具体要求。

从 1988 年 4 月至 1992 年 3 月，全国检察机关共受理贪污贿赂案 347989 件，立案侦查 184237 件，其中万元以上大案 41126 件；查办县处级干部 3200 名，地局级干部 163 名，省部级干部 5 名；提起公诉干部 80237 名；共追缴赃款赃物折合人民币 20.5 亿元。[③] 加强对经济犯罪的检察工作，为国家挽回了大量的经济损失，保卫了现代化建设的成果；打击了严重经济犯罪活动的嚣张气焰，维护了社会主义法制的尊严和社会安定。

---

① 执行办公室于 2008 年 11 月改为执行局。

② 《中共中央关于经济体制改革的决定》（1984 年 10 月 20 日），人民网 – 中国共产党新闻网，http://cpc.people.com.cn/GB/64162/134902/8092122.html，最后访问日期：2018-11-10。

③ 《中国法律年鉴》编辑部：《中国法律年鉴》，法律出版社，1993，第 104 页。

1996 年 3 月 17 日，第八届全国人民代表大会第四次会议通过的《中华人民共和国刑事诉讼法》修正案调整了检察权，取消了检察机关的免于起诉权，废除了检察机关的定罪权。

（六）本阶段司法改革的特征

这一时期的司法改革较多地体现了自发性和自下而上的特点，主要实现于系统内部的改革。[①] 机构的恢复与重建，解决了机构不全无法有效开展法制工作的困境；加强立法工作并强调法律的落实，实现了司法作为解决社会纠纷手段应有的功能，保证了经济建设有一个健康良好的环境；法院内部改革，优化了法院内部结构，提高了办案质效；加强经济检察工作，维护了良好的经济建设环境；检察权调整，明确了检察机关工作方式，突出了法律监督职能。

邓小平同志指出，加强社会主义法治的一个重要目的，就是促进改革的顺利进行，保证改革的健康发展，巩固改革的胜利成果。[②] 为经济建设服务是这一阶段法制建设的重要目的。相较于 1978 年开始的以经济体制改革为核心的政治、社会、文化等方面的改革举措，这一时段的司法改革严重滞后于其他各项改革的建设、发展步伐。这种滞后性所带来的不同步使得司法改革与我国的经济、政治、文化、社会现状存在大量矛盾、冲突，也增加了后续司法改革的难度。

十一届三中全会要求"检察机关和司法机关要保持应有的独立性"[③]，其实质是要求司法机关实现独立公正行使权力。中央虽然提出了要保持司法机关的独立性，但是这一阶段法制建设的侧重点需明确，即各种法律的颁布

---

① 胡云腾主编《司法改革》，社会科学文献出版社，2016，第 71 页。

② 肖扬：《肖扬法治文集》，法制出版社，2012，第 163 页。

③ 《中国共产党第十一届中央委员会第三次全体会议公报》（1978 年 12 月 22 日），中国共产党新闻网 http://news.12371.cn/2013/10/25/ARTI1382683065898177.shtml，最后访问日期：2019-05-01。

以及法院改革均是为了适应经济社会的发展，司法机关独立行使权力没有受到应有的重视，监督制约机制不够健全。严打中的快速审判程序和死刑复核权下放，导致了非理性程序的出现，容易产生冤假错案。后来证明为错杀而平反的滕兴善案、聂树斌案、呼格案，都是严打过程中制造的冤案。这一阶段的司法改革，主要是机制性改革，没有触及体制问题以及司法深层次问题，也没有建立完善的内外部监督制约机制，司法不公、冤假错案、司法腐败现象时有发生。

二　第一轮司法改革（1997—2007）

这轮司法改革的时间跨度为 1997 年党的十五大召开之后，至 2007 年党的十七大召开之前。1997 年 9 月 12 日，中国共产党在第十五次全国代表大会上提出："推进司法改革，从制度上保证司法机关依法独立公正地行使审判权和检察权，建立冤案、错案责任追究制度。加强执法和司法队伍建设。"[①] 为贯彻十五大的精神，1999 年 10 月 20 日，最高人民法院出台并实施了《人民法院五年改革纲要》（简称"法院改革一五纲要"），对人民法院的组织体系、审判工作机制、法官队伍建设、经费管理体制等方面提出了具体的改革要求。2000 年 1 月 10 日，最高人民检察院第九届检察委员会第 52 次会议通过的《检察改革三年实施意见》（"检察改革第一个三年改革意见"）提出了六项改革目标：强化法律监督的职能和作用；加强上级检察机关对下级检察机关的领导；全面建立主诉、主办检察官办案责任制；改革检察机关干部人事制度；改革检察机关内、外部监督制约机制；改革检察机关经费管理机制。

---

① 江泽民:《在中国共产党第十五次全国代表大会上的报告》（1997 年 9 月 12 日），新华社，http://www.gov.cn/test/2008-07/11/content_1042080.htm，最后访问日期：2019-05-01。

2002 年 11 月 8 日，江泽民同志在中国共产党第十六次全国代表大会上的报告中提出推进司法体制改革。按照公正司法和严格执法的要求，完善司法机关的机构设置、职权划分和管理制度，进一步健全权责明确、相互配合、相互制约、高效运行的司法体制。从制度上保证审判机关和检察机关依法独立公正地行使审判权和检察权。改革司法机关的工作机制和人财物管理体制，逐步实现司法审判和检察同司法行政事务相分离。[①] 为落实十六大精神，2003 年 4 月中央政法委向中央提出了《关于进一步推进司法体制改革的建议的请示》。同年 5 月，党中央成立了中央司法体制改革领导小组，全面领导和统一部署我国的司法体制改革。

为落实十六大精神与党中央决策，2005 年 8 月 24 日，最高人民检察院实施了《关于进一步深化检察改革的三年实施意见》（"检察改革第二个三年改革意见"），明确了在 2008 年以前应当改革和完善对诉讼活动的法律监督制度、完善检察机关接受监督和内部制约的制度、创新检察工作机制和规范执法行为、完善检察机关组织体系、改革和完善检察干部管理体制、改革和完善检察机关经费保障体制这六个方面共 36 项具体的改革任务。2005 年 10 月 26 日，最高人民法院印发并实施了《人民法院第二个五年改革纲要（2004—2008）》（"法院改革二五纲要"），明确了实现司法公正，提高司法效率，维护司法权威的改革目标。要求改革和完善诉讼程序制度；改革和完善执行体制和工作机制；改革和完善审判组织和审判机构；改革和完善司法审判管理和司法政务管理制度；完善对审判权、执行权、管理权的监督机制；等等。

时任最高人民法院院长的肖扬同志认为，我国司法的根本问题是司法的

---

① 江泽民：《在中国共产党第十六次全国代表大会上报告》（2002 年 11 月 8 日），新华社，http://www.gov.cn/test/2008-08/01/content_1061490.htm 最后访问日期：2019-05-01。

地方化、行政化和非职业化。① 这"三化"严重制约了司法机关独立公正行使权力。所以，这一时期的改革主要针对这"三化"展开。

（一）进行法官检察官职业化建设

要保证法官检察官独立公正行使审判权检察权，首先就要加强法官检察官队伍建设，提高法官检察官整体素质，努力建设一支政治立场坚定、业务熟练精通、作风清正廉明的司法队伍，实现法官检察官职业化。

"法院改革一五纲要"与"检察改革第一个三年改革意见"明确提出要加强队伍建设，提高人员素质。法官检察官职业化建设在这一阶段正式开启。为了解决法官检察官非职业化问题，全国人大常委会于2001年6月30日修改了《法官法》《检察官法》，修改后的《法官法》《检察官法》明确了采用严格考核的办法，按照德才兼备的标准，从通过司法考试并且具备法官检察官条件的人员中择优挑选初任法官、检察官。最高人民法院、最高人民检察院、司法部于2002年1月1日起施行了《国家司法考试实施办法（试行）》，我国正式确立了司法考试制度，为实现法官检察官职业化建设提供了保障。严格法官检察官的职业准入，强化法官检察官的职业意识，培养法官检察官的职业道德，加强法官检察官的职业修养，为司法改革做好了人才储备工作。

（二）推进人民法院审判制度改革

第一，改革审判方式。最高人民法院于1998年7月11日起施行的《关于民事经济审判方式改革问题的若干规定》，细化了当事人举证、法庭调查收集证据的规定，要求做好庭前准备相关工作，明确了庭审顺序、方式以及证据审查等问题。审判方式的改革，确立了民事案件谁主张谁举证、刑事案件由公诉人承担举证责任的原则，法官从调查取证的义务中脱离出来，保障

---

① 肖扬：《法院、法官与司法改革》，《法学家》2003年第1期。

了法官审判的公正性。

第二，建立"法官依法独立判案责任制"。由于这一轮改革针对的是司法的地方化、行政化和非职业化。法院改革的设计者们在通过统一司法考试努力解决非职业化的同时，试图向行政化"开刀"，其重要的表现是推行审判责任制。而"法院改革二五纲要"第 26 条规定，"建立法官依法独立判案责任制""逐步实现合议庭、独任法官负责制"，试图从法院层级独立走向"审判庭独立"。在此基础上，最高法院于 2002 年 7 月出台并实施了《关于人民法院合议庭工作的若干规定》，该规定要求除重大、复杂、疑难案件提交审判委员会讨论外，其他案件由合议庭自行解决。

第三，死刑核准权收归最高人民法院。部分案件死刑复核权下放以后，个别法院在死刑案件事实、证据上把关不严，酿成了多起错杀案件，在社会上产生了极为恶劣的影响，动摇了人民对法治的信心。因此，最高人民法院于 2007 年 1 月 1 日起施行的《关于统一行使死刑案件核准权有关问题的决定》规定，死刑案件除由最高人民法院判决的以外，各高级人民法院和解放军军事法院依法判决和裁定的，应当报请最高人民法院核准。

第四，完善人民陪审员制度。十届全国人大常委会第十一次会议于 2004 年 8 月 28 日实施了《关于完善人民陪审员制度的决定》，最高人民法院和司法部于 2004 年 12 月 13 日联合出台并实施了《关于人民陪审员选任、培训、考核工作的实施意见》，2005 年 1 月 6 日最高人民法院实施了《关于人民陪审员管理办法（试行）》，新的规范为人民陪审员在法庭审判中起到更客观公正的作用打下了良好的基础。人民陪审员制度既是一项重要的司法制度，也是一项重要的民主制度。

（三）全面推进检察体制机制改革

第一，实行主诉检察官办案责任制。针对部分检察机关和检察人员执法主体不明、责任不清、错案追究不力的现象，最高人民检察院经过全面调研并进行充分论证之后，于 1999 年 5 月 27 日施行了《关于试行主诉检察官办案责任制的工作方案》，在北京、上海、广州等十个省份进行主诉（办）检察官制度的试点工作。到 2004 年 12 月，全国 90% 以上的检察机关都实行了主诉（办）检察官制度。① 主诉检察官办案责任制改变了我国检察机关办案机制，增强了检察官对于个案办理的独立性和责任心，提升了案件办理质效。

第二，改革检察机关内、外部监督制约机制。检察机关是法律监督机关，因此，必须解决"谁来监督监督者"的问题。检察机关必须高度重视对自身的监督，不仅要自觉接受外部监督，而且要切实强化内部监督，防止权力的滥用和腐败。首先，1998 年 10 月 21 日，最高人民检察院颁布实施了《关于完善人民检察院侦查工作内部制约机制的若干规定》，最高人民检察院于 2004 年 6 月 24 日重新颁布并实施了《关于人民检察院办理直接受理立案侦查案件实行内部制约的若干规定》，对内部监督进行了规范。

其次，实行人民监督员制度。2003 年 10 月，最高人民检察院实施了《关于人民检察院直接受理侦查案件实行人民监督员制度的规定（试行）》，决定在 10 个省（直辖市、自治区）开展人民监督员试点工作。根据最高人民检察院的统一部署，截至 2004 年 2 月，已有 10 个省级院、105 个地市级院、510 个县级院共计 625 个检察院进行了人民监督员试点工作，从机关、企事业单位、社会团体等中选聘人民监督员 4925 名。②

最后，推行检务公开制度。最高人民检察院于 1998 年 10 月实施了《关于在全国检察机关实行"检务公开"的决定》；于 1999 年 1 月 4 日实施了《人民检察院"检务公开"具体实施办法》，要求检察机关深化检务公开；于 1999 年 4 月 6 日实施了《关于建立检察工作情况通报制度的通知》，要求各

① 邓思清：《主诉（办）检察官制度改革回顾及启示》，《人民检察》2013 年第 14 期。
② 孙谦：《司法改革报告：中国的检察院、法院改革》，法律出版社，2004，第 30 页。

省级检察院建立新闻发言人制度；2001 年 3 月 5 日，最高人民检察院公诉厅实施了《人民检察院办理不起诉案件公开审查规则（试行）》，要求对存在较大争议且在当地有较大社会影响的不起诉案件公开审查；最高人民检察院于2006 年 6 月实施了《关于进一步深化人民检察院"检务公开"的意见》，进一步拓宽了检务公开渠道，完善了定期通报和新闻发言人制度。检务公开，能让检察权在阳光下运行，让人民监督权力，让检察权接受外部监督。

第三，检察引导侦查。2000 年 8 月最高人民检察院在"全国检察机关公诉改革会议"上提出建立加强检察机关与公安机关工作联系，实现公诉工作引导侦查，使证据依法得到巩固。[①] 检察引导侦查在全国各地的检察院都得到了适用和推广。2001 年 1—11 月，全国检察机关介入侦查案件 4 万余件涉及 7 万多人，参加讨论的重大案件 31570 件涉及 59685 人。[②]

第四，地方性检察改革措施。暂缓起诉制度。2000 年最高人民检察院审查起诉厅厅长姜伟提出："对未成年人犯罪案件的不起诉条件可适当放宽，在法律允许的范围内，对未成年犯罪嫌疑人扩大适用相对不起诉；探索对未成年犯罪嫌疑人暂缓起诉的做法。"[③] 2000 年，在湖北省武汉市江汉区检察院、南京市玄武区检察院等地试点暂缓起诉。2004 年最高人民检察院以没有法律依据为由决定将暂缓起诉制度的探索工作暂缓实行。此后，暂缓起诉制度的探索基本处于停滞状态。[④]

中国式辩诉交易。我国现行的刑事诉讼法并没有规定辩诉交易制度，在

[①] 王松苗：《公诉改革：能否两全其美？——关于公诉工作改革重心的采访与思考》，《人民检察》2000 年第 10 期。

[②] 明扬：《侦查监督：检警合作促严打》，《人民日报》2002 年 2 月 6 日。

[③] 记者：《共绘新蓝图——高检院部分厅、局、室负责人畅谈 2000 年检察工作》，《人民检察》2000 年第 1 期。

[④] 直到 2010 年最高人民检察院出台《最高人民检察院关于深入推进社会矛盾化解、社会管理创新、公正廉洁执法的实施意见的通知》《"十二五"时期检察工作发展规划纲要》等文件，才使曾经暂缓的起诉制度改革试点工作重新启动。

司法实践中却存在类似于辩诉交易的司法操作。2002年4月，黑龙江省牡丹江市铁路运输法院以"辩诉交易"的方式审理了一起被称为我国"辩诉交易第一案"的故意伤害案件，控辩双方就自愿认罪及从轻处罚协商达成一致，申请法庭对其协议予以确认，被追诉人也与被害人就附带民事赔偿问题达成和解。[①]"辩诉交易"在司法实践中存在，但这一制度由于给人"以钱买刑"的印象，在当时的司法环境下，并没有在全国范围内得到推广，其本质是后来的刑事和解制度。

（四）本阶段司法改革的特征

这一轮改革使司法制度更加符合司法规律，提高了司法工作能力，进一步保障了公民诉讼权利，促进了司法公正，实现了社会和谐稳定。推进司法考试，明确法官、检察官的任职条件，为解决我国法官、检察官非职业化问题做好了铺垫。中央这次部署使中国司法改革走向整体统筹、有序推进的阶段。

这一时期司法改革的目标并没有全部实现，具体表现如下。

法院检察院在招录法官、检察官时并没有按照法律规定严格执行学历要求；部分法院检察院招录了大量的非审判检察人员占用了人事编制；对于已经进入法院检察院但不符合《法官法》《检察官法》学历要求、资格要求的人员，又没有为其转岗或者退出法院检察院相应制定配套政策和措施。

对审判方式进行了改革，但是没有完善的监督措施去规范审判行为。"法院改革一五纲要"和"法院改革二五纲要"都只对司法监督作了倡导性规定，仍缺乏落实监督的有效措施。由于没有完备的监督机制，法官依法独立判案责任制在各地推行时，独立审判有些已经演变成专断和滥权，出现了

---

① 张景义、李文广、赵炳松、权伍琦：《聚焦国内"辩诉交易"第一案》（2002年8月8日），http://www.chinacourt.org/article/detail/2002/08/id/9780.shtml，最后访问日期：2018年10月4日。

严重的司法腐败。

主诉检察官制度由于检察院领导不愿放权、部分地区检察队伍专业素质不高、配套措施不健全等，在十多年的实践中，处于被虚置状态，仅少数检察院因"案多人少"的压力或领导刻意试点等有所保留。[①] 尽管检察权内、外部制约机制初步建立，但在检察机关内部没有法定的、专门的业务监督部门，导致内部监督制约机制具有一定的随意性和不稳定性，滥用职权、越权办案的现象时有发生，执法随意性始终存在。人民监督员的选任以及管理方式不合理、监督范围有限、监督程序运作不够顺畅、监督效力和程序刚性不足等问题，使人民监督员并没有发挥好监督作用。检察引导侦查制度在实践中也遇到了一些问题，如指导侦查的案件范围没有限定；遭遇公安机关的抵触情绪；提出的侦查指导意见如不适当或公安机关不采纳正确的指导侦查意见时如何处理没有明确；等等。

三　第二轮司法改革（2007—2013）

第二轮司法改革以 2007 年党的十七大为开启标志，直至 2013 年十八届三中全会之前。

2007 年 10 月 15 日，胡锦涛同志在中国共产党第十七次全国代表大会上指出："深化司法体制改革，优化司法职权配置，规范司法行为，建设公正高效权威的社会主义司法制度，保证审判机关、检察机关依法独立公正地行使审判权、检察权。"[②] 党的十七大提出了深化司法体制改革这一目标，并提出了具体的改革要求。为了落实党的十七大的总体要求，中央司法体制改革领导小组于 2008 年 5 月出台并实施了《中央政法委员会关于深化司法体制

---

① 徐昕、黄艳好、汪小棠：《中国司法改革年度报告（2013）》，《政法论坛》2014 年第 2 期。
② 《胡锦涛在中国共产党第十七次全国代表大会上的报告》（2007 年 10 月 15 日）。

和工作机制改革若干问题的意见》，该意见要求以加强权力监督制约为重点，紧抓影响司法公正、制约司法能力的关键环节，强调解决体制性、机制性、保障性障碍，建设公正、高效、权威的社会主义司法制度。

为落实中央司法改革任务，2009 年 3 月 1 日，最高人民检察院实施了《关于深化检察改革 2009—2012 年工作规划》（"检察改革第三个三年改革意见"），提出了五个方面的要求：优化检察职权配置，完善法律监督的范围、程序和措施；健全对检察权行使的监督制约；完善检察工作中贯彻落实宽严相济刑事政策的制度和措施；改革和完善检察组织体系和干部管理制度；改革和完善政法经费保障体制。最高人民法院于 2009 年 3 月 17 日印发并实施了《人民法院第三个五年改革纲要（2009—2013）》（简称"法院改革三五纲要"），其内容包括优化人民法院职权配置、落实宽严相济的刑事政策、加强人民法院队伍建设、加强人民法院经费保障、健全司法为民工作机制五个方面的改革任务，涵盖了人民法院审判、执行、人事管理、经费保障等各个层面。第二轮司法改革着重解决司法行为不规范、司法监督缺位以及司法腐败严重的问题。最高人民法院、最高人民检察院为此做出了不懈努力。

（一）改革法院内部权力运行模式

针对地方党政机关对个案的"非法干预"，"法院改革三五纲要"第 10 条要求"建立对非法干预人民法院依法独立办案行为的责任追究制度"。对于上级法院的判前请示制度，第 7 条要求"改革和完善上下级人民法院之间的关系""构建科学的审级关系"。对于法院内部的审判委员会和庭长院长审批制度，"法院改革三五纲要"第 5 条要求"完善审判委员会讨论案件的范围和程序，规范审判委员会的职责和管理工作"，"完善合议庭制度，加强合议庭和主审法官的职责"。另外，其对于审判独立的保障性措施，也作了规定，如第 19 条"完善人民法院编制与职务序列制度"，第 20 条"改革和完善法官工资福利和任职保障制度"及第 22—24 条"加强人民法院经费保障"。这一系列措施为解决法院内、外部行政化问题提供了制度基础。

（二）全面推行司法公开

阳光是最好的防腐剂，司法公开对于防止司法腐败的意义不言而喻。最高人民法院于 2009 年 12 月 8 日颁布并实施了《关于司法公开的六项规定》，在"法院改革三五纲要"的基础上增加了立案公开和审务公开。最高人民法院首度发布《人民法院工作年度报告（2009）》，开展"司法公开宣传月"活动，下发《司法公开示范法院标准》，公布 100 个"司法公开示范法院"，以促进司法公开。地方法院也积极落实司法公开。通过这一系列文件的出台，人民法院的司法公开工作进入有序推进阶段，能够推动法院工作运行透明化，实现司法公正。

最高人民检察院于 2006 年 6 月 26 日专门出台了《关于进一步深化人民检察院"检务公开"的意见》，该意见扩展了检务公开制度的方式，完善了定期通报和新闻发言人制度。此后电子检务的建设在全国各级、各地迅速推开，截止到 2007 年，全国 32 个省份的 347 个地市级检察院已经完成了检察院内部局域网的全覆盖。① 最高人民检察院于 2012 年 1 月 11 日实施了《人民检察院刑事申诉案件公开审查程序规定》，该规定要求检察机关办理申诉案件程序透明化，接受社会监督。最高人民法院、最高人民检察院通过出台一系列文件，明确了司法公开的内容，让司法权力在阳光下运行，为加强对司法权的监督提供了前提条件。

（三）拓宽监督渠道

社会监督。最高人民法院于 2009 年 4 月 13 日实施了《最高人民法院关于进一步加强民意沟通工作的意见》，该意见要求加强民意收集，方便群众发表意见和提出建议。

---

① 高一飞:《检务公开现状评估与完善建议》,《国家检察官学院学报》2016 年第 4 期。

舆论监督。2009年10月12日，最高人民法院实施了《最高人民法院特约监督员工作条例（试行）》，进一步健全和完善了人民法院外部监督机制。同年12月8日，最高人民法院实施了《关于人民法院接受新闻媒体舆论监督的若干规定》，人民法院对新闻媒体的开放程度和接受监督的主动性有了质的飞跃。在规范媒体与司法关系方面，这一文件，"为这一关系给出了全新的阐释，可谓开创了媒体与司法良性互动的新纪元。"[1]

检察机关内部监督。2011年，最高人民检察院实施了《关于强化上级人民检察院对下级人民检察院执法办案活动监督的若干意见》，加强了检察机关的内部监督，明确了检察机关上下级的办案规则。2011年12月，最高人民检察院实施了《关于加强检察机关内部监督工作的意见》，体现了检察机关不断加强自我监督的决心，增强了内部监督的规范性和可操作性。

（四）规范司法行为

一是加强反腐倡廉建设。最高人民法院于2008年6月5日出台并实施了《人民法院监察工作条例》；同年12月5日出台并实施了《关于进一步加强人民法院反腐倡廉建设的意见》，将反腐倡廉提升到法院工作的重心。在此基础上，2009年1月8日，最高人民法院向社会公布了"五个严禁"规定。[2] 人民法院工作人员凡违反上述规定，依纪依法追究法律责任直至刑事责任；从事审判执行工作的，一律调离审判执行岗位。

二是最高人民法院通过量刑规范化改革，规范了自由裁量权，解决了适用法律失衡问题。最高人民法院、最高人民检察院、公安部、国家安全部、司法部于2010年9月13日实施了《关于规范量刑程序若干问题的意见（试

---

[1] 蒋惠岭、龙飞：《展望媒体与司法良性互动新纪元》，《人民法院报》2010年1月8日，第5版。

[2] 即严禁接受案件当事人及相关人员的请客送礼；严禁违反规定与律师进行不正当交往；严禁插手过问他人办理的案件；严禁在委托评估拍卖等活动中徇私舞弊；严禁泄露审判工作秘密。

行)》的通知。2010 年 10 月 1 日最高人民法院实施了《人民法院量刑程序指导意见》。《人民法院量刑程序指导意见》规定,对于公诉案件,人民检察院可以提出量刑建议,促进同案同判,保障司法统一。

三是深化民事行政执行体制改革,分离执行实施权和执行审查权,隔离审判执行与委托拍卖,打破一人负责到底的传统执行模式。为了杜绝权力寻租的可能性,司法拍卖改革的关键点就在于实行执行权与委托权两权分离,用制度建设和技术改革,将权力锁进笼子里。最高人民法院自 2012 年 1 月 1 日起施行了《关于人民法院委托评估、拍卖工作的若干规定》,通过统一管理机构、职责、委托方式、场所等,实现审判执行与委托拍卖彻底隔离。最高人民法院明确界定执行审查权和执行实施权,并分别由不同的内设机构或者人员行使,优化执行工作分工,实施以节点控制为特征的流程管理制度。

四是深入推进执法规范化建设,全国 70% 的执法办案场所完成了规范化改造。2008 年公安部实施了《关于大力加强公安机关执法规范化建设的指导意见》(公通字〔2008〕49 号)。按照公安部 2010 年 10 月 25 日实施的《公安机关执法办案场所设置规范》要求,各地公安机关以派出所为重点,全面推进、限时完成执法办案场所的办案区、办公区、接待区和生活区的功能分区改造工作,到 2011 年底,全国有 70% 多的执法办案场所完成了改造任务,有效改善了规范执法的环境,减少了执法安全事故隐患。① 执法办案场所规范化改造积极顺应社会主义民主法制发展的要求,通过场所规范化改造进而规范了执法人员行为,有助于司法公正的实现。

五是发布指导案例,指导法律实施。2011 年 12 月,最高人民法院继 2010 年印发并实施《关于案例指导工作的规定》后,发布了第一批指导性案

---

① 苏海萍:《公安执法规范化取得成效　70% 办案场所完成改造》(2011 年 11 月 14 日),http://legal.people.com.cn/GB/188502/16241227.html,最后访问日期:2018 年 8 月 9 日。

例，包括民事和刑事案例各两个。对于发展完善中国特色案例指导制度，更好地促进法律的正确实施，维护社会公平正义，具有积极作用。[①] 所有公开的案例，皆可产生比照效应，有利于司法统一，实现司法公正。

（五）本阶段司法改革的特征

2008 年底启动的这一轮司法改革确定了 60 项改革任务，2009 年完成了 17 项，2010 年基本完成了 30 项，至 2011 年底 60 项改革任务中的绝大部分已经完成。2011 年，法院、检察院、公安和司法行政部门等根据中央政法委《关于深化司法体制和工作机制改革若干问题的意见》确定的司法改革整体规划，继续有条不紊地推进改革，贯彻落实先前的改革举措，完成新安排的改革任务。[②] 2013 年，最高人民法院已经完成中央部署的司法改革任务 12 项，完成"法院改革三五纲要"确定的司法改革任务 113 项。[③] 同年，全国检察机关紧紧围绕党和国家工作大局，忠实履行宪法和法律赋予的职责，着力强化法律监督、强化自身监督、强化队伍建设，各项检察工作取得新进展。[④] 本轮司法改革的任务按时完成，并体现在修订完善的相关法律中，这一轮司法改革建立了较为完善的监督和制约机制，为党的十八大全面推进司法改革准备了条件。

司法公开、拓宽司法监督渠道以及规范司法行为，能够有效防止司法腐败，维护司法公正，推动司法改革的发展进程。一系列措施加强了权力的制约与监督，为下一阶段法院检察院独立行使职权准备了条件。

第二轮司法改革以解决司法监督问题、防止司法腐败为中心，存在历史

---

① 中国法学会：《中国法治建设年度报告（2011）》，《法制日报》2012 年 7 月 18 日，第 10 版。

② 徐昕、卢荣荣、黄艳好：《中国司法改革年度报告（2011）》，《政法论坛》2012 年第 30 期。

③ 王胜俊：《最高人民法院工作报告》（2013 年 3 月 10 日），中国人大网，http://www.npc. gov.cn/npc/dbdhhy/12_1/2013-03/10/content_1775648.htm，最后访问日期：2018-08-09。

④ 曹建明：《最高人民法院工作报告》（2013 年 3 月 10 日），中国网，http://www.china. com.cn/legal/2013-03/12/content_28218658.htm，最后访问日期：2018-08-09。

局限性。在保障司法独立和化解司法行政化、地方化、政治化等体制性弊病的关键问题上不可能有突破。^① 这一阶段的重点在于权力制约与监督，司法行政化、地方化以及司法效率不高等问题需要留在以后解决。但是，先"以加强权力制约和监督为重点"，在建立了严密的监督与制约机制之后再实行独立行使检察权和审判权的措施，是一种明智的选择。

四　第三轮司法改革（2013—）

这轮司法改革的时间跨度为 2013 年 11 月十八届三中全会至今。

2013 年 11 月 12 日，中国共产党十八届三中全会全体会议通过的《中共中央关于全面深化改革若干重大问题的决定》强调了"深化司法体制改革，加快建设公正高效权威的社会主义司法制度，维护人民权益，让人民群众在每一个司法案件中都感受到公平正义"。^② 十八届三中全会对司法改革提出了新要求，标志着我国第三轮司法改革的全面启动。

《中共中央关于全面推进依法治国若干重大问题的决定》在"保证公正司法，提高司法公信力"的要求下，提出了完善确保依法独立公正行使审判权和检察权的制度、优化司法职权配置、推进严格司法、保障人民群众参与司法、加强人权司法保障、加强对司法活动的监督这些具体任务。^③ 党中央对司法改革的重视达到了前所未有的程度。

---

① 徐昕：《中国司法改革的现实与未来——兼谈 2009、2010、2011 民间司法改革年度报告》，《哈尔滨工业大学学报》（社会科学版）2012 年第 141 期。

② 《中共中央关于全面深化改革若干重大问题的决定》（2013 年 11 月 12 日），中国政府网，http://www.gov.cn/jrzg/2013-11/15/content_2528179.htm，最后访问日期：2018-08-09。

③ 《中共中央关于全面推进依法治国若干重大问题的决定》（2014 年 10 月 23 日），人民网，http://cpc.people.com.cn/n/2014/1029/c64387-25927606.html，最后访问日期：2018-08-09。

为贯彻党的十八大和十八届三中、四中全会精神，进一步深化人民法院各项改革，最高人民法院于 2015 年 2 月 4 日印发了《关于全面深化人民法院改革的意见——人民法院第四个五年改革纲要（2014—2018）》（简称"法院改革四五纲要"），纲要紧紧围绕让人民群众在每一个司法案件中感受到公平正义的目标，解决影响司法公正和制约司法能力的深层次问题，确保人民法院依法独立公正行使审判权。最高人民检察院于 2015 年 2 月 16 日印发了《关于深化检察改革的意见（2013—2017 年工作规划）》（"检察改革第四个三年改革意见"），明确了人民检察院应当完善保障依法独立公正行使检察权的体制机制；建立符合职业特点的检察人员管理制度；健全检察权运行机制；健全反腐败法律监督机制；强化法律监督职能；强化对检察权运行的监督制约这六个方面的改革任务。

随后，以司法责任制、员额制、司法人员职业保障、推动省以下地方法院检察院人财物进行统一管理的四项司法体制改革，以审判为中心的刑事诉讼制度改革等为重点的诉讼制度改革等同步向纵深推进。

（一）以司法责任制为核心的四项基础性改革

第一，司法责任制改革。最高人民法院于 2015 年 9 月 21 日出台的《关于完善人民法院司法责任制的若干意见》以及最高人民检察院于 2015 年 9 月 28 日出台的《关于完善人民检察院司法责任制的若干意见》贯彻了中央关于深化司法体制改革的总体部署，以明晰的审判、检察组织权限和审判、检察人员职责为基础，以有效的审判、检察管理和监督制度为保障，能够实现人民法院检察院依法独立公正行使权力。2016 年，司法责任制改革在全国司法改革试点法院全面推开。

第二，员额制改革。《中共中央关于全面推进依法治国若干重大问题的决定》强调，"完善主审法官、合议庭、主任检察官、主办侦查员办案责任制，落实谁办案谁负责。实行办案质量终身负责制和错案责任倒查问责制"。① 中办、国办于 2015 年 4 月 9 日实施的《关于贯彻落实党的十八届四中全会决定进一步深化司法体制和社会体制改革的实施方案》对十八届三中、四中全会提出的各项改革措施作了细化规定，强调建立办案质量终身负责制和错案责任倒查问责制。员额制改革，实现了法官检察官对案件的终身负责，能够提高法官检察官的工作积极性，增强办案责任感。

截至 2017 年 9 月，"全国法院从原来的 211990 名法官中遴选产生 120138 名员额法官。最高人民法院坚持'从严掌握、宁缺毋滥'的选人导向，遴选产生 367 名员额法官，占中央政法专项编制的 27.8%。通过这项改革，实现了 85% 以上法院人员向办案一线集中，资源配置更加合理，审判质效持续提升。2017 年 1 至 9 月，全国法院院、庭长人均办案量同比增长 32.3%"。② 截至 2017 年 11 月，全国检察机关遴选出员额内检察官 84444 名，占中央政法专项编制的 32.78%。将基层检察院 85% 以上的人力资源配置到办案一线，办案量增加 20% 以上。③ 员额制改革的有效推进为包括司法责任制在内的综合性改革提供了前提条件。

2015 年 9 月 16 日，中央全面深化改革领导小组第十六次会议审议通过了《法官、检察官职务序列改革试点方案》《法官、检察官工资制度改革试点方案》，为司法人员分类管理提供了制度保障，加快了专业化、职业化法官检察官队伍建设的步伐。实行司法人员分类管理，更加明确了各类司法人

---

① 《中国共产党第十八届中央委员会第四次全体会议公报》（2014 年 10 月 23 日），新华社，http://www.xinhuanet.com//zgjx/2014-10/24/c_133739200.htm，最后访问日期：2018-08-09。

② 周强：《最高人民法院关于人民法院全面深化司法改革情况的报告》（2017 年 11 月 1 日），中国人大网 http://www.chinanews.com/gn/2017/11-01/8365961.shtml，最后访问日期：2019-05-01。

③ 曹建明：《最高人民检察院关于人民检察院全面深化司法改革情况的报告》（2017 年 11 月 1 日），中国人大网，http://npc.people.com.cn/n1/2017/1102/c14576-29622622.html，最后访问日期：2019-05-01。

员的权限，畅通了司法人员职业发展渠道，优化了人员结构，提升了司法队伍正规化、专业化、职业化水平。积极开展法官助理、书记员职务序列改革，能够充实审判辅助力量。[①] 检察官、检察辅助人员、司法行政人员分类管理格局基本形成。[②]

第三，健全司法人员职业保障机制。2016 年 7 月 21 日，中共中央办公厅、国务院办公厅施行的《保护司法人员依法履行法定职责规定》明确了法官、检察官依法办理案件不受行政机关、社会团体和个人的干涉，依法履行法定职责受法律保护等相关权利。对干扰阻碍司法活动，恐吓威胁、报复陷害、侮辱诽谤、暴力伤害法官、检察官及其近亲属的行为，应当依法从严惩处。司法人员职业保障机制的健全免除了办案人员的后顾之忧。

第四，推动省以下地方法院、检察院人财物进行统一管理。推动省以下地方法院、检察院人财物进行统一管理是党中央针对我国实际提出的有针对性的解决对策。在推动省以下地方法院、检察院人财物进行统一管理改革时，应立足于我国经济社会发展不平衡、不同地方司法保障水平差别大的现状，各省（自治区、直辖市）在推进财物省级以下进行统一管理上可以从实际出发，因地制宜，不强求步调一致。[③] 推动省级以下人财物进行统一管理，从根源上解决了法院、检察院对本级政府的依赖，保障了法院、检察院依法行使职权的独立性。

（二）完善确保依法独立公正行使审判权和检察权的制度

中央政法委员会于 2015 年 3 月 30 日起施行的《司法机关内部人员过问

[①] 周强：《最高人民法院工作报告》（2018 年 3 月 9 日），新华网，http://www.china.com. cn/lianghui/news/2018-03/09/content_50693317.shtml，最后访问日期：2019-05-01。
[②] 曹建明：《最高人民检察院工作报告》（2018 年 3 月 9 日），新华网，http://www.china. com.cn/lianghui/news/2018-03/09/content_50693318.shtml，最后访问日期：2019-05-01。
[③] 孟建柱：《坚定不移推动司法责任制改革全面开展》，《中国应用法学》2017 年第 1 期。

案件的记录和责任追究规定》，旨在防止司法机关内部人员干预办案，确保公正廉洁司法。该规定明确了内部司法人员过问案件的记录、存储、报送、查看和处理等程序，制定了刚性的惩罚措施，并明确了办案人员如实记录司法机关内部人员过问案件的情况，受法律和组织保护。司法机关严格落实文件要求，在切实保障内部司法人员依法履职的基础上，严厉打击内部司法人员违法违规干预司法个案的行为。

防止领导干部插手、干预司法活动的规定。中共中央办公厅、国务院办公厅于 2015 年 3 月 30 日实施了《领导干部干预司法活动、插手具体案件处理的记录、通报和责任追究规定》。最高人民检察院于 2015 年 6 月 1 日实施了《检察机关贯彻执行〈领导干部干预司法活动、插手具体案件处理的记录、通报和责任追究规定〉和〈司法机关内部人员过问案件的记录和责任追究规定〉的实施办法（试行）》。最高人民法院于 2015 年 8 月 20 日实施了《人民法院落实〈领导干部干预司法活动、插手具体案件处理的记录、通报和责任追究规定〉的实施办法》。上述文件确保了审判权、检察权依法独立公正行使，为维护司法权威、保障司法权力依法独立公正行使创造了良好的政治环境。

（三）优化职权配置

为优化职权配置，十八届四中全会提出：推动实行审判权和执行权相分离的体制改革试点；统一刑罚执行体制；探索实行法院、检察院司法行政事务管理权和审判权、检察权相分离；变立案审查制为立案登记制。[①] 优化司法职权配置的本质就是要健全司法权力运行机制，这不仅涉及部门内部的权力划分，也涉及部门与部门之间的权力划分与制约。在今天已经完成的改革如下。

---

① 《中共中央关于全面推进依法治国若干重大问题的决定》（2014 年 10 月 23 日）。

第一，变立案审查制为立案登记制。"法院改革四五纲要"再次强调要变立案审查制为立案登记制，加大立案信息的网上公开力度。最高人民法院于 2015 年 5 月 1 日实施了《关于人民法院推行立案登记制改革的意见》，意见要求坚持有案必立、有诉必理。对符合法律规定条件的案件，法院必须依法受理。2018 年最高人民法院工作报告显示，人民法院已经做到了有案必立、有诉必理，当场登记立案率超过 95%。① "告状难"问题已成为历史。

第二，完成职务犯罪侦查权转隶。2016 年 12 月 25 日，第十二届全国人民代表大会常务委员会第二十五次会议通过了《全国人民代表大会常务委员会关于在北京市、山西省、浙江省开展国家监察体制改革试点工作的决定》。在试点一年成功经验的基础上，第十二届全国人大常委会第三十次会议于 2017 年 10 月 31 日审议通过了《全国人民代表大会常务委员会关于在全国各地推开国家监察体制改革试点工作的决定（草案）》。自此，监察体制改革全面推开试点，全国检察机关与监察委紧密配合，将职务犯罪侦查权转隶到监察委。曹建明检察长在 2018 年工作报告中指出，到 2018 年 3 月，"四级检察院反贪、反渎和预防部门职能、机构及 44151 名检察人员已全部按时完成转隶"。②

第三，捕诉合一与内设机构改革。捕诉合一改革，捕诉一体化办案模式在未成年人刑事案件中曾经有过试点。2018 年 7 月 25 日，最高人民检察院检察长张军在大检察官研讨班开幕时提出："要以检察机关内设机构改革为突破口，通过重组办案机构，要以案件类别划分、实行捕诉合一。"③ 此后，

① 周强：《最高人民法院工作报告》（2018 年 3 月 9 日）。
② 曹建明：《最高人民检察院工作报告》（2018 年 3 月 9 日），新华网，http://www.china.com.cn/lianghui/news/2018-03/09/content_50693318.shtml，最后访问日期：2019-05-01。
③ 林平：《张军：解决三个不平衡，要重组办案机构实行捕诉合一》（2018 年 7 月 25 日），http://www.changlian.org.cn/index.php?a=show&c=index&catid=69&id=16014&m=content，最后访问日期：2018 年 10 月 1 日。

捕诉合一已经成为检察机关的改革重点。2018 年 8 月初，历次改革的排头兵上海首先通过了《上海市检察机关"捕诉合一"办案规程（试行）》，试行期限为一年，职务犯罪案件、未成年人刑事案件参照上述规定办理，另有特殊规定的除外。这是首个省级层面的地方性"捕诉合一"司法改革文件。检察机关全面推行捕诉合一已是大势所趋。

内设机构改革。2016 年 1 月 22 日，孟建柱同志在中央政法工作会议上指出："目前，有的地方法院检察院内设机构过多，造成司法职能碎片化。"[①]内设机构改革形式上表现为机构的增减和重新排列组合，背后反映的则是对司法权性质和运行规律的认识。2016 年 8 月，中编办和最高人民检察院联合下发并实施了《省以下人民检察院内设机构改革试点方案》，2018 年最高人民检察院工作报告指出："1854 个检察院开展内设机构改革，一线办案力量普遍增长 20% 以上。"[②]合理的内设机构设置，能够使检察机关的办案机制变得更加科学合理。2018 年 7 月，中央编委、最高人民法院联合下发并实施了《关于积极推进省以下法院内设机构改革工作的通知》（法发〔2018〕8 号）。内设机构是接下来法院改革的重点。

（四）保障人民群众参与司法

第一，完善人民陪审员制度。《中共中央关于全面推进依法治国若干重大问题的决定》对完善人民陪审员制度作出了规定："保障公民陪审权利，扩大参审范围，完善随机抽选方式，提高人民陪审制度公信度，逐步实行人民陪审员不再审理法律适用问题，只参与审理事实认定问题。"2015 年 4 月，第十二届全国人大常委会第十四次会议通过了《关于授权在部分地区开展人

---

① 《孟建柱在中央政法工作会议上的讲话》（2016 年 1 月 22 日），人民网，http://politics.people.com.cn/n1/2016/0309/c1001-28182981.html，最后访问日期：2019-05-01。
② 曹建明：《最高人民检察院工作报告》（2018 年 3 月 9 日），新华网，http://www.china.com.cn/lianghui/news/2018-03/09/content_50693318.shtml，最后访问日期：2019-05-01。

民陪审员制度改革试点工作的决定》，该决定要求在 50 个法院实行人民陪审员制度改革试点，为人民陪审员制度改革的推进积累实践经验。最高人民法院、司法部联合发布的《人民陪审员制度改革试点方案》《人民陪审员制度改革试点工作实施办法》为人民陪审员制度改革的适用提供了具体的操作规范。2017 年 4 月 24 日，第十二届全国人民代表大会常务委员会第二十七次会议通过了《关于延长人民陪审员制度改革试点期限的决定（草案）》，对人民陪审员制度改革试点延期一年。2018 年 4 月 27 日，第十三届全国人民代表大会常务委员会第二次会议正式通过《中华人民共和国人民陪审员法》。

第二，完善人民监督员制度。人民监督员制度是加强民主监督、制约检察机关执法活动的重要制度。2014 年 9 月 4 日，最高人民检察院实施了《人民监督员监督范围和监督程序改革试点工作方案》，该工作方案确定了北京等 10 个省（自治区、直辖市）为试点地区。同年 9 月 10 日，最高人民检察院、司法部印发并实施了《关于人民监督员选任管理方式改革试点工作的意见》。中央全面深化改革领导小组于 2015 年 2 月 27 日审议通过了《深化人民监督员制度改革方案》，2015 年 3 月 7 日，最高人民检察院与司法部颁布并实施了该方案。上述文件的出台，标志着人民监督员制度的改革方向和相关举措基本确定。为落实《深化人民监督员制度改革方案》，最高人民检察院、司法部于 2016 年 7 月 5 日联合下发并实施了《人民监督员选任管理办法》，对人民监督员的职责、任职条件、选任程序、任期、名额、考核管理、免职情形作出规定。2016 年 7 月 13 日，最高人民检察院出台并实施了《关于人民监督员监督工作的规定》，细化了监督范围、监督程序和履职保障等问题，提出建立人民检察院直接受理立案侦查案件台账、人民监督员监督事项告知等制度。

（五）加强人权司法保障

十八届三中全会强调，完善人权司法保障制度，进一步规范查封、扣押、冻结、处理涉案财物的司法程序。健全错案防止、纠正、责任追究机制，严禁刑讯逼供、体罚虐待，严格实行非法证据排除规则。健全国家司法救助制度，完善法律援助制度。① 会议指出了完善人权保障机制的具体方面，下面也将以此为依据进行阐述。

第一，规范查封、扣押、冻结、处理涉案财物的司法程序。《中共中央关于全面推进依法治国若干重大问题的决定》提出，切实解决执行难问题，制定强制执行法，规范查封、扣押、冻结、处理涉案财物的司法程序。② 2015 年 2 月，中央全面深化改革领导小组会议、中央政治局常委会议审议通过《关于全面深化公安改革若干重大问题的框架意见》。最高人民检察院从 2014 年起连续 4 年开展规范司法行为专项整治活动，坚决纠正违法扣押冻结涉案财物等突出问题。③ 完善查封、扣押、冻结、处理涉案财物的司法程序，不仅是提高案件质量的重要体现，而且能够保护当事人合法权益，削弱了犯罪分子的再犯罪能力，增强了办案的社会效果和法律效果。

第二，健全错案防止、纠正、责任追究机制。《中共中央关于全面深化改革若干重大问题的决定》明确要求"健全错案防止、纠正、责任追究机制"。④ 十八届四中全会再次强调了这一要求，习近平总书记在该两次会议上也重申了健全错案防止、纠正、责任追究机制对于人权保障的重要作用。公安部于 2013 年 6 月 5 日发布的《关于进一步加强和改进刑事执法办案工

---

① 《中共中央关于全面深化改革若干重大问题的决定》（2013 年 11 月 12 日），中国政府网，http://www.gov.cn/jrzg/2013-11/15/content_2528179.htm，最后访问日期：2018-08-09。

② 《中共中央关于全面推进依法治国若干重大问题的决定》（2014 年 10 月 23 日），人民网，http://cpc.people.com.cn/n/2014/1029/c64387-25927606.html，最后访问日期：2018-08-09。

③ 曹建明：《最高人民检察院工作报告》（2018 年 3 月 9 日），新华网，http://www.china.com.cn/lianghui/news/2018-03/09/content_50693318.shtml，最后访问日期：2019-05-01。

④ 《中共中央关于全面深化改革若干重大问题的决定》（2013 年 11 月 12 日），中国政府网，http://www.gov.cn/jrzg/2013-11/15/content_2528179.htm，最后访问日期：2018-08-09。

作切实防止发生冤假错案的通知》要求深化错案预防机制建设，完善执法制度和办案标准，从源头上防止冤假错案的发生。最高人民检察院于 2013 年 9 月实施了《关于切实履行检察职能防止和纠正冤假错案的若干意见》，该意见要求严把事实关、程序关和法律适用关，健全检察环节错案发现、纠正、防范和责任追究机制。司法部于 2014 年 7 月 18 日实施了《关于进一步发挥司法鉴定制度作用防止冤假错案的意见》，该意见要求全面加强司法鉴定管理，进一步规范司法鉴定活动。最高人民法院于 2014 年 7 月 31 日发布的《关于建立健全防范刑事冤假错案工作机制的意见》规定对定罪证据不足的案件应当依法宣告被告人无罪，确保无罪的人不受刑事追究。一系列文件的出台要求相关部门做好本职工作，在每一个诉讼环节严把质量关，将冤假错案的发生率降到最低。2013 年至 2017 年 9 月，人民法院共依法宣告 4032 名被告人无罪。①

第三，严格实行非法证据排除规则。非法证据排除规则能否有效适用与人权保障的程度具有紧密的联系，非法取证本身就是对人权尊严的严重践踏，必须通过严格实行非法证据排除规则来保障人权。最高人民法院、最高人民检察院、公安部、国家安全部、司法部于 2017 年 6 月 27 日实施了《关于办理刑事案件严格排除非法证据若干问题的规定》，进一步明确了刑事诉讼各环节非法证据的认定标准和排除程序，明确了非法证据排除规则适用的对象，明确了非法获取的证人证言、被害人陈述以及实物证据的排除规则和当庭裁决原则。此外，最高人民法院于 2018 年 1 月 1 日实施了《人民法院办理刑事案件排除非法证据规程（试行）》，该规程针对非法证据排除程序适用中存在的启动难、证明难、认定难、排除难等问题，明确了人民法院审查

---

① 《最高人民法院关于人民法院全面深化司法改革情况的报告》（2017 年 11 月 1 日），中国人大网 http://www.chinanews.com/gn/2017/11-01/8365961.shtml，最后访问日期：2019-05-01。

和排除非法证据的具体规则和程序。

第四，完善法律援助制度。改革开放提高了我国的整体经济水平，但是局部地区经济发展不平衡也严重减缓了我国的现代化进程。在刑事案件中，经济能力限制犯罪嫌疑人、被告人诉讼权利的情况普遍存在。2017 年 10 月 11 日，最高人民法院、司法部实施了《关于开展刑事案件律师辩护全覆盖试点工作的办法》，该办法要求在北京、上海、浙江、安徽、河南、广东、四川、陕西省（直辖市）开展刑事辩护全覆盖试点工作。试点工作办法扩大了案件的适用范围，细化了法律援助机构与法院之间的衔接程序，加强了对援助律师的权利保障，完善了对全覆盖援助的保障措施。党中央立足于我国经济与司法现状，提出完善法律援助制度以及不断提高法律援助工作水平的意见，在程序上保障犯罪嫌疑人、被告人的诉讼权利，是我国人权保障机制进一步完善的重要途径，也是改革不断释放红利的重要标志。

（六）其他司法改革

第一，以审判为中心的刑事诉讼制度改革。2014 年 10 月，《中共中央关于全面推进依法治国若干重大问题的决定》提出要"推进以审判为中心的诉讼制度改革"，各地相继进行了改革试点。"两高三部"在 2016 年 10 月实施了《关于推进以审判为中心的刑事诉讼制度改革的意见》，最高人民法院在 2017 年 2 月实施了《关于全面推进以审判为中心的刑事诉讼制度改革的实施意见》，并自 2017 年 6 月起施行了三项规程:《人民法院办理刑事案件庭前会议规程（试行）》、《人民法院办理刑事案件排除非法证据规程（试行）》和《人民法院办理刑事案件第一审普通程序法庭调查规程（试行）》。其在全国 18 个中级人民法院及其辖区部分基层法院开展试点工作，在总结试点经验的基础上，2018 年 1 月 1 日修订并实施了新的三项规程。三项规程有助于解决庭审虚化、非法证据排除难、疑罪从无难等问题，有助于提高刑事审判的质量、效率和公信力。

第二，繁简分流程序、刑事速裁程序和认罪认罚制度。繁简分流体现了对司法规律的尊重，旨在实现繁案精审、简案快办。最高人民法院于2016年9月12日实施的《关于进一步推进案件繁简分流优化司法资源配置的若干意见》提出推进立案环节案件的甄别分流，完善送达程序与送达方式，发挥民事案件快速审判程序的优势，创新刑事速裁工作机制，等等。

2014年6月27日，第十二届全国人大常委会第九次会议通过决定，授权最高人民法院、最高人民检察院在北京等18个城市开展刑事案件速裁程序试点工作。2014年8月26日，最高人民法院、最高人民检察院会同公安部、司法部实施的《关于在部分地区开展刑事案件速裁程序试点工作的办法》明确了试点地区以及要求试点地区按照该办法制定实施细则。2016年9月3日，全国人民代表大会常务委员会通过了《关于授权最高人民法院、最高人民检察院在部分地区开展刑事案件认罪认罚从宽制度试点工作的决定》。最高人民法院、最高人民检察院、公安部、国家安全部、司法部于2016年11月16日实施了《关于在部分地区开展刑事案件认罪认罚从宽制度试点工作的办法》。该办法第12条、第16条、第17条、第19条补充了刑事速裁程序的内容，将刑事速裁程序纳入认罪认罚程序中统一进行试点。截至2017年9月，251个试点法院审结认罪认罚案件6.9万件，7.8万人，占同期全部刑事案件的42.7%。其中，适用刑事速裁程序审结的案件数量占69.7%，非监禁刑适用率达41.4%。[1] 2018年10月26日修订的刑事诉讼法增加了"刑事速裁程序"和"认罪认罚从宽"的内容，把前述改革的成果用立法的形式固定下来。

第三，智慧法院和智慧检务建设。2016年1月29日，最高人民法院信息化建设工作领导小组举行2016年第一次全体会议，最高人民法院院长、

---

[1] 周强：《最高人民法院关于人民法院全面深化司法改革情况的报告》（2017年11月1日），中国人大网 http://www.chinanews.com/gn/2017/11-01/8365961.shtml，最后访问日期：2019-05-01。

信息化建设工作领导小组组长周强主持会议并讲话，首次提出建设立足于时代发展前沿的"智慧法院"。① 2016 年 2 月 22 日，最高人民法院研究通过了《人民法院信息化建设五年发展规划（2016—2020）》和《最高人民法院信息化建设五年发展规划（2016—2020）》。2016 年 7 月 28 日，最高人民法院印发并实施了《关于全面推进人民法院电子卷宗随案同步生成和深度应用的指导意见》。2018 年 4 月 28 日，最高人民法院院长周强在全国法院第五次网络安全和信息化工作会议上指出："人民法院信息化 3.0 版主体框架已经确立，以网络化、阳光化、智能化为特征的智慧法院初步形成。"② 智慧法院建设实现了人民法院全业务网上办理、全流程依法公开、全方位智能服务。

2016 年 9 月 1 日，最高人民检察院实施了《"十三五"时期检察工作发展规划纲要》，该纲要要求加快建立智慧检务五大体系：检察信息感知体系、高效网络传输体系、智能信息服务体系、智慧检务应用体系、科技强检管理体系。按照电子检务工程规划，到 2017 年底，我国建成了覆盖全国四级检察机关的司法办案平台、检察办公平台、队伍管理平台、检务保障平台、检察决策支持平台、检务公开和服务平台，实现了对检察工作全面全程规范化、网络化、智能化的管理。③

第四，司法公开稳步推进。司法公开是法治文明发展的必然要求，也是司法体制改革的重要内容。在最高人民法院的推动下，全国各级法院重点建设了审判流程、裁判文书、执行信息三大公开平台。首先是审判流程公开。2014 年 11 月 13 日，中国审判流程信息公开网正式开通。目前，全国已有 25

---

① 周强：《坚持需求和问题导向，破解难题补齐短板，推进人民法院信息化建设转型升级》，《人民法院报》2016 年 1 月 30 日，第 3 版。
② 罗书臻：《深入推进智慧法院建设，促进审判体系和审判能力现代化》，《人民法院报》2018 年 4 月 28 日，第 1 版。
③ 曹建明：《最高人民检察院工作报告》（2018 年 3 月 9 日），新华网，http://www.china.com.cn/lianghui/news/2018-03/09/content_50693318.shtml，最后访问日期：2019-05-01。

个省份基本建成统一的审判流程信息公开平台。其次是裁判文书公开。至
2017 年 9 月中旬，中国裁判文书网公开的裁判文书超过 3393 万篇，访问量突
破 105 亿人次，单日最高访问量达 5000 万人次，超过 17.5 亿人次的访问量
来自海外，访问范围覆盖 210 多个国家和地区。[①] 最后是执行信息公开。最
高人民法院将全国法院失信被执行人名单信息公布与查询、被执行人信息
查询、执行案件流程信息公开、执行裁判文书公开等信息平台进行了有机
整合。

第五，基本解决"执行难"问题。针对当前群众呼吁强烈的执行难问
题，2016 年 1 月，最高人民法院与国家发展和改革委员会等 44 家单位联合
签署《关于对失信被执行人实施联合惩戒的合作备忘录》。此外，最高人
民法院于 2016 年 4 月 29 日实施了《关于落实"用两到三年时间基本解决
执行难问题"的工作纲要》，该工作纲要确定"基本解决执行难"的总体
目标是实现"四个基本"，即被执行人规避执行、抗拒执行和外界干预执
行现象基本得到遏制，人民法院消极执行、选择性执行、乱执行的情形基
本消除，无财产可供执行案件终结本次执行的程序标准和实质标准把握不
严、恢复执行等相关配套机制应用不畅的问题基本解决，有财产可供执行
案件在法定期限内基本执行完毕。为破解查人找物难题，最高人民法院与
国家发展和改革委员会、公安部、国家工商总局、中国人民银行、证监会
等 10 多个部门建立了网络执行查控系统。2016 年至 2018 年 9 月，全国法
院共受理执行案件 1884 万件，执结 1693.8 万件（含终本案件），执行到位
金额为 4.07 万亿元，同比分别增长 105%、120% 和 76%。[②] 人民法院为解

---

① 《周强在第 17 届亚太地区首席大法官会议上的讲话》（2017 年 9 月 21 日），http://china.
cnr.cn/gdgg/20170921/t20170921_523959192.shtml，最后访问日期：2018 年 9 月 14 日。

② 周强：《关于人民法院解决"执行难"工作情况的报告》（2018 年 10 月 24 日），中国法
院网，https://www.chinacourt.org/article/detail/2018/10/id/3542564.shtml，最后访问日期：
2019-05-01。

决"执行难"问题交出了一份漂亮的成绩单。

（七）本阶段司法改革的特征

党的十八届三中、四中全会对司法体制改革进行了系统规划和周密部署，确定了 9 大改革领域，129 项改革任务，制定了具体的施工图和时间表。[①] 截至 2017 年 9 月，党的十八届三中、四中全会确定由最高人民法院牵头的 18 项改革任务已经完成，《最高人民法院关于全面深化人民法院改革的意见》提出的 65 项改革举措已全面推开，审判质量效率、队伍能力素质和司法公信力进一步提高，人民群众的获得感不断增强。[②] 至 2017 年 9 月，中央部署由最高人民检察院承担的 29 项改革任务已基本完成或结项；检察改革规划提出的 91 项具体改革举措中的 82 项已出台改革意见或结项。[③] 目前司法改革已经保质保量完成了阶段性任务。

司法改革在以司法责任制为核心的四项基础性改革（即员额制、司法人员职业保障、司法责任制与推动省以下地方法院、检察院人财物进行统一管理）、优化司法职权配置、人权司法保障、执行难问题基本解决、建设智慧法院等方面都取得了前所未有的成绩。司法改革总体上呈现良好发展趋势，但是也出现了一些问题。如司法理念、司法能力、工作机制等与新时代形势发展和人民群众需求相比仍有不小差距；司法体制改革仍需进一步深化，一些关联度高、相互配套的改革举措推进不同步，改革的系统性、整体性、协

---

① 革言：《以改革之策务为民之实 以制度之变夯公正之基》，《人民法院报》2018 年 3 月 16 日，第 1 版。

② 周强：《最高人民法院关于人民法院全面深化司法改革情况的报告》（2017 年 11 月 1 日），中国人大网 http://www.chinanews.com/gn/2017/11-01/8365961.shtml，最后访问日期：2019-05-01。

③ 曹建明：《最高人民检察院关于人民检察院全面深化司法改革情况的报告》（2017 年 11 月 1 日），中国人大网，http://npc.people.com.cn/n1/2017/1102/c14576-29622622.html，最后访问日期：2019-05-01。

同性有待进一步增强[①];监督机制尚待进一步健全,司法作风不正、司法行为不规范问题仍然存在,反腐败斗争形势依然严峻复杂[②];等等。这些问题也是责任主体在将来的司法改革过程中亟待解决的。

五 四十年司法改革的基本经验

从 1978 年十一届三中全会提出"发展社会主义民主,健全社会主义法制"到 1997 年党的十五大报告提出"推进司法改革",2002 年党的十六大报告提出"推进司法体制改革",2007 年党的十七大报告提出"深化司法体制改革",2012 年党的十八大报告提出"进一步深化司法体制改革,坚持和完善中国特色社会主义司法制度",再到 2017 年党的十九大报告提出"深化司法体制综合配套改革,全面落实司法责任制"。我国的司法改革从具体司法工作制度上升到司法体制,改革从"摸着石头过河"的底层探索逐步转向中央顶层设计与基层创新相结合的模式,触及了司法制度的深层次问题。总结十八届三中全会以来新一轮司法改革的成功经验,主要有以下三个方面。

(一)顶层设计与摸着石头过河相结合

2012 年 12 月 31 日,习近平总书记在十八届中共中央政治局第二次集体学习时指出:"摸着石头过河,是富有中国特色、符合中国国情的改革方法。摸着石头过河就是摸规律,从实践中获得真知。摸着石头过河和加强顶层设

---

① 周强:《最高人民法院工作报告》(2018 年 3 月 9 日),新华网,http://www.china.com.cn/lianghui/news/2018-03/09/content_50693317.shtml,最后访问日期:2019-05-01。

② 曹建明:《最高人民检察院工作报告》(2018 年 3 月 9 日),新华网,http://www.china.com.cn/lianghui/news/2018-03/09/content_50693318.shtml,最后访问日期:2019-05-01。

计是辩证统一的。"① 顶层设计依赖于摸着石头过河获取的经验，也必须在摸着石头过河的实践中推进。只有顶层设计与摸着石头过河相结合的改革方式才能推动司法改革取得最终胜利。

恢复重建中的司法改革，缺乏中央顶层设计，多体现为地方法院、检察院的自我探索。十一届三中全会之后，改革开放顺利开展，但同时犯罪率升高，不利于社会稳定。针对这一现状，我国创设严打程序和下放死刑复核权，在特殊时期确实起到了维护社会稳定的作用。法院系统为了应对新型诉讼，设立了专门法院并重新分设了法院内部权力。检察系统为了打击经济犯罪进行了经济检察体制改革，调整了检察权。这一阶段的司法改革摸索出了一些办案经验，能够指导法院、检察院开展工作。但是由于缺乏中央顶层设计，法院、检察院改革有局限，相应的配套机制不够完善，并没有实现司法机关独立公正行使权力的改革目标。

十五大虽然提出要推进司法改革，但是中央并没有进一步部署，而是最高人民法院出台"法院改革一五纲要"以及最高人民检察院出台"检察改革第一个三年改革意见"，全面部署法院、检察院的改革任务。在第一轮司法改革中，为了应对民商案件激增的压力，各地方法院开始了审判方式改革，由原来的法院主导证据调查到当事人"谁主张谁举证"，减轻了法院的审判压力。法院积极探索民商案件审判方式改革，进而将审判方式改革推及刑事、行政领域，为三大诉讼机制改革提供了宝贵经验。检察机关实行的主诉检察官办案责任制经历了从试点到全面推广的过程，总结了检察机关的办案规律，能够提升办案质效。党的十六大之后，党中央成立了中央司法体制改革领导小组，全面领导和统一部署我国的司法体制改革。但中央政法委作为领导机构的力度不足以实现司法改革的顶层设计，没能解决部门之间的权力

① 《习近平谈治国理政》，外文出版社，2014，第 67—68 页。

纠纷，没有触及深层次的体制性问题。

在第二轮司法改革中，中央政法委将重心放在了解决影响司法公正、制约司法能力的体制性、机制性问题，并明确了各机关的任务。为此，最高人民法院出台了"法院改革四五纲要"，最高人民检察院出台了"检察改革第四个三年改革意见"。与第一轮司法改革不同的是，这轮改革涉及了体制机制改革，但与第一轮司法改革相同的是，其仍然体现了中央号召、中央政法委规划、中央发文、中央政法各部门落实的模式，尚不属于典型的顶层设计。① 在具体改革过程中，中央政法委注重协调各部门落实相关政策，没有强烈要求解决司法行政化、地方化、政治化等体制性问题。

在第三轮司法改革中，十八届三中、四中全会对司法改革做出了整体部署，由习近平总书记领导的深改组作为领导单位，强化了中央对于司法改革顶层设计的力度。同时，这一轮司法改革注重发挥地方积极性。司法责任制改革、监察体制改革、人民监督员制度改革等都经历过从试点到全国推广的过程。中央统一部署改革方针，地方通过试点总结经验，再由中央统一出台文件向全国推广。目前以司法责任制为核心的四项改革、职务犯罪侦查权转隶任务基本完成。党的十九大报告要求深化司法体制综合配套改革，在此之前，中央深改组就已经审议通过了《关于上海市开展司法体制综合配套改革试点的框架意见》。党的十九大之后，各地方按照中央顶层设计积极发挥探索精神，总结试点经验，再由中央统一立法推广。可见党的十九大后的司法改革仍然遵循了顶层设计与摸着石头过河相结合的改革路径。

实践证明，司法改革既要保证顶层设计的合法性、规范性，又要在合法性的前提下积极鼓励摸着石头过河的探索性和主动性。

---

① 胡云腾：《从摸着石头过河到顶层设计——对三中全会〈决定〉有关司法改革规定的解读》，《中国法律》2004 年第 2 期。

（二）司法改革应当全面推进

第一轮司法改革建立了法官依法独立判案责任制，明确了除重大、复杂、疑难案件提交审判委员会讨论外，其他案件由合议庭自行解决，赋予了承办法官应有的权力。但是由于没有完备的监督机制，独立审判有些已经演变成专断和滥权，出现了严重的司法腐败。在第二轮司法改革中，党的十七大提出，"保证审判机关、检察机关依法独立公正地行使审判权、检察权"，这就要求解决法院内、外部行政化问题。"法院改革三五纲要"虽然提出了保障审判独立的一系列措施，但是并没有考虑摆脱人事和财政地方化的问题，法官办案仍然受制于审判委员会。这轮改革并没有实现独立行使司法权，也没有解决司法行政化、地方化等体制性问题。

第三轮司法改革吸取了前两轮司法改革的经验教训。为了确保依法独立公正行使审判权和检察权，出台了《司法机关内部人员过问案件的记录和责任追究规定》《领导干部干预司法活动、插手具体案件处理的记录、通报和责任追究规定》等规定。同时，最高人民法院、最高人民检察院印发了《关于建立法官、检察官惩戒制度的意见（试行）》，体现了司法人员权力与责任的统一。推进以审判为中心的刑事诉讼制度改革，必然需要配套的案件繁简分流程序，科学调配和高效运用审判资源，依法快速审理简单案件，严格规范审理复杂案件，实现简案快审、繁案精审。在第三轮司法改革中，司法责任制是牛鼻子，司法责任制能否落实关系到司法改革的成效好坏。党的十九大报告提出"深化司法体制综合配套改革"，说明只有全面综合的改革，才能保证司法改革的顺利进行。

（三）应同步进行体制改革与机制改革

司法体制是司法机关和司法人员的组织制度，司法机制是指司法活动应当遵循的具体步骤和规则。体制改革是机制改革的基础，没有好的司法体制，再完善的机制也会被弃而不用。司法体制与机制改革应当同时进行，不能顾此失彼。但第一轮和第二轮司法改革多停留在机制改革，并没有触及司法体制改革，因此也没有完全实现司法改革的目标。

其实，中央早已认识到体制改革与机制改革并举的重要性。早在 2004 年，中共中央转发了《中央司法体制改革领导小组关于司法体制和工作机制改革的初步意见》，提出了改革和完善诉讼制度、诉讼收费制度、检察监督体制等 10 个方面的 35 项改革任务。但由于当时司法改革由政法委主导的中央司法体制改革领导小组指导，政法委为了协调部门关系，保证改革顺利发展，不可能大规模涉及体制改革。

要保证法院、检察院独立行使职权，势必涉及体制改革，但前两轮司法改革并没有达到预期效果。十八届三中、四中全会通过的改革决定开启了司法改革多层面齐头并进、深入推进的局面。十八届三中、四中全会以及党的十九大对司法改革提出的具体措施包含了体制改革与机制改革，首先进行的是以体制改革为内容的四项基础性改革，在此基础上，再推动以审判为中心的诉讼制度、立案登记制、繁简分流等诉讼机制的改革，主次、先后有序，体制机制改革并行，使改革能够按计划、有步骤顺利推进。

六 司法改革的未来展望

2017 年 10 月 17 日，党的十九大报告指出，要"深化司法体制综合配套改革，全面落实司法责任制，努力让人民群众在每一个司法案件中感受到公平正义"。[1] 深化司法体制综合配套改革的意义在于：它明确了在司法体制改革的主体框架已经确立之后，司法体制改革面临的主要任务是进行内外部

---

[1] 《中国共产党第十九次全国代表大会报告》（2017 年 10 月 18 日），人民网，http://cpc.people.com.cn/n1/2017/1028/c64094-29613660.html，最后访问日期：2018-08-10。

"精装修"，要在"综合配套，整体推进"上下功夫。① 综合配套改革是事关司法体制改革全局和成败的重大举措，是党中央要求司法体制改革落地见效、全面决胜的集结号和动员令，对于建设公正、高效、权威的社会主义司法制度，推进国家治理体系和治理能力现代化，具有十分重要的意义。

2018 年 7 月 24 日，党的十九大后第一次全面深化司法体制改革推进会在深圳召开。中共中央政治局委员、中央政法委书记郭声琨在会议上强调，要准确把握新时代、新阶段、新任务，科学谋划、统筹推进司法体制改革，加快构建总揽全局、协调各方的党领导的政法工作体系，系统完备、科学合理的司法机构职能体系，权责统一、规范有序的司法权运行体系，多元精细、公正高效的诉讼制度体系，联动融合、实战实用的维护安全稳定工作机制体系，普惠均等、便民利民的司法公共服务体系，约束有力、激励有效的职业制度体系，为维护社会稳定、促进公平正义、服务人民群众提供完备的体制机制保障。② 这次推进会在充分分析党的十八大以来的司法成绩后，立足于已有的改革成绩，提出了今后构建司法改革"七个体系"的具体要求，为接下来的改革工作指出了方向。下一阶段司法改革应当从以下几方面入手。

（一）深化司法体制改革和现代科技应用结合

2017 年 7 月 10 日，孟建柱同志在全国司法体制改革推进会上强调，"要充分认识现代科技对司法体制改革的巨大推动作用"，"大数据、人工智能新时代，我们不仅站在'巨人'的肩膀上，而且站在人类的'智慧之巅'"。③

① 刘传稿：《在新起点上深化司法体制综合配套改革——访中国社会科学院法学研究所研究员熊秋红》，《人民检察》2017 年第 21 期。

② 佚名：《全面深化司法体制改革推进会在深圳召开》(2018 年 7 月 25 日)，http://news.cnr. cn/native/city/20180725/t20180725_524311650.shtml，最后访问日期：2018 年 8 月 10 日。

③ 周亚强、孟建柱：《主动拥抱科技革命，全面深化司法体制改革，创造更高水平的社会主义司法文明》(2017 年 7 月 11 日)，http://gov.eastday.com/node2/zzb/shzfzz2013/tt/ u1ai1217135.html，最后访问日期：2018 年 7 月 20 日。

在该次会议上，孟建柱同志指出了司法体制改革与现代科技应用结合的具体方式，如善于运用大数据、人工智能等现代科技创新监管方式；建立司法智能服务系统，为当事人提供类案检索推送等服务；运用科技推进"审判中心"改革；等等。破除体制机制障碍的根本途径要依靠改革，而突破传统手段的局限则要依靠科技，两者的融合必将激发更大的创造力。我们在司法改革中需要进一步加强信息化、大数据、人工智能与司法体制改革的深度融合，找准技术与制度的契合点，加快推进司法体制改革的进程。

（二）开展落实司法责任制综合配套改革试点

2017年8月29日，中央深改组审议通过了《关于上海市开展司法体制综合配套改革试点的框架意见》（以下简称《框架意见》），一个月后，上海市委召开推进会，正式启动上海司法体制综合配套改革。《框架意见》从规范权力运行、深化科技应用、完善分类管理、维护司法权威4个方面提出了25项改革举措。上海把25项改革举措细化分解为117项具体改革任务，明确于2019年全面完成改革。

上海是全国唯一开展司法体制综合配套改革试点的地区。可见，司法体制综合配套改革试点刚刚在一个地区试点，在其他地方推开还需要时间，改革的道路还很长远艰巨。在下一步工作中，我们要继续推广司法责任制综合配套改革试点，加强立法工作，巩固试点成果，推动各配套措施统筹协调，避免机制盲区，全面保障司法责任制能够落实、落地、落细。

（三）统筹推进公安改革、国家安全机关改革、司法行政改革

习近平总书记提出了统筹推进公安改革、国家安全机关改革、司法行政改革的要求，时任中央政法委书记孟建柱对此作出了具体的要求。[1] 党的

---

[1]　孟建柱：《全面深化司法体制改革 努力创造更高水平的社会主义司法文明》(2017年10月16日)，http://www.qstheory.cn/2017-10/16/c_1121810238.htm，最后访问日期：2018年7月20日。

十八大以来，我们先从难点改起，首先推进了以人民检察院、人民法院司法责任制为"牛鼻子"的四项基础性改革，但公安改革、国家安全机关改革、司法行政改革也需要统筹推进，在改革中还要认真进行顶层设计，并制订具体实施方案。

公安改革、国家安全机关改革、司法行政机关改革也是司法体制改革的重要部分，是四机关权责一致、权力制约这一广义司法规律的当然要求，对于促进国家治理能力和治理体系现代化具有重要的作用。我们既要牢牢抓住司法责任制的"牛鼻子"，也要将司法改革全面推进到所有司法机关。

七　结语

经历四十年的改革历程，我国司法改革逐渐走上了一条遵循司法规律又符合中国国情之路。我国司法改革在党的十九大以后又进入了一个新的阶段。2018 年全面深化司法体制改革推进会强调，要统筹推进司法机构改革、司法体制综合配套改革和政法各单位改革"三项任务"。[①] 中央深刻认识到，只有同时推进体制改革与机制改革，司法改革才能蹄疾步稳。

党的十八大以来，以习近平同志为核心的党中央提出了全面深化改革，建设法治国家的战略目标。习近平总书记在 2018 年新年贺词中说，"改革开放是当代中国发展进步的必由之路，是实现中国梦的必由之路。我们要以庆祝改革开放 40 周年为契机，逢山开路，遇水架桥，将改革进行到底"。[②] 伟大事业需要伟大斗争，对于处于社会变革时期的我国而言，我们要在新起点

---

① 佚名：《新时代全面深化司法体制改革"一二三四五"总体战略》（2018 年 7 月 25 日），https://www.thepaper.cn/newsDetail_forward_2293138，最后访问日期：2018 年 11 月 2 日。
② 张目：《改革开放是实现中国梦的必由之路》（2018 年 1 月 9 日），http://theory.people.com.cn/n1/2018/0109/c40531-29753283.html，最后访问日期：2018 年 10 月 1 日。

上，充分发挥中国特色社会主义司法制度的优越性，全面深化司法改革，在改革过程中继续学习、贯彻新时代中国特色社会主义司法改革思想，为铺展更为壮丽的司法改革的历史画卷提供理论基础，争取早日实现司法改革的伟大胜利。

未成年人保护视阈下网络实名制的更新与再造[*]

张　超　李　川^{**}

摘　要　为未成年人营造安全健康的网络环境、切实保障未成人的网络权益是实行网络实名制的初衷之一。当前由于欠缺专门针对未成年人的网络实名制管理规范，网络实名制未能为未成年人网络安全提供特殊、有效、全面的保护，同时存在泄露未成年人个人信息的较大风险，因此网络实名制在保护未成年人网络安全方面发挥的作用有限。归根结底，现有的制裁型网络实名制与技术型网络实名制治理思路均存在明显的局限性，无法为解决未成年人网络安全问题提供有力的理念支撑，应当结合二者的优势，实现法律与技术的二元共治。需要基于未成年人专属实名理论，探索建立适应未成年人身心特点和Web3.0时代特征的未成年人网络实名制，以期有效保护未成年人网络安全。

关键词　网络实名制　未成年人　网络安全　有效保护　二元共治

---

*　"挑战杯"申请项目"未成年人网络权益保护机制完善研究"的成果。

**　张超，东南大学法学院本科生。李川，江苏省预防青少年违法犯罪研究基地主任，东南大学法学院教授、博士生导师。

在我国，未成年人已成为一个规模庞大的网民群体[①]，然而随着网络普及化，未成年人网络安全问题却日益突出。网络实名制被赋予了保护未成年人网络权益的期待。但是，我国当前网络实名制的理论与实践在目的、视角与方法上都欠缺对未成年人保护的关注，导致网络实名制对保护未成年人网络安全的效果十分有限。立法应重新审视网络实名制的制定目标与保护范围，拓展对未成年人保护的维度，形成二元治理的新型结构。

一　网络实名制与未成年人网络保护的关联状况

（一）网络实名制缘起中的未成年人保护视角

社会普遍认为加强网络实名制是保护未成年人网络安全的基础制度之一。网络实名制，是指政府机关、网络服务提供者要求网络服务使用者在接受网络服务之前进行真实身份信息认证的一种网络管理规则。在 2017 年 6 月 1 日施行的《网络安全法》中，网络实名制得到法律的正式确认。

从历史的角度考察，网络实名制的起源和推广自始便具有保护未成年人网络安全的"基因"。[②] 从 2003 年开始，我国各地的网吧管理部门要求所有在网吧上网的用户必须向网吧提供身份证，进行实名登记，以及办理一卡通、IC 卡等，主要是为了防止未成年人进入网吧。[③] 2004 年，共青团中央所主管的青少年网络协会成立了游戏专业委员会，并决定在今后一年里，建立青少年全国游戏玩家俱乐部，为网络游戏中实施实名制奠定基础。网络实名制对未成年人网络权益的保护具有两项优势：第一，当侵犯未成年人网络

---

① 数据来源于中国互联网络信息中心（CNNIC）发布的第 43 次《中国互联网络发展状况统计报告》，截至 2018 年 12 月，我国 0—19 岁的网民总占比 17.5%。

② 当然，推行网络实名制并不仅仅是为了保护未成年人的网络安全，还具有管控言论等其他功能。

③ 参见马艳华《网络实名制相关法律问题探析》，《河北法学》2011 年第 2 期。

权益的情形出现之时，可以通过网络实名制定位到侵权者，然后对其进行法律制裁，降低了追惩成本；第二，网络实名制能够与游戏防沉迷系统、家长监护系统结合，起到预防网络沉迷之效。以上优势成了通过推行网络实名制保护未成年人网络权益的有力论据。2005 年 7 月 12 日，我国文化部、信息产业部联合发布了《关于网络游戏发展和管理的若干意见》，该意见第 12 条指出，"PK 类练级游戏（依靠 PK 来提高级别）应当通过身份证登录，实行实名游戏制度，拒绝未成年人登录进入"。[①] 2006 年 6 月，国家新闻出版总署提出《网络游戏实名制方案》，其要求网游玩家必须进行实名注册，以区分成年人与未成年人。概言之，网络实名制在历经从线下到线上的发展过程中，与未成年人网络安全保护息息相关。

（二）网络实名制与未成年人网络保护的法定化区隔

2017 年 6 月 1 日施行的《网络安全法》是网络安全保护领域的基本法，对网络实名制与未成年人网络安全保护分别进行规定。一方面，该法第 13 条对未成年人网络安全保护问题作出了原则性规定，确立了未成年人网络安全专门保护的原则：一是鼓励研究开发有利于未成年人健康成长的网络产品和服务；二是依法惩治利用网络从事危害未成年人身心健康的活动。其目的是为未成年人提供安全健康的网络环境，维护未成年人的合法权益，促进未成年人的健康成长。[②] 另一方面，该法第 24 条第 1 款规定具有普遍性的网络实名使用制度，网络实名制以网络基本法的形式固定下来，网络实名制立法等级低的问题被彻底解决："网络运营者为用户办理网络接入、域名注册服务，办理固定电话、移动电话等入网手续，或者为用户提供信息发布、即时通信等服务，在与用户签订协议或者确认提供服务时，应当要求用户提供真实身份信息。用户不提供真实身份信息的，网络运营者不得为其提供相关

---

① 高一飞、蒋炼：《网络实名制的发展及其规制》，《广西社会科学》2016 年第 2 期。

② 参见杨合庆《中华人民共和国网络安全法释义》，中国民主法制出版社，2017，第 59 页。

服务。"

考察两类条文的体系位置，前者处于《网络安全法》的总则部分，可见未成年人网络安全保护已经被提升到了法律基本原则的高度，而网络实名制则分开置身于第三章网络运行安全部分，被定位为网络安全基本制度之一，即网络用户身份管理制度。这一安排虽然兼顾了网络安全的不同需要，却实际上相对区隔了未成年人网络安全保护与网络实名制的实际联系。而《网络安全法》作为一部"纲领性"法律[①]，无法就未成年人网络安全所需要的实名制做出针对性的细化规定，这就导致网络实名制在实际运行时相对未能有效考虑未成年人网络安全需要。甚至基于网络实名制在当下网络使用中的实际问题，未成年人网络安全可能进一步受到损害。

二　网络实名制运行中的未成年人保护问题

（一）网络实名制的实践落差：未成年人未享有特殊保护

按照法律的严格要求，用户不提供真实身份信息的，网络运营者不得为其提供相关服务。但目前实践中，尚存在无法完全遵守的一定情形。考虑到用户在享受网络服务之前如果必须进行实名认证，可能导致使用网络服务烦琐，也容易形成个人对信息泄露的恐惧，部分网络提供商出于稳定用户群的目标而未能完全遵循网络实名制。因此，实践中网络实名制并没有那么彻底贯彻实现，而是出现部分使用漏洞，如未进行实名注册的用户，往往消费[②]、

---

① 参见贾登勋、杜一冉《我国网络实名制的困境与出路》，《人民论坛》2017 年第 7 期。

② 2016 年 12 月 1 日，文化部印发的《关于规范网络游戏运营加强事中事后监管工作的通知》中明确规定，不得为使用游客理论登录的网络游戏用户提供游戏内充值或者消费服务。

评论[①]、游戏[②] 功能会受到禁止和限制，但在搜索、视频、直播、社区等众多领域，用户依然可以在未登陆的情况下使用部分服务功能。易言之，建立在账号基础上的网络实名制，其目的是实现账号与用户实际身份的统一，但是当无须账号也可以接受网络服务时，网络实名制便存在明显的实践短板。而尚未普及实现网络实名制的部分实践领域，如搜索、网上社区等正是未成年人受不良信息频现影响、严重沉迷网络的领域，因此未成年人尚未享有网络实名制提供的特殊保护。

甚至实践中少量网络运营者出于对"流量"的喜好和追求，针对未成年人涉世未深、容易受到诱惑的特点，故意通过不执行网络实名制而引诱未成年人进入网络平台或网站使用服务，如故意向未成年人用户推送超龄不当信息，诱发其参与游戏等网络易沉迷行为。这一结果导致网络运营者难以受到未成年人保护方面的有效监管，游离于法律规定之外。这在某种程度上与专门针对未成年人的网络实名制管理规范缺失有关。

（二）网络实名制的实施风险：未成年人信息泄露

网络实名制由于需要采集个人的姓名、身份证号等基本信息，因此在很大程度上增加了未成年人信息泄露的风险。有学者归纳了网络实名制导致信息安全泄露的三种情形：一是个人对网络个人信息的侵权行为；二是网络服务提供者对网络个人信息的侵权行为；三是电子商务中经营者对网络个人信息的侵权行为。[③] 相对于成年人而言，未成年人信息泄露更容易使未成年人成为网络犯罪的受害者，未成年人网络权益更容易遭受严重侵害。如 2016

[①] 2017 年 8 月 25 日，国家互联网信息办公室公布的《互联网跟帖评论服务管理规定》明确指出不得向未认证真实身份信息的用户提供跟帖评论服务。

[②] 《网络游戏管理暂行办法》第 21 条规定，网络游戏运营企业应当要求网络游戏用户使用有效身份证件进行实名注册，并保存用户注册信息。

[③] 参见胡凌《中国网络实名制管理：由来、实践与反思》，《中国网络传播研究》2010 年第 1 期。

年 8 月，黑客杜某非法入侵山东省高考信息平台，窃取 64 万余条考生信息，购买这些信息的徐某以发放助学金为名义拨打诈骗电话，造成了徐玉玉受骗离世的悲剧。上述问题体现出在个人信息尚未实现严密保护的情形下，网络实名制可能对未成年人的网络权益带来进一步的风险。

（三）网络实名制的非区分实施：未成年人保护无效难题

网络实名制的核心是确认互联网用户的真实身份。若想达到这一目的，需要必要的技术支持，目前有身份证信息验证和手机号码验证两种途径。部分网络提供商基于未成年人保护的需要，在网络实名制基础上规定特定年龄以上的用户方可使用或有限使用。但前述两种一般性的验证途径均存在较大的漏洞，从而导致网络实名制保护未成年人网络安全的目的可能落空。如现有游戏行业进行实名制认证以后，通过游戏防沉迷系统限制未成年人的娱乐消遣行为。但未成年人涉世未深，受到网络游戏诱惑，实践中出现使用父母等相关成人虚假信息注册登录而绕过实名认证的难题，导致实名制的未成年人保护机制"落空"。对于身份证信息验证而言，大部分网络运营者难以对实际使用者的个人信息真实性进行进一步核实。[1] 这就容易出现人证不一的情况下，未成年人使用成年人"马甲"架空实名制的情形。如只要在搜索引擎上搜索"身份证号码"，或者使用特定的身份证生成软件，就能得到大量身份证信息，而有的未成年人甚至会去购买他人的身份信息来完成这一实名认证。一些网游运营商会以架设"私服"的方式来规避网络实名制的限制，在未成年人注册信息时已帮其填好了身份证号码，未成年人无须费心即可使用。手机号码验证更有可能会导致人证不一。由于一个身份证号可以办理数个电话号码，所以未成年人可以轻而易举地使用家长的手机号码完成验证并接受网络服务。有学者一针见血地指出，网络实名制对于一些试图违法乃至

---

① 参见温艳华《互联网法律功能的实证分析——以〈关于加强网络信息保护的决定〉为例》，《佛山科学技术学院学报》（社会科学版）2018 年第 6 期。

犯罪者而言，基本上是没有多大意义的。① 这说明至少在未成年人网络保护的意义上，当前网络实名制在落实层面对成年人与未成年人不加区分地使用一套系统实施，无法实现附加于实名制基础上的保护机制，未成年人保护进一步存在失效难题。

三　未成年人保护视阈下网络实名制的理论更新

当前我国网络实名制主要有制裁型网络实名制与技术型网络实名制两种观点，但都存在一定局限性。

（一）制裁型网络实名制理论的不足

当前网络实名制以制裁网络违法行为为目标，主要通过网络实名使用的机制实现对网络违法行为事后定位与制裁的机能，是一种制裁型网络实名制理论。在该种理论的指导下，立法者秉持"父爱主义"的立法观念，通过《刑法》《治安管理处罚法》《网络安全法》《互联网信息服务管理办法》等法律法规构建了严密的制裁体系，最高人民法院和最高人民检察院亦出台多部司法解释对侵害未成年人网络权益的行为给予严厉打击，其情形不可谓不细致，其责任不可谓不严厉。在此种高压态势下，针对未成年人的不良信息传播、网络欺诈、网络欺凌、信息泄露等行为确实起到了一定程度的规制作用。但是，制裁型网络实名制理论存在很多的不足，保护未成年人网络安全保护的效果注定有限。

第一，制裁型网络实名制理论具有明显的被动性和滞后性。无论制裁结果多么严厉，亦只能等待损害结果发生之后发动。而对于未成年人网络权益的损害结果，在绝大多数情形下通过制裁都是无法挽回的。例如，不良信

---

① 参见刘德良《网络实名制的利与弊》，《人民论坛》2016 年第 4 期。

息的传播可能早已使未成年人的身心健康受到极大损害，给予传播者的处罚对于未成年人受害人而言并无治愈作用；而当未成年人的信息被他人泄露之后，鉴于互联网的开放性，会以极快的速度向外界散播，很难做到及时地封锁与消除，待到进行制裁，为时已晚。

第二，制裁型网络实名制理论没有按照《未成年人保护法》的规定对未成年人进行特殊保护。《未成年人保护法》第3条规定，未成年人享有生存权、发展权、受保护权、参与权等权利，国家根据未成年人身心发展特点给予特殊、优先保护，保障未成年人的合法权益不受侵犯。其中，"特殊、优先保护"的措辞极其显眼，表明了立法的态度。但是，制裁型网络实名制理论仅仅将用户区分为受害者和违法者，而在受害者内部未对未成年受害人和成年受害人继续进行区分。易言之，制裁型网络实名制理论是在管制思维之下，出于维护网络秩序的需要，对未成年人和成年人的网络安全进行一体保护，并未刻意凸显保护未成年人网络安全的重要地位。未成年人的特殊、优先保护权被漠视。

第三，制裁型网络实名制理论完全无法解决网络沉迷的问题，而该问题正是未成年人网络安全的巨大威胁。未成年人处于成长发育的关键时期，沉迷游戏、过度用网消耗了精力、耽误了学业，进而导致精神颓废、身体羸弱；网络信息泥沙俱下，未成年人辨别能力不够，难免造成价值观走偏、行为失范，甚至诱发盗窃、暴力等违法行为。可以说，预防网络沉迷是广大未成年人及其家长的迫切需求。但是，由于制裁型网络实名制理论只关注对违法者的事后惩戒，对此无计可施。

第四，制裁型网络实名制理论的治理主体一元，治理手段单一，是一种纯法律视角的建构。网络实名制是由立法者主导的，制裁手段亦是由立法者制定的，二者皆为法律手段。至少从逻辑上而言，二者是能够进行完美结合的，即先通过前者进行定位，再由后者进行处理。但法律条文总是抽象和模糊的，在缺少与网络运营者进行充分沟通、了解实情的条件下，往往会使人低估网络实名制度背后的技术漏洞。从而，制裁型网络实名制理论在纸面上陷入了"法律－法律"的循环，实施的效果相对不佳。

因此，制裁型网络实名制理论相对难以解决未成年人网络安全保护问题。

（二）技术型网络实名制理论的缺陷

政府和网络运营者已经认识到了制裁型网络实名制理论的不足，因此尝试用技术手段解决未成年人网络安全的保护问题。网络实名制的实施虽然难以使人满意，但至少使大部分"诚实"的用户的身份得以识别。因此在技术视角下，可以通过网络实名制将用户区分为未成年人和成年人，然后利用未成年人的身份信息搭配技术保护系统，如防沉迷系统、直播禁止系统等，形成主动保护未成年人网络安全的一种技术期待，因此网络实名制的发展历程与防沉迷等技术系统相伴随，体现出技术上发挥网络实名制效果的机能，可以称为技术型网络实名制理论。

政府和网络运营者为这种期待付出了很大的努力。2007 年 4 月，新闻出版总署宣布，网络游戏防沉迷系统及配套的《网络游戏防沉迷系统实名认证方案》正式实施，各大游戏运营商纷纷开始研发自己的游戏防沉迷系统。而在近几年火热的网络直播领域，由于传播涉及未成年人低俗不良信息频发，在网络实名制的基础上禁止未成年人进行网络直播已成为趋势，未成年人的直播禁止系统也被构建起来。[①]

技术型网络实名制理论使对于未成年人网络安全的保护能够前置，避免了制裁型网络实名制理论的被动性和滞后性，体现了对未成年人优先、特

---

① 《北京网络直播行业自律公约》明确规定，不为 18 岁以下的未成年人提供主播注册通道；《浙江省网络表演行业倡议书》特别提出，不向 18 岁以下的未成年人提供网络直播表演注册通道。

殊保护的理念,也能够在预防未成年人网络沉迷方面发挥作用。但是,该种理论依然存有缺憾。

一方面,技术型网络实名制理论忽视了立法的配合,因此其实践基本上是互联网行业主导的。政府虽然有所行动,出台了如《网络游戏管理暂行办法》《网络游戏防沉迷系统开发标准》《网络游戏防沉迷系统实名认证方案》《网络游戏防沉迷系统及实名认证服务协议》等多部规定,但这些规定在内容上更多是从技术角度予以指导,而在效力等级上仅为规范性文件和部门规章。相关立法的缺失导致技术型网络实名制理论遭遇了瓶颈。第一,立法对于网络实名制之外无须注册的用户缺乏关注,而由于无法识别这部分用户在法律上的身份,相应地也就无法对其中的未成年人进行技术限制。第二,技术手段的运用使网络运营者获取了大量未成年人用户的信息,这就使未成年人个人信息被侵害的可能性大大增加。而在当前,针对个人信息的专门规定,散见于不同部门法中[1],呈现为一种不系统、散乱且碎片化的现状。技术型网络实名制理论对未成年人个人信息造成的威胁使其遭到了批判,而这一理由也成为网络实名制全面推行的阻力之一。[2]

另一方面,从技术本身而言,现有的技术型网络实名制理论并未追踪前沿科技发展。由于技术型网络实名制理论是由网络运营者实践的,其出于技术成本、沟通成本和用户流量的考量,往往没有动力去使用最先进的技术或主动与其他主体进行配合,这不仅造成了上文提及的网络实名制的技术漏洞,能够被人轻易破解,还导致了技术型网络实名制理论未能适应 Web3.0 时代的特征。与 Web2.0 时代不同,Web3.0 时代为用户提供定制化服务,它

---

[1] 《民法通则》《民法总则》《侵权责任法》《刑法》《居民身份证法》《电信和互联网用户个人信息保护规定》《关于加强网络信息保护的决定》等多部法律法规都对保护个人信息有所规定,但效果有限。

[2] 周永坤:《网络实名制立法评析》,《暨南学报》(哲学社会科学版) 2013 年第 2 期。

更强调用户的个人需求，突出个体差异，并及时对用户信息进行反馈。但是，现有的技术型网络实名制理论缺乏"私人订制"的观念。在识别未成年人用户的身份之后，现有技术完全可以做到根据用户年龄段制定相应的网络内容分级和功能分级制度，从而限制未成年人浏览不适宜的内容或使用高风险的功能；也完全可以在大数据算法推荐大行其道的今天，对未成年人进行智能化的、有利于保护未成年人网络安全的信息推送。但在现有技术型网络实名制理论下，其使用的防沉迷系统、直播禁止系统依然停留在 Web2.0 时代，存在很大的改进空间。

因此，技术型网络实名制理论亦无法解决未成年人网络安全保护问题。

（三）未成年人专属实名理论的形成

法律视角下的制裁型网络实名制理论和技术视角下的技术型网络实名制理论都无法有效解决未成年人网络安全保护问题，其根本原因在于未能考虑未成年人的独特之处，过于将未成年人与成年人等同视之。法律和技术在未成年人保护专属角度各有其功能：一方面，为了防止技术治理主体凭借技术优势垄断信息，我们需要运用未成年人法律蕴含的专门保护价值和法律治理的有关手段，对技术治理进行有效归化；另一方面，未成年人身份验证技术治理水平的提升，为未成年人保护的法律治理手段和治理结构的调整提供了动力和可持续的约束力。[①]

深究制裁型网络实名制理论和技术型网络实名制理论的缺陷，其实正是未能关注未成年人网络安全保护需求的缺失，可总结为四项保护的缺乏：主动保护、优先保护、联动保护、有效保护。主动保护要求对未成年人网络安全的保护要前置，即不能仅限于事后的制裁，而必须进行提前预防；优先保护要求突出未成年人的特别地位，从权利思维而非管制思维出发，对未成年

---

① 参见郑智航《网络社会法律治理与技术治理的二元共治》，《中国法学》2018 年第 2 期。

人进行加倍保护；联动保护要求不能走单纯的法律或技术路线，而应当实现法律和技术的互动；有效保护要求保护措施是切实有效的。

制裁型网络实名制理论未满足未成年人网络安全保护的任何一项需求；而技术型网络实名制理论虽然未能满足联动保护和有效保护的要求，但毕竟满足了主动保护和优先保护的要求。因此，更具优势的技术手段可以作为保护未成年人网络安全的第一道防线。当然，仅凭技术手段的支撑是不够的，还需要立法规定未成年人拟制规则和未成年人信息安全保护规则进行法律补足。同时，制裁型网络实名制理论有其值得借鉴之处，其严厉的制裁手段可以扮演第二道防线的角色，起到一定程度上宽慰未成年受害人和惩戒违法行为人的作用。而且，制裁手段亦可以对技术手段形成法律制约，惩罚网络运营者针对未成年人的技术不端行为。当第一道防线得以巩固时，又可为第二道防线中的制裁手段的运行提供基础，以此实现良性循环。此时，法律手段和技术手段被全部调动起来，紧密配合、互相补充，实现了有机衔接，未成年人网络安全保护的全部需求（尤其是联动保护和有效保护）被满足。此即未成年人专属实名理论。

四 探索：网络实名制的"未成年人版本"再造

在未成年人专属实名理论的指导下，原有理论下的网络实名制便不再符合实际需要，因此要对网络实名制进行适于未成年人身心特点和 Web3.0 时代特征的再造，定制网络实名制的"未成年人版本"。总体设计如下。

（一）对网络实名制法律上的补足和制约

1. 对未知用户进行未成年人拟制

针对网络实名制必须对互联网行业的发展作出妥协，因而不得不容忍用户未经注册使用浏览功能的情况，可以通过法律拟制的方式将这部分用户拟制为未成年人，从而可以在技术上限制不适宜未成年人观看的内容的呈现。法律拟制是将两个不同的构成事实在规范上等同评价，并赋予相同法律效果的一项重要技术，可以避免立法上不必要的绕路和适用上论证的困难。[①] 未成年人拟制正是发挥了这种优势，将网络实名制之外的未成年人用户纳入保护的视野。法律拟制的运用，常常是为了保护某种更为优越的利益，立法上不乏先例。如《民法总则》第 16 条规定："涉及遗产继承、接受赠与等胎儿利益保护的，胎儿视为具有民事权利能力。"就逻辑上而言，权利能力始于出生，终于死亡，胎儿由于尚未出生，绝不可能具有权利能力。但为了保护胎儿的特殊利益，将未出生的胎儿视为已出生，将两种不同的情况等同视之。同理，由于《未成年人保护法》第 3 条明确规定了对未成年人的"特殊、优先保护"，那么将无须注册的用户拟制为未成年人也就获得了正当性的依据。虽然实际上成年人用户的正常浏览功能可能会受到影响，其只能观看适宜未成年人的内容。但是为了实现对未成年人"特殊、优先保护"的立法要求，这种限制是合理的，而且能起到促使成年人进行实名认证从而解除未成年人保护的效果。

在立法上，法律拟制常常使用"……视为……"的措辞，因此我们使用该结构为未成年人网络安全保护设定如下特权：用户未经实名注册使用浏览功能的，视为未成年人，网络运营者不得向其呈现不适宜未成年人浏览的内容。期待未来《网络安全法》修改时或将来的《未成年人网络保护条例》出台时能够写入该内容。

2. 强化未成年人信息安全制度

保护未成年人的信息安全，是保护未成年人网络安全的题中之义。出于保护未成年人网络安全的目的，任由网络运营者利用技术手段提取其个人信

---

① 参见赵春玉《法律拟制的语义内涵及规范构造》，《思想战线》2016 年第 5 期。

息而不加限制，把未成年人的信息安全置于危险境地，将导致网络实名制推行的理论基础被动摇。因此务必要强化对未成年人个人信息的保护，对网络实名制及其技术保护系统形成制约。针对当前我国个人信息保护相关法律还不成体系，惩处措施比较单一、范围不够广泛，轻微个人信息侵害行为得不到有效惩处的现状，应当制订专门的"个人信息保护法"[1]，对个人信息的使用、采集等都需要严格的法律程序和明确的法律授权，对违反者应当给予严惩。可喜的是，2018年9月公布的《十三届全国人大常委会立法规划》中，"个人信息保护法"已被列入第一类项目。但需要指出的是，未成年人的个人信息相较于成年人应受到加倍保护，这一原则在将来的"个人信息保护法"中要有所体现，其法律依据仍然是《未成年人保护法》第3条。

（二）技术的主动化、智能化回应

1.网络实名制技术漏洞的弥补

在现有技术条件下，网络实名制暴露出来的漏洞绝大多数都可以进行弥补，关键需要进行部门间的沟通和成本的投入。就《网络安全法》第24条第1款的立法目的而言，该种投入是法定的、必要的，否则将导致该条款被架空，其目的不能实现。况且，网络运营者作为企业，亦要主动承担保护未成年人网络安全的社会责任。因此，弥补网络实名制技术漏洞的正当性得以解决。具体可采取以下措施：首先，网络运营者的实名制审核系统要接入公安数据平台，避免虚假身份信息的出现；其次，网络运营者不能"单打独斗"，而应联合其他运营者建立跨平台的认证体系，且应建立统一的标准，防止发生未成年人由于在某一平台上受到限制而转向另一平台的情况；再次，可以通过技术手段，如人脸识别、指纹识别，防止使用他人身份信息登录的行为，也可以在每次账号被登录时设置短信提醒；最后，网络实名制不

---

[1]　参见余计灵《个人信息保护制度考量》,《贵州社会科学》2018年第11期。

能只限于注册，还可以采用大数据识别技术判断用户的行为是否与真实年龄段相符。

2.身份识别基础上的内容、功能分级系统

互联网分级制度虽然已经在中国呼吁了很多年，许多专家学者亦进行了相关的建言献策，但依然难产。原因在于，推行互联网内容分级制度等于承认原先的敏感内容有存在的价值，而这在伦理上很难让人完全接受。但是，我们必须承认互联网内容良莠不齐的现实，因而建立分级制度是十分必要的。通过网络实名制对用户的身份进行了识别以后，利用技术手段对未成年人用户就特定内容不予展示，足以达到与分级制度同样的效果（由于从技术方面构建，可以称为分级系统）。值得指出的是，分级系统不仅包括内容分级，还应包括功能分级，而后者常常被忽视。但对于未成年人而言，限制特定功能的使用，意义依然重大。

被分级的互联网内容，是指网络平台中的一切不被法律法规禁止的文字、图像、影音、游戏等信息，违法信息属于被查禁对象而不在其列。[①] 而且由于识别了每个人的身份，可以在技术上更为精细地限定每个年龄段适合浏览的内容，划分如 7 岁以下、8—12 岁、13—15 岁、16—17 岁、18 岁以上等多个等级。就功能分级而言，对于可能导致未成年人网络权益受到较大损失的功能均应进行限制，如直播领域中的直播、打赏功能。由于网络游戏运营者主要依靠游戏消费获利进行生存，并且依照《民法总则》第 19 条，未成年人（无、限制民事行为能力人）可以从事与其年龄、智力、精神状况相适应的法律行为，因而不宜对未成年人游戏消费进行全面禁止，而应该从消费数额方面予以限制。

---

① 参见杨攀《我国互联网内容分级制度研究》，《法律科学（西北政法大学学报）》2014 年第 2 期。

3.身份识别基础上的智能推送系统

大数据算法的应用，使网络运营者能够大量精准传播恶劣低俗内容，向来遭受人们诟病。现实中，一些夸大其词的广告、博人眼球的标题党、极端情绪化的文章等信息，都更多更频繁地出现于一些平台的算法推荐序列中，导致未成年人的身心健康受到极大"污染"。实际上，大数据算法只是一种技术手段，而技术本身是中性的。因此，可以通过正确的价值观将大数据算法改造为我们所用，构建未成年人网络安全保护的智能推送系统。我们应纠正"流量为王"的错误观念，用积极健康、符合公序良俗、保障未成年人权益的价值观，指引算法推荐的设计和应用。从而，通过定制化、智能化的信息传播机制，实现未成年人用户与信息的快速精确匹配，达成保护未成年人网络安全的目的。网络运营者应在识别未成年人身份的基础上，定向为未成年人用户推送教育、心理等正面信息，亦可以向未成年人用户反向推送克制性信息。例如，网络运营者检测到未成年人用户输入"自杀"时，即应当向其反向推送缓解心理疾病的对策。

五 结语

未成年人是社会的未来和希望，切实加强未成年人网络安全保护，需要战略眼光和长期努力。保护未成年人的网络安全，既是网络实名制的原始功能，也是《网络安全法》的新要求。由于现行的网络实名制度内外皆存在困境，无法很好地完成此项任务，所以需要对网络实名制的理论内核进行更新。在未成年人专属实名理论的指导下，对网络实名制在立法层面和技术层面进行"未成年人版本"的再造刻不容缓，从而使之契合未成年人的身心特点，同时契合Web3.0的时代特征。如此，网络实名制的制度意蕴方能实现，未成年人网络安全保护的时代命题才能解决。

刑法专论

论取得错误汇款的刑法性质[*]

黄明儒　熊隽晰^{**}

摘　要　在错误汇款的情况下，收款人取走汇款的行为如何认定在国内外都存有争议，其中存在侵占罪说、盗窃以及诈骗罪说、无罪说三种学说的对立。在我国立法语境下，应当认定银行占有存款现金，存款人拥有存款债权，即使在错汇的场合，也应当承认取款人仍拥有正当的取款权限，但只是取走形式合法而实质上属于他人的存款，系对他人存款债权的侵犯，符合侵占罪的构成要件。

关键字　错误汇款　占有属性　取款权限　侵占罪　诈骗罪

一　问题的引出

从结果意义上说，所谓的银行汇款，是指汇款委托人委托支付银行汇到收款人存款账户内一定金额而形成的款项。如果在汇款过程中，介入了错

---

* 本文系教育部人文社会科学研究规划基金项目"刑法修改与解释的限度关系论"（13YJA 820017）的阶段性成果。

** 黄明儒，湘潭大学法学院教授、博士生导师，法治湖南建设与区域社会治理协同创新中心平台研究人员；熊隽晰，湘潭大学法学院 2017 级刑法硕士生。

误因素,将与汇款委托人本来意图所不同的汇款汇入收款人的存款账户中,被称为错误汇款。[①] 取款人明知错误汇款的事实,仍然向银行请求取出存款,该行为该如何定性无论是在实践中还是在学术上都是一个颇有争议的问题。[②] 该问题的解决涉及错汇存款的占有属性,以及错汇款项收款人是否有正当取款权限两个前置性问题。判定取款人是否享有取款权限实际上是判断取款人的取款行为在形式上是否具有违法性;而形式上的表征来源于实质上的存款占有根据,因此,取款权限的逻辑前提即对存款占有属性的认定。对此,有基于存款人占有存款,收款人对错汇款项具有合法的取款权限,由此主张的侵占罪说[③] 或属民法上不当得利的无罪说[④];有基于银行占有存款,收款人对错汇款项不具有合法的取款权限,由此而产生的诈骗罪或者盗窃罪说(根据行为人在机器与柜台取钱的区别划分)[⑤] 几种强有力的观点。实践裁判也因理论的纷争呈现如下不一致局面。

有以民事不当得利处理的判决。2011 年,新丽公司向强兴公司银行账户汇入 176332 元。2011 年 5 月 6 日,新丽公司将强兴公司诉至德清县人民法院,其诉称汇入强兴公司的 176332 元,系向柯达公司购买稳定剂所应支付的货款,因会计失误,错汇入强兴公司账户,请求强兴公司返还不当得利。2011 年 5 月 24 日,德清县人民法院审理后作出判决:对新丽公司诉称的事实予以

---

① 〔日〕山口厚:《从新判例看刑法》,付立庆、刘隽译,中国人民大学出版社,2009,第 222—233 页。

② 有学者将错误汇款问题分成三类,一是指银行操作导致的汇款错误;二是指汇款人因自己的错误而将款项汇入他人账户中;三是指基于第三人欺骗行为而错误汇款的案件(参见李菲菲《取得错误汇款的行为性质研究》,《刑事法评论》2017 年第 1 期)。而在本文中仅讨论汇款人错误导致错汇,收款人取走错误汇款项的问题。

③ 李强:《日本刑法中的"存款的占有":现状、借鉴与启示》,《清华法学》2010 年第 4 期。

④ 张红昌:《错误汇款领得行为的刑法评价》,《中南大学学报》(社会科学版)2013 年第 1 期。

⑤ 〔日〕山口厚:《刑法各论》,王昭武译,中国人民大学出版社,2011,第 344—347 页。

认定，判令强兴公司返还新丽公司人民币 176332 元。[①]

也存在以侵占罪为处理意见的审判意见。2012 年 12 月 28 日，自诉人在阳城县自己家中通过网上银行转账，将 345200 元错转到了被告人卜军的账户下，12 月 29 日，卜军在其妻子许某某的协助下通过取现和转账分 4 次将其账户上的钱全部取走，之后就再也无法联系到被告人卜军。至今，两被告人也未将取走的钱归还自诉人。2014 年 5 月 15 日，长葛市人民法院审理后作出判决：对自诉人诉称的事实予以认定，判被告人卜军犯侵占罪，判处有期徒刑三年，并处罚金人民币 100000 元。[②]

虽然在错误汇款案件中，以盗窃、诈骗罪论处的判决在我国司法实践中较为少见，但在其他相似案例中的适用并非无可循之例。如引起学界广泛讨论的何鹏、许霆案，法院即认可在 ATM 机上盗取银行占有存款构成盗窃罪等。[③]

本文拟从刑法教义学的视角，根据实践理性的要求，重新审视有关学术观点，在不突破刑法条文用语的可能含义之下对问题进行解释，以期寻求准确认定取得错误汇款行为性质之径。

---

① 中国裁判文书网，(2013) 浙湖执异终字第 2 号，[EB/OL]，(2014−08−14)，http://wenshu.court.gov.cn/content/content?DocID=6ee89f37−0651−45d8−b02b−00ea3080137b&KeyWord=%EF%BC%882013%EF%BC%89%E6%B5%99%E6%B9%96%E6%89%A7%E5%BC%82%E7%BB%88%E5%AD%97%E7%AC%AC2%E5%8F%B7，最后访问日期：2018 年 6 月 28 日。

② 中国裁判文书网，(2014) 长刑初字第 00029 号，[EB/OL]，(2014−06−19)，http://wenshu.court.gov.cn/content/content?DocID=03b3b27b−a5f6−4f90−9d67−0be7783478bd&KeyWord=%EF%BC%882014%EF%BC%89%E9%95%BF%E5%88%91%E5%88%9D%E5%AD%97%E7%AC%AC00029%E5%8F%B7，最后访问日期：2018 年 6 月 28 日。

③ 法律教育网，(2008) 穗中法刑二重字第 2 号，[EB/OL]，(2010−12−08)，http://www.chinalawedu.com/new/17800a180a2010/2010128guopei14418.shtml，最后访问日期：2018 年 6 月 28 日。

二　盗窃、诈骗罪说之反思

该说源于早期错误汇款下，取款者的日本判例。判决指出，错误汇款下的取款人对存款缺少正当的取汇权限，取款系侵犯了银行的现金占有权，因而成立诈骗罪。① 在存款占有问题上，论者认为存款现金归银行占有，取款人无合法根据将现金从银行取出，侵害的是银行对于现金的占有。对于错误汇入的现金，银行账户的名义人并不存在"事实上支配该现金的事实"，倒不如说，银行支行长对于该金钱具有事实上的占有。行为人用现金卡取出钱来的行为，违反银行支行长的意思，侵害了其占有，构成盗窃罪；在银行窗口取出该金钱的场合，则要构成诈骗罪。② 有学者明确了存款人对于银行债权的占有，认为对于存入银行的款项，无论从事实上还是法律上，存款人均占有（享有）了债权，因此，利用技术手段将他人存款债权转移到自己账号的，当然成立对于债权的盗窃。在错误汇款的场合，取款人用自动取款机取出相应现金的，盗窃的是银行管理者占有的现金，而不是存款人占有的现金（因为存款人根本没有占有现金），应认定为盗窃罪。③ 虽然民法上银行或许不对存款人承担责任，取款人取走的是银行对于现金的占有，但是侵害的是存款人对于银行所享有的债权，银行最终没有损失，是因为银行立即以减少存款人债权的方式弥补了自己的损失，但不能以此否认取款人成立盗窃罪。④

不过 1996 年日本最高裁判所判决的民事案件确认基于取款人与银行之

---

① 〔日〕山口厚：《从新判例看刑法》，付立庆、刘隽译，中国人民大学出版社，2009，第 223 页。
② 〔日〕西田典之：《日本刑法各论》，王昭武、刘明祥译，法律出版社，2013，第 246 页。
③ 张明楷：《刑法学》，法律出版社，2016，第 947 页。
④ 张明楷：《许霆案的刑法学分析》，《中外法学》2009 年第 1 期。

前存在普通存款合同 ① 后，诈骗罪或盗窃罪说否定取款权限的这一立场就存在问题。为了解决这一问题，持该说的学者进而认为：在错误汇款的情形下，鉴于银行有被卷入纷争之虞，而采取事后措施的权利，即便收款人根据其与收款行之间的普通存款合同，取得了相当金额的存款债权，但是如果汇款人向银行提出采取补救措施转回汇款，银行在得到收款人承诺后，还是可能恢复原状的。② 银行对汇入款项具有确认、照会的利益，取款人在诚实信用原则下，具有告知义务；在既有存款合同的前提下，虽然无法否定行为人正当的取款权限，但是可以认定其不作为的行为不具有正当性。因此，取款人不履行义务，取走他人款项，非法占有汇款人所享有债权的行为就构成盗窃罪或者诈骗罪。在民事判决认可了取款权限的情况下，该论者通过认定取款者不作为的行为具有违法性，以迂回论证的方式否定取款权限具有形式上的正当性的观点，最终也得到了日本最高裁判所的支持。③

---

① 该判决所涉及的案件事实如下。汇款委托人错误地向汇款对象账户中汇入金钱后，由于收款人的债权人冻结了存款债权，汇款委托人提起了第三人异议的民事诉讼。判决肯定了收款人具有的对银行的存款债权，即"汇款委托人向收款人的银行普通存款账户汇入金钱时，不管汇款委托人与收款人之间是否存在成为汇款原因的法律关系，收款人与银行之间的普通存款合同是成立的，收款人对银行取得相当于上述金额的普通存款债权，这一认定是正当的"（参见〔日〕山口厚《从新判例看刑法》，付立庆、刘隽译，中国人民大学出版社，2009，第223页）。

② 〔日〕山口厚：《刑法各论》，王昭武译，中国人民大学出版社，2011，第346页。

③ 即使在平成8年的民事判例以后，对于汇款委托人的错误导致的错误汇款案件，仍有判决肯定了诈骗罪的成立：即便汇款本身是有效的，汇入的资金已经成为收款人在银行普通存款债权的一部分，但有关的错误汇款最终也不属于收款人这一点是明确的，银行如果从开户人那里被告知"误汇的事实"，就不会漫不经心地同意支付存款了，因此，开户人隐瞒实情装作正常支取的行为，该当于使银行职权陷入错误的违法欺骗行为。最高裁判所认为，在错误汇款的场合下，首先，银行的利益也需要得到保护，在委托但错误汇入，汇款委托人提出返还申请的情况下，即使金额已经汇入，银行也要及时办理返还手续，这些措施都是根据普通存款规定、汇款规定等实施的应对措施，一般来说，为了避免银行卷入汇款委托人与收款人之间的纷争，这也是必要的。其次，从收款人的立场看，根据收款人与银行存在的普通存款交易合同，在知道有错误汇款进入自己账户时，收款人应该基于诚信原则对银行进行告知，并且应当将错误汇款如实返还（参见〔日〕山口厚《从新判例看刑法》，付立庆、刘隽译，中国人民大学出版社，2009，第224—227页）。

但上述理由存在一定问题，在存款占有属性上，该说虽然从实际出发肯定银行对存款的占有，具有一定意义；但是从占有属性与取款权限两个层面的论证角度来看，其忽略了需要保护的汇款人以及取款人的利益。

其一，需要考虑的是，对于存入该笔现金的存款人，是否也存在需要保护的权利。从存入款项的实际控制角度而言，银行的确事实上占有存款，但不可否认的是，存款人对于存款享有随时存取、收益、亏损等利益；若行为人以存款人的某款项为对象展开违法行为，通常意义上的受害者并非实际控制金钱的银行，而是背后的存款人。在保护层面上，论者优先考虑到对于银行的保护，但对于银行而言处于弱势地位的存款人仅以损害者的身份承担后果，此为明显不合理之处。存款者的权利应在刑法上得到承认是毋庸置疑的，在肯定银行对于现金享有占有权的同时，需要考虑到存款人对于存入现金的法律支配。

其二，在取款权限的问题上，该说否定了取款人具有正当取款的权利，并强调了收款人应当具有的告知义务。但问题如下。首先，在相关民事判例认定了错误汇款的情况下，取款人具有合法的取款权限，而该说以不存在取款权限为由，主张诈骗罪或盗窃罪的成立，与民事判决相左。其次，该说认为，在诚实信用原则下，取款人具有告知银行错汇的义务，否则构成不作为的诈骗罪。[①] 如果承认民法判例，认可取款人正当的取款权限，就应当否定取款人具有告知银行的义务。取款人根据与银行签订的普通存款合同享有正当的请求权，即使是在错汇的情况下，由于合法债权的存在，银行也不应当拒付。因而，该说认定取款人构成诈骗罪的不作为义务来源就存在问题。最后，银行追回权不能作为诈骗罪的保护法益。判决通过强调银行有维持汇款制度与防止纷争发生的权利，以制约取款人取款权限：有必要给予银行调查

---

① 常磊：《不作为的诈骗罪与不当得利的界分》，《时代法学》2009 年第 3 期。

或者确认错误汇款的机会，收款人的欺骗致使未达成上述制约的（银行未获得调查、确认错误汇款的机会等），应当认可诈骗罪的成立。[①] 但从保护银行的角度论述诈骗罪的成立本就存在问题，所谓的确认、照会、避免卷入汇款人与收款人之间纷争的利益，根本不值得作为财产罪的保护对象。实际上，取款人是否归还错误汇款，对银行而言并不重要。不管存款名义人是否对存款拥有实质性权利，银行都不会因为存款名义人办理了取现、转账业务而承担责任；在银行错误记账的场合，其还拥有直接销账权。[②] 因此可以说，对于银行照会的权利保护在金融犯罪中尚有存在的余地，但是判决从财产犯罪的角度考虑是不妥当的。

综上，该学说讨论的内容不具有现实意义，也难以从否定取款权限中论证诈骗罪的成立。尽管有学者主张在银行占有下，存款者对于存款债权的占有，但重视取款权限这一问题，仍然主张盗窃、诈骗罪的成立。[③] 该说一方面承认存款人对存款债权的占有，肯定存款人对存款的法律支配，另一方面又否定取款人具有正当取款权限，在其理论内部存在逻辑不自洽的问题。

三 无罪说之检讨

无罪说主张有关取得错误汇款行为应当评价为仅仅构成民事违法的无罪行为。如有日本学者认为，存款不属于物，侵占错汇的款项并不符合侵占

[①] 〔日〕山口厚：《从新判例看刑法》，付立庆、刘隽译，中国人民大学出版社，2009，第230—231页。

[②] 陈洪兵：《中国语境下存款占有及错误汇款的刑法分析》，《当代法学》2013年第5期。

[③] 张明楷：《刑法学》，法律出版社，2016，第947页。

罪的保护对象，也不符合背任罪 [①] ；按照民事理论，该错误汇款应属不当得利，汇款人享有不当得利的返还请求权，不予返还的，作为民事违法处理即可。[②] 德国理论与实务界也普遍认为，错误汇款的场合应按照无罪统一处理。因为汇款人与收款人之间的对价关系并不影响前者与银行的资金关系，故需肯定后者的取款请求权，错误汇款仅产生不当得利的返还请求权，欠缺获得存款的实体根据仅导致取款人对汇款人另负债务。[③] 我国也有学者认为，取款人将错误汇入其账户内的钱款取出仅构成民法上的不法。汇款人将钱款交由银行汇款后，银行即在受取人的账户内记载相当的金额，汇款人在转移钱款占有的同时，也丧失了对钱款的所有权；与此相对，取款人基于银行的入金记载可以请求银行支付相当金额的钱款。[④] 从刑法谦抑性角度看，刑法具有二次规范性，不能简单地从刑法中寻找有无相应法条可以对应，而应当从刑法的前置法——民法中寻找，如果能用民法不当得利的规定加以解决，就没有必要再进入刑法之中。否则就存在公法干涉、侵犯私法之嫌，带来的直接后果就是公法日益强大和"专横"。[⑤] 由于错汇的存款不属于"代为保管的他人财物"或者"遗忘物"、"埋藏物"，故应否定该债务的不履行构成侵占罪。

无罪说肯定取款人的行为正当性，从而具有与民法判例的一致性，但以取款人只构成民事上的不当得利为由否认其具有刑事违法性这点，则值得商榷。严格意义上来说，厘清错误汇款案件的民法定性是进行刑法评价的前

---

① 根据日本刑法第 247 条，背任罪是指，为他人处理事务的人，以谋求自己或者第三者的利益或者损害委托人的利益为目的，实施违背其任务的行为，给委托人造成财产上的损害。参见《日本刑法典》，张明楷译，法律出版社，2006，第 214 页。

② 陈洪兵：《中国语境下存款占有及错误汇款的刑法分析》，《当代法学》2013 年第 5 期。

③ 袁国何：《错误汇款的占有归属及其定性》，《政法论坛》2016 年第 2 期。

④ 张红昌：《错误汇款领得行为的刑法评价》，《中南大学学报》（社会科学版）2013 年第 1 期。

⑤ 杨兴培：《"许霆案"的技术分析及其法理思考》，《法学》2008 年第 3 期。

提，侵占罪的构成以不当得利为前提；民法上成立不当得利与刑法上成立犯罪并不矛盾，任何故意或者过失（乃至无过错地）侵犯他人财产，不管行为是否触犯了刑法，都可谓违反了民法，需要承担民事责任。刑法仅将部分值得科处刑罚的侵犯财产的行为类型化为财产犯罪，这些被类型化为财产犯罪的行为，并不因为被刑法禁止后不再成为民事违法行为。刑法没有规定不当得利罪，但是民法上的不当得利行为，也可能触犯刑法上的侵占、盗窃等罪。[1] 行为作为民事上的不当得利处理还是作为财产犯罪处理，应当取决于行为方式及其所侵害法益的程度，行为的侵害程度只要上升到刑法可罚性层面，且符合财产犯罪的构成要件，就应当用刑法予以评价。虽然日本侵占罪存在立法上的限制，在构罪要件上能够给无罪说以立法根据，但在我国，能否以相同的理由排斥刑法评价，则有待商榷。

四　侵占罪说之审视

如上文所言，1996 年日本最高裁判所的民事判决认可了错误汇款场合下取款人享有正当取款权限，随着民刑一体观念的融合，学者们开始反思是否还能以取款人对错误汇款不存在存款债权为由认定其构成盗窃罪、诈骗罪。无视民法权利以及该权利所依据的事实，仅从刑法的立场出发是无法认定违法性的。[2] 侵占罪说由此产生，并逐渐占据优势地位。

在存款的占有问题上，侵占罪说认为，存入银行的现金由存款人占有。其认为"占有"在不同罪中含义也不相同，如盗窃罪中的"占有"是指对物

---

① 张明楷：《许霆案的刑法学分析》，《中外法学》2009 年第 1 期。
② 〔日〕佐伯仁志、道垣内弘人：《刑法与民法的对话》，于改之、张小宁译，北京大学出版社，2012，第 41 页。

的实际支配，侵占罪中的"占有"是指对物的法律支配。[①] 对于存款的占有，可以从法律支配的角度确定占有者：通过肯定存款人对存入银行金钱的支配力高，认可存款人对存入银行等额金钱的占有；而对存款在任何时候都能任意取出的存款名义人，可以说在存款限度之内具有成立侵占罪所必要的法律支配，能够认可其对金钱的占有。这种观点的实质根据在于银行具有作为存款人保险柜的实质性机能，或者说银行是存款人的占有辅助人[②]；行为人将钱存入银行并不是为了利息，与银行形成单纯的债权债务关系，将钱存入银行与将钱放入自家保险柜中，几乎是同样的效果，当然，存入银行更加安全、便捷（随时可以支取）。[③] 而从"随时支取的可能性"来判断占有，也可能是事实上对占有支配的判断。我国黎宏教授也持这一观点。[④]

在取款权限上，该说肯定存款人对存入款项享有支配力。即使是错误汇款，也可以基于存款名义人对款项的支配力，承认其取款权限。在形式上合法占有的取款人，其取款行为并不具有违法性，但将存款据为己有的行为实际上侵犯了汇款人对现金的占有。只是这种占有并不是基于委托产生的，在实质上不具有正当的占有根据，可以认定脱离占有物侵占罪的成立。正如

[①] 〔日〕大谷实：《刑法各论》，黎宏译，法律出版社，2003，第 212—213 页。

[②] 李菲菲：《取得错误汇款的行为性质研究》，《刑事法评论》2017 年第 1 期。

[③] 陈洪兵：《中国语境下存款占有及错误汇款的刑法分析》，《当代法学》2013 年第 5 期。

[④] 黎宏教授主张，在存款的占有问题上，从支配力的角度，存款占有属于存款名义人。就储户与其账户内的金钱来看，一般来说，存在只要储户愿意，其随时都可以在银行的柜台上或者通过自动取款机，取出其账上存款额度之内的金额。这就意味着，储户对于其账户内的金钱，在实质上是支配和控制的，此时的银行不过是一个保险箱，尽管在形式上，银行在占有财务，但实际上财务由储户予以控制。在储户的银行账户的范围之内，储户对其财物具有支配、控制权（参见黎宏《论存款的占有》，《人民检察》2008 年第15 期）。在取款人账上已有相应存款金额的情况下，即便是错误转账的银行存款，汇款人将款项汇至存款名义人账户时，就以表示意思为存款名义人创设了存款债权，因此取款人仍享有控制权。但存款由于某种原因而进入储户的账户之内，本不属于其所有的财物，对于储户而言属于不当得利，储户必须返还；拒绝返还的场合，一定条件下，构成侵占罪（参见黎宏《论财产犯中的占有》，《中国法学》2009 年第 1 期）。

占有送错门的物品一样，由于没有委托关系，占有事实上属于现实占有者，取物人的获取行为应成立侵占遗失物罪。①

但即使是主张通过法律上的支配关系承认占有的学者，也认为需要对这种意义上的"占有"进行限制：将存款认定为"物"具有一定的缺陷性，应仅对于委托侵占才认定存在基于存款金钱占有的观点更为妥当。② 更有学者否定法律上的支配一说：刑法与民法对于占有的界定不一样，刑法上的占有更强调行为人对财物事实上的控制状态。③ 从对金钱的控制角度来看，相较于依靠法律支配占有的存款人，银行更能实际控制所存金钱。表面上看，存款名义人履行一定手续是可以将存款取回的，似乎存款名义人对错误存款具有支配力。但邮局或者银行不是说只要履行手续就能自动地让人将存款从银行取出，而必须是在确认是真正的权利人之后才让取款，存款的事实上、法律上的支配效力还在银行、邮局手中。④ 如果就作为存在于银行等机构中不特定的金钱而肯定存款人的占有，其实并未实际考虑到银行等机构中的现金准备额往往比存款总额少，存款人所谓的占有不过是一种拟制罢了。⑤

因此，侵占罪说最大的问题在于，在存款占有属性上，解决不了银行实际支配金钱的问题，已经进入银行的金钱很难认定为仍是汇款人实际上占有的金钱，即使从法律的角度认可占有，汇款人占有也只是针对该笔款项对银行所享有的债权，金钱在事实上仍归银行占有。此外，侵占罪论将汇款人所享有的债权视为一种物，继而认为取款人构成脱离占有物侵占罪也存在问题。其一，将债权认定为"物"，无论从理论上还是实际上都存在疑问；其二，按照侵占罪的观点，在肯定了取款权限之后，很难认为取款人取

---

① 〔日〕大谷实：《刑法各论》，黎宏译，法律出版社，2003，第212—213页。
② 〔日〕西田典之：《日本刑法各论》，王昭武、刘明祥译，法律出版社，2013，第245页。
③ 李菲菲：《取得错误汇款的行为性质研究》，《刑事法评论》2017年第1期。
④ 〔日〕山口厚：《刑法各论》，王昭武译，中国人民大学出版社，2011，第344页。
⑤ 李强：《日本刑法中的"存款的占有"：现状、借鉴与启示》，《清华法学》2010年第4期。

走汇款的行为构成侵占"物"之罪。日本争议观点几乎是围绕"财物"这一概念所展开的，关于存款的属性，日本的判例与学说一致认为，存款是一种债权，即一种财产性利益，而非财物，而讨论占有的对象并非存款，而是存款对应的金钱。对于上述概念进行界定的旨意在于，明确无论是存款人还是收款人，都可以通过存款这一债权而支配与存款等额的金钱，即存款人享有对金钱的实际控制。究其缘由，在日本刑法概念中，"财物"与"财产性利益"是相区别的，由于日本刑法自身特殊的立法例区别规定了财物犯罪与财产性利益犯罪，后者并不当然包含在财产犯罪的法益中，侵占罪的对象只能是财物，行为对象包含财产性利益的背任罪只是委托侵占罪的补充而不是脱离占有物侵占罪的补充 [①]，因此，在讨论是否成立侵占罪之时，必须将这一立法现状考虑进去，通过法律支配的角度将债权拟制为"物"。在日本解决不了并非委托产生对财产利益的侵犯该如何定罪的情况。为适应这一立法现象，侵占说必须从不同的层面对存款的占有进行论述，这是理论争议的必然产物。

但在我国，刑法只明确规定了"财物"与"财产"，而未规定"财产性利益"。有学者主张"财产"与"财物"应当包含"财产性利益"，得到了刑法学界多数人的认同。立法中也存在将"财产性利益"作为财产犯罪对象的先例。如我国《刑法》第 265 条规定，盗接他人电话线路、复制他人电话号码牟利构成盗窃罪，这种行为的实质在于通过盗接线路的方式将他人线路接为自己所用，使电话线路或电话号码的权益人遭受财产损失，却免除了自己缴付电话费的义务，这种免除义务意味着行为人取得了财产性利益。[②] 又如《刑法》第 276 条之一规定的拒不支付劳动报酬罪，也是保护他人财产性利益的体现。由此可以看出，我国并未区别规定财物犯罪与财产性利益犯罪，

---

① 李强：《日本刑法中的"存款的占有"：现状、借鉴与启示》，《清华法学》2010 年第 4 期。
② 张明楷：《刑法学》，法律出版社，2016，第 93 页。

而是将两者融合在一起，财产犯罪的对象也包括财产性利益，因而，"占有"这一概念既可以应用于财物，也可以应用于财产性利益。也就是说，在日本立法状态下难以解决的问题，在我国并非得不到解决。但我国主张侵占罪说的学者，并未从本国语境出发做出相应的改变，而是全盘吸收了日本关于法律支配下占有的观点，自然会带来占有概念的适用问题。

五 侵占罪说之再倡

如上，在我国刑事立法认同侵占罪可以包含对财产性利益保护的情况下，错误汇款的问题并非得不到解决。取款人对于形式上合法，实质上不享有正当利益的存款，在取得款项后拒不归还的行为应认定为侵占罪，但侵占罪的适用，不仅仅需要对侵占罪说中通过法律支配肯定现实占有的理由予以补正，还应当对如何准确评价该行为作出释义。

（一）侵占罪说根据之补正

原有的侵占罪说在占有属性问题上，是通过法律支配肯定存款人对于存款的占有，而跳过了存款人对于"存款债权"占有这一问题的讨论，却无视了存款人对存款的占有，是在对存款债权占有存在的基础之上建立的。原有侵占罪说既然通过存款债权的占有，肯定了存款人对存款的占有，为何不直接肯定对于存款债权的占有？且承认存款的债权在我国不存在理论障碍。而且，原侵占罪说将占有的债权认定为"物"，也存在问题：若是在现实层面认可银行对存款现金的占有，在法律层面承认存款人控制权下的占有，是否会造成重叠认定占有？如果名义存款人通过非法的方式取走自己的存款，是否不构成犯罪？根据原有侵占罪说的观点，存款人的行为是将"法律上的占有"变为"事实上的占有"，是一种行使权利的表现，不构成犯罪，但这种结论相信很难被大众接受。另外，即使从现实而言，通过法律支配直接肯定现实的占有也不具有说服力。如有学者指出，广义的现金包括两种，一是置于流通领域为本人利益而保管的现金；二是未被置于流通领域而仅保管的现金，对于后者，保管人并不取得现金所有权。① 处于流通中的现金，一旦存入银行，银行就直接占有了，并对其进行支配、管理、利用，虽说存款人可以随时存取，而实际上，由于对存入期限的选择不同，存款人想要取出现金还会受银行多方面的限制。虽然根据银行与存款人的存款合同，存入现金在通常情况下可以被取回，但也存在例外：在银行破产之时，银行占有的现金将被纳入破产财产的范围，应当按照破产程序在支付了破产费用和职员工资后才能偿还债务。这就意味着存款人有可能无法实现债权。②

因此，存款人的现金是否能取回都存在不定的状态，就不能将存入银行的现金等同于存款人持有的现金。

在占有属性问题上，我国刑法理论要求应当在客观上对物具有实际的控制与支配，但这种控制不以物理的、有形的接触管理为必要，而应当根据物的性质、形状，物存在的时间、地点，以及人们对物的支配方式和社会习惯来判断。③ 即在刑法意义上的占有，不仅仅指的是事实上，还包括规范意义上的支配，对占有的判断应综合这两方面进行考量。在我国刑事立法认同财产性利益可以归为财产犯罪对象的情况下，存款人的存款债权并非得不到保护。实质上，向银行主张他人存款债权，使存款人存款余额减少，继而减少银行储备现金的行为，系对他人债权的侵犯。虽然从现实的角度来看，减少的是银行实际占有的现金，但是，一般来说，我们并不会去探讨取走他人存款对银行造成了多少损失，相反，以此种方式耗损他人的债权价值，才是行

---

① 〔日〕佐伯仁志、〔日〕道垣内弘人：《刑法与民法的对话》，于改之、张小宁译，北京大学出版社，2012，第 4 页。

② 黑静洁：《取走错误汇款行为的刑法认定》，《江苏警官学院学报》2011 年第 6 期。

③ 周光权、李志强：《刑法上的财产占有概念》，《法律科学》2003 年第 2 期。

为的危害后果，也是刑法所评价的重点。此外，由于银行占有和存款名义人占有采取不同的占有归属标准，肯定存款名义人对于错误汇款的法律支配并不在逻辑上当然地排除银行对现金的现实支配。[①] 因此，直接认定存入银行则由银行直接控制并占有，存款人基于存款凭证享有对该笔款项相应的债权，并不存在问题，而不必坚持原有法律支配的观点。

在取款权限问题上，正如原有的侵占罪观点所言，"存款的占有"对于存款者正当的取款权限的认定是有必要的。[②] 在肯定了存款人对于存款债权的占有之后，对于取款权限的肯定也是显而易见的。在拥有正当的民事表征基础之上，即使针对误汇款项，也拥有正当的取款权限。错误汇款的汇款人将款项通过银行汇入错误的账号上，实际上是将自己对银行的部分债权让渡给了取款人，银行自收到通知之时，在存款人要求转账的指定金额内不再对存款人负有债务，转而向取款人履行债务，而存款人由于本人原因误将取款人当作其意图汇款的对象，完成债权的让与。无论存款人真实的意思表示如何，在未撤销意思表示之前，银行必须基于合同认可该行为的法律效力，即存款人在向银行反映真实情况之前，如果银行已经将债权转移给取款人，那么取款人就针对该笔转移款项在形式上拥有债权。[③] 存款债权是如何得到的，存款债权实际是怎么样的，银行不能去审查也不能够审查，银行只能根据转移的凭据来认定取款人是否拥有该项债权，再针对凭证判断取款人是否拥有取款权限。对于取款权限而言，重要的是债权表征的账户记载，一旦在取款人的账户上存在记载的存款现金，取款人就有权利支取使用。在错误汇款的场合下，即使取款人不实际上具有合法享有债权的原因，由于拥有债权

---

① 徐凌波：《存款占有的解构与重建——以传统侵犯财产犯罪的解释为中心》，中国法制出版社，2018，第176页。

② 〔日〕山口厚：《刑法各论》，王昭武译，中国人民大学出版社，2011，第347页。

③ 袁国何：《错误汇款的占有归属及其定性》，《政法论坛》2016年第2期。

表征，取款人也就拥有正当的取款权限。

（二）侵占罪说的教义学释义

尽管认可了取款人享有正当的取款权限，并不意味着不能对取得行为给予评价。取款人在取款时因在形式上合法占有而拥有取款权限，但不具有实质上的债权取得根据，取款人所得款项属于不当得利，取款人并不能最终、合法地取得该笔款项。在债权的转变欠缺实际根据，存款人遭受实际损失之时，取款人在取得款项后拒不归还的行为也就符合侵占罪的本质。

如前所述，我国财产犯罪并不对财物以及财产性利益进行区分，侵占罪的对象当然可以包含财产性利益。根据我国刑法对侵占罪的规定，其具体对象仅包括"代为保管的他人财物""遗忘物""埋藏物"三项。按照无罪说，民事上的不当得利并不属于侵占罪中的任何一项物品，无法用侵占罪予以评价。错误汇款的存款名义人转移存款形式上合法，但由于存款所得并无正当根据，存款名义人也就不具有该笔存款的实质性权利，而行为人将存款取走的行为使原汇款人缺乏变动汇款的现实可能性，因此，在合法占有的基础上使原所有权人缺乏获得可能性的行为，本身就是刑法规范评价上的侵占罪所禁止的。可以根据实践理性的要求，对刑法规范作出与既存学说或者判例不同的解释结论，但刑法解释论必须与刑法条文相联系。[①] 正如无罪说所指出的那样，认定占有款项的行为构成侵占罪必须要在侵占罪的语境下讨论不当得利之债符合侵占罪中"代为保管的他人财物""遗忘物""埋藏物"的哪项内容。

侵占罪通常被分为委托物侵占罪与脱离占有物侵占罪两大类型，如，日本刑法典第 252 条、第 254 条将侵占罪分为了"自己占有的他人的财物"和"遗失物、漂流物或者其他脱离占有的他人的财物"。[②] 从法条规定来看，

---

① 冯军：《刑法教义学的立场和方法》，《中外法学》2014 年第 1 期。

② 《日本刑法典》，张明楷译，法律出版社，2006，第 93 页。

尽管我国的侵占罪并未按照"委托物与脱离占有物"这两大类型进行划分，仅规定了三种可以评价为侵占罪的对象，但从内容上来看，除了"代为保管的他人财物"，"遗忘物、埋藏物"都属于脱离占有之物，由此可见，我国侵占罪并没有将脱离占有之物排除在外。尽管这里的脱离占有之物是有特定指向的，不能认为我国侵占罪保护对象包含其他脱离占有之物，但并非不能处理这种侵犯他人债权的行为，完全可以将《刑法》第270条第1款"代为保管的他人财物"进行扩大解释，否则会有处罚上的漏洞以及分类上的缺陷。笔者认为，刑法规定的"代为保管的他人财物"不仅指狭义上的民事委托代为保管关系，还包括一些已经存在事实上保管地位的可能并未信赖委托的场合。所谓的"代"，即指现在占有财物的行为人并没有财物的所有权，只是替代所有权人的存在，而"保管"即指占有财物的行为人是在帮助所有权人保护、看管，亦指财物的原所有权人对于保护看管之人享有返还原物的请求权。作为侵占罪对象的"代为保管的他人财物"，应当包括缺乏形式上委托授权保管，所有权不归属自己而应返还他人的财物，即欠缺所有权根据的先占之物。将这种欠缺所有权根据的先占之物变为非法所有，完全符合侵占罪将合法占有变非法所有的内涵。在广义的"代为保管的他人财物"的概念下，汇款人错误所汇的款项，虽不属于"遗忘物、埋藏物"，但系事实上的代为保管的他人财物，属于我国侵占罪的评价范围。领得错误汇款的取款人，在取得金钱以后不归还财产的行为，也就相当于拒不返还"代为保管的他人财物"，应构成侵占罪。

六　结语

刑法理论的构建源于国内的立法，解释刑法规范，将其适用于具体案件是刑法理论的功能之一。刑法理论的发展并不仅限于国内的立法语境，往往需要对国外理论进行比较研究与借鉴，在借鉴的同时，还需要注意到中外刑事立法的差异。在解释国内法规范的同时，要立足于国内的立法环境，不能忽视立法上的偏差，否则将会带来解释上不协调的问题；同时，如果出现我国立法概念不涵盖的情况，可以运用解释方法对法条在语义射程范围内进行解释，受制于国家既定的刑事立法，这是罪刑法定原则的体现，也是刑法教义学应有之义。对错误汇款问题的解决同样要秉持这一原理。立足于本国立法环境，其一，应对错误汇款构成侵占罪的理由予以修正，我国刑法分则的财产犯罪并未严格界分财物以及财产性利益的适用范围，错误汇款的情形并不阻碍侵占罪的适用，只是应对"代为保管的他人财物"进行扩大解释。其二，错误汇款情况下，在承认取款人规范占有取款债权的基础上，虽然认可针对款项享有正当的取款权限，但是在占有该笔款项之后，由于取款人不存在合法的债权获得根据，其对原错误汇款的存款人就负有归还不正当利益的义务，占有款项后拒不归还钱款的，完全符合侵占罪的构成要件，按照侵占罪定罪处罚不存在解释论上的障碍。

裁判员新制下日本的量刑实践及其对中国的启示

李文杰[*]

摘　要　裁判员量刑表明，有效参与和充分吸纳是裁判赢得正当性的基础。量刑参与是吸纳和整合民意的前提，也是保障程序独立和公开的渠道；而充分吸纳是丰富量刑说理、转变刑罚观念、保障庭审实质化和提升裁判公信力的基础。裁判员量刑对中国的启示是陪审员职权、量刑评议场景和量刑参考系统的合理设计或安排。

关键词　裁判员量刑　量刑吸纳　程序公开　量刑改革

立足于量刑规范化改革而兴起的中国量刑理论研究，聚焦问题是制度设置的合理性证成，由此，形成了量刑规范化的支持主义、怀疑主义[①] 和缓行主义[②] 解释范式。难以否认这些观点在中国量刑制度建设和完善中的卓越贡献，量刑裁判获得先决强制力的规范渊源。量刑已不复是对个案的主观和任意判断，法官依职责发现规范意愿并"合理地"将其应用于个别案件的

---

[*]　李文杰，上海交通大学凯原法学院博士研究生。

① 汪贻飞：《中国式"量刑指南"能走多远——以美国联邦量刑指南的命运为参照的分析》，《政法论坛》2010 年第 6 期。

② 李洁：《论量刑规范化应当缓行——以我国现行刑法立法模式为前提的研究》，《吉林大学社会科学学报》2011 年第 1 期。

裁量过程。然而，在承认规范化对量刑实践的规范调整的同时，量刑也面临说理单一、观念僵化、程序封闭和裁判不公等现实拷问，其后果是量刑正当性难以证成，裁判权威依然面临危机。就实质而言，"司法权威"建构中量刑正当性的证成不亚于甚至超越制度建构所产生的效果，建基于既有制度的量刑正当化证成势必将成为进一步推进量刑改革的核心课题和内容。因应这一前提，量刑改革的总体方向应由"控制取向"主导型向"参与"和"内控"兼容型转变；参与主体应由"单一化"向"多元化"转向；内容涵摄应由"消极应对"向"积极吸纳"转变。量刑参与是裁判吸纳和整合民意的前提，而有诚意的量刑吸纳则是民众有序参与量刑的动力之源。量刑参与和量刑吸纳的相生性，有助于证成量刑裁断的正当性，消解民众的司法偏见和规避裁判风险，进而提升社会对司法裁判的认同和支持。日本裁判员量刑的经验是制度化的民众参与和裁判的积极吸纳，二者相生相伴，相互交融，奠定了司法民主的可持续发展和裁判正当性的基础。

一　裁判员参与量刑的社会背景

裁判员制度是日本司法改革中的"国民的司法参与"之精髓，旨意为"刑事诉讼程序中须导入能广泛让一般国民与法官共同分摊责任、相互合作，在裁判内容的决定上得以实质、自发性参与的全新制度，建立司法的国民性基础"。① 印证这一理念是对裁判员"认事"、"适法"和"量刑"职权的设计。尽管日本的刑事司法运作之精确为外国所罕见，不存在需要进行大规模改革的重大缺陷②，但最大动员体系的解体和司法的官僚化，以及国民意志的生成致使司法的民主正当性遭受严峻的考验。而化解这一现实矛盾的举措

① 〔日〕佐藤幸治、竹下守夫、井上正仁：《司法制度改革》，有斐阁，2002，第 332 页。
② 〔日〕酒卷匡：《裁判员制度导入的课题与意义》，《法律广场》2004 年第 9 期。

之一就是在刑事司法中导入裁判员制度,希冀通过一般民众的积极参与和裁判对民意的吸纳,维系最大动员体系及其功能发挥。同时,借对民众司法情感的培养,夯实司法的认同基础,弥合社会和司法的裂隙,促进二者的协调发展。

(一)"最大动员体系"及其运行的困境

近代日本,政府扮演了人力、社会和制度等资源整合最强有力的动员者角色。政府不仅以"政治独立"姿态高效地行使国家职能,并网罗了一个巨大且有效的编外系统,包括外围组织、后援团体、基层社会组织、犯罪防范会、财界组织和行业协会等。[①] 这个系统的存在,使以政府为首的行政体系在资源整合和社会治理中的功能更为凸显,成为日本社会发展的最大动员体系。其职权不仅涵盖立法、行政和司法等活动,还涉及其他公共事务和日常生活。如村松岐夫所言:"管辖范围之广,让人感到日本人的所有生活领域都在它的管辖之下。"[②] 但"最大动员体系"在实现经济发展、维护稳定的同时,也使社会和政治面临开支庞大、应对突发性事件缓慢和缺乏创新精神等问题。同时,社会多元化和青年政治群体的崛起使行政系统难以适应新的政治、社会和国际等环境,加剧了社会的冲突、分裂态势。面对"最大动员体系"的制度疲劳、运作僵硬和公民主体的变化,重新定位政府的角色与功能,推动政治改革势必成为日本社会发展的核心环节。[③] 政府角色应由单一主导型向政府—社会共治型转变,国民从统治客体中脱离出来,成为自律、负责的统治主体,以建设自由、公正的社会,让丰富的创造性与能量重回国

---

① 包霞琴、臧志军:《变革中的日本政治与外交》,时事出版社,2004,第70页。

② 〔日〕村松岐夫:《日本的行政》,东京中央公论社,1994,第30页。

③ 对日本而言,其不仅没有法国大革命那样的革命风暴,就连中国历史上频发的农民革命也不多见,任何一个朝代从未因农民战争发生更迭。所以,日本式的社会政治形态变迁更多地属于政治改革,并非政治革命。这是日本历史发展的一个突出特点。参见李海鹏《简论日本政治体制流变特点》,《北方论丛》2010年第4期。

家。^① 因应这一理念，日本启动以行政为首的国家改革，改革包括机构重组和人员精简、地方分权、建构公选制度和消除"密室政治"、建立信息公开制度^② 等措施，以期应对经济持续滑坡、老龄化、集团犯罪、自然灾害等危机，并建立政府执政合法性的基础。而司法改革是行政改革的延续和纵深，秉承了行政改革的基本理念，制度构造则以法律形式确定一般民众参审的范围和权利设计，凸显社会治理中民众的主体地位。

（二）官僚集团对司法系统的浸透及影响

官僚集团是日本政治社会中居于统治地位的一个阶层，承担着国家权威意志的执行功能，还直接参与权威意志的形成。日本官僚制有其鲜明的特色——"统治结构中的割据性基因"，它是一种"职务"上的专权，但不强调个人的独裁专制。^③ 官僚制下的政治结构是排斥或压低议会的地位，超越党争、政争的独立的封闭王国。其官员选拔遵循严格的考试录用和等级划分原则，获任官员具有无与伦比的社会地位和高额报酬。而官僚政治下行政运行体现出因循守旧、繁文缛节和效率低下等缺陷。但是，官僚制本质的特权支配之原理不单存在于官僚制与民众之间，而且强烈地作用于官厅机构内部的上下级关系或身份关系上。^④ 受其影响，司法系统也呈现行政式的官员任命模式，等级结构森严。^⑤ 结果是，法官丧失主体性，裁判意见缺乏独立性。违背官僚体系管理或运行的裁判意见，面临人事安排^⑥、薪酬待遇和职位升

---

① 〔日〕佐藤幸治、竹下守夫、井上正仁：《司法制度改革》，有斐阁，2002，第 16 页。
② 高增杰：《日本发展报告》（2000—2001），社会科学文献出版社，2002，第 18 页。
③ 〔日〕辻清明：《日本官僚制度研究》（新版），王仲涛译，商务印书馆，2008，导读第 4—5 页。
④ 参见〔日〕辻清明《日本官僚制研究》（新版），王仲涛译，商务印书馆，2008，第 183 页。
⑤ 关于日本司法裁判官的任命及等级划分详情，参见龚刃韧《现代日本司法透视》，世界知识出版社，1993，第 86—99 页。
⑥ 战后至 2000 年，最高裁判所、高等裁判所及地方裁判所长官、判事的任免及任期详情，参见〔日〕秦郁彦《日本官僚制总合事典（1868—2000）》，东京大学出版会，2001，第 585—588 页。

迁等风险。由此，司法权丧失了独立品格，成了以"禀议"决策为中心的官僚结构体系。司法官僚化决定了法官对案件裁量的权限，裁判意思和目的均受官僚体制的精神和目的的限制，司法专业化和精确化的优点难以掩盖裁判时间冗长和效率低下等问题。

（三）抑制"犯罪社会"与国民意志的生成

为应对"危险社会"[①] 和犯罪组织化的风险，日本社会生成了保护被害人的理念。作为回应，刑事立法中出现"犯罪化和严刑化"的趋势，被视为社会走向"成熟"和满足"市民安全和保护的要求"的标志。严刑立法的表现如下。①保护法益范围的拓展，即将抽象法益纳入刑法保护的范围。如《关于规制纠缠等行为的法律》（2000）。②处罚阶段提前化，将预备行为涵盖在刑罚惩处范围内。如2001年刑法典中创立"有关支付用卡电磁记录的犯罪"[②] 等。③提高刑罚处罚幅度。其一，有期徒刑惩处上限由15年提高至20年；其二，修改凶恶犯罪的法定刑。"犯罪化"和"严刑化"的立法趋势，表明抑制"犯罪社会"成为民众追求秩序安定、社会平稳和发展有序的指导理念。

然而，"严刑立法"趋势并未消除民众对"罪刑法定"背后"民主主义"理想的追问。[③] 刑事司法如何贯彻"定罪与量刑"民主化以及裁判的国民意志性就成了刑事法制建设的一项重要课题。传统意义上，罪刑法定主义的民主性是以选举产生的国会中的"代表者决定"而实现的。然而，仅依议会制定法律体现犯罪惩罚的民主性并不具有当然的正当性，而且，司法实务中未

---

① 在小田直树看来，"危险社会"是一种危险无处不在的社会。在此社会中，危险具有潜在性、一般性和超出人们预想的连锁反应的威胁性等特征。为预防社会中的危险，国家立法必须具有区别于传统社会的特征。参见〔日〕小田直树《危险社会论》，《法学教室》（第264号），2002，第65页及以下。

② 〔日〕大谷实：《刑法讲义总论》（新版第2版），黎宏译，中国人民大学出版社，2008，第30页。

③ 〔日〕山口厚：《刑法总论》（第2版），付立庆译，中国人民大学出版社，2011，第10页。

必能有效地贯彻和体现。为此，探寻司法审判与民主性的契合，提升裁判民主的正当性成了司法改革的目标。而作为路径选择，莫过于在刑事司法中导入民众参与机制，透过国民观点、感性和法官的专业性之交融，加深彼此的理解，活用彼此优势而完善的刑事审判及其实务。同时，展现裁判过程及结论的民主化和正当化。

二　裁判员量刑的基本原则及程序设计

尽管，理论对裁判员量刑的意义有激烈的争议，但对其原则和程序设计并无原则性分歧。以学界观点和实务操作来说，裁判员量刑应遵循下述原则和程序。

第一，基本原则。依《量刑的基本思考观点》（平成 21 年 5 月），法院量刑应遵循下述基本构造：①根据犯罪行为法定刑的架构；②法定刑范围内，衡量其位置的范围；③考量行为的其他条件，在上述条件下确定其宣告刑。裁判员制度导入后量刑原则也未发生根本性的变化，亦即法官和裁判员的量刑活动均应遵循这一原则。其间，研究者虽提出刑法中应明确量刑因子或基准，即将量刑内容法典化[①]，但此观点并未纳入刑法的修改内容。因此，裁判员量刑仍应以行为责任所根据犯罪事实的情状为中心，并于法定刑幅度内考虑一般情状而决定刑度的构造。

第二，量刑检索系统的活用。为避免量刑的混乱状况，消除同类案件量刑的显著差异，平成 20 年最高裁判所开发出量刑检索系统。参审法院及其分院均设置该系统，检察官和辩护人依规可按各自立场设定条件进行检索，取得作为检控和辩论的资料。截至目前，两造当事人均预先用此作为量刑资

[①] 〔日〕仓桥基：《裁判员制度导入后的量刑判断についての一考察：量刑判断の再构筑》，《龙谷大学大学院法学研究》（第 9 号），2007，第 136—138 页。

料以备庭审辩论，此一惯例已逐渐在实务中固定下来。[①] 量刑资料以2008年4月后的先例为参照对象，包括罪名、一般情状（动机、凶器及种类、被害程度、共犯关系、被害人立场以及减缓情形）等内容，以"量刑分布图"为检索结论。为增强裁判员对其的认知和理解，检索结论以"表"和"图"表达。其中，"表"以刑度为纵轴，以实刑、保护观察、执行犹豫为横轴而展示资料。以"柱状图"表示实刑、保护观察、执行犹豫的案件数。原理上，量刑检索以"同种类、同性质、同度同罚"为参考标准，但也有在量刑评议中寻找类似案例的嫌疑。实务中，为防止对检索系统的过度依赖，对裁判员仅提示量刑分布图即可。

第三，量刑评议。司法实务中，裁判员的量刑评议借鉴了facilitation[②]的运作机制，使量刑活动在和谐的评议环境中进行。所谓"和谐"是指量刑评议中发言顺序的安排合理，即裁判员优先于法官的发言顺序，审判长应充分扮演facilitator角色，除询问意见外，最后才陈述个人意见；消除裁判员心理紧张的场位安排，避免裁判员流于情绪的量刑评价；有效的发言引导机制，即审判长对裁判员脱离主题和误解事实的发言有引导和规劝之权力。另外，最高裁判所根据模拟裁判的经验，认为量刑评议中裁判员应以"心证"审理为前提，对公判前的整理程序、当事人主张、立证等作整体性评价，这一评议方式被称为"评价型"评议。[③] 其意蕴为以当事人进行主义及举证责任为前提，以负有举证责任的控方主张事实为审理对象，以当事人主张为出发点，进行检讨、评价，进而判断检察官主张的事实是否已

---

① 〔日〕青木孝之：《裁判員裁判における量刑の理由と動向》（上），《判例时报》（第2073号），2010，第6—7页。

② Facilitation是民间企业经常使用的技巧，其意味着立于中立立场，管理团队的流程，激发团队的工作，为使团队能够发挥最大的作用而提供支援，发挥此功能者被称为facilitator。在裁判员的量刑评议中，审判长扮演的角色即facilitator。

③ 〔日〕中川博之：《裁判員裁判と量刑》，《刑法杂志》（第51卷第1号），2011，第16页。

被证明超越合理怀疑的程度。[①] "评价型" 评议克服了量刑评议中以法院立场审酌证据、查明真相，而忽视控辩双方、裁判员意见的 "解明型" 评议之弊端。

三　裁判员的量刑实践与效果

受 "严刑化" 思想和制度实践的影响，裁判员量刑趋向的 "重刑化" 现象及其风险一度成为学界疑虑的难题。因裁判员量刑被民意与被害人的情感淹没，是当然的事情。裁判员亲眼看到的事实，其细节已被省略……情感先行是必然的。[②] 然而，实践表明制度实施以来刑事案件的量刑趋向并未向学界预测的 "趋重化" 方向发展，反而呈 "趋重趋轻" 分散化的倾向。这一倾向不仅消除了社会和理论对制度设置和裁判员量刑的忧虑，更重要的是改变了社会对刑罚适用的观念认同。

（一）量刑效果的总体表达——趋重趋轻

"趋重趋轻" 趋向是裁判员参与审判中对刑罚适用的一种总体性评价。得出这一评价的依据是裁判员适用刑罚中的有罪判决和无罪判决、无期惩役和死刑、刑罚幅度和刑种等变量的变化情况。

首先，有罪判决和无罪判决。平成 21—27 年，裁判员作出终局判决人数 8616 人，其中，作出有罪判决人数 8424 人，为总数的 97.8%；无罪判决人数 48 人，为总数的 0.56%。有罪判决的幅度为 0.4—3.0，无罪判决的幅度为

---

① 〔日〕齐藤司：《日本的国民参与司法（裁判员制度）与评议、表决》，《人民参与审判国际研讨会》，2016，第 95 页。

② 〔日〕安田好弘、森达也：《裁判员制度——死刑を下すのは誰か》，《现代思想》，2008，第 42—43 页。

0—0.85。与制度实施前相比，该比率保持稳定（实施前无罪率为 0.5%）。^①

其次，死刑和无期惩役。重刑化是制度实施前社会对裁判员量刑的普遍忧虑之一，尤其是死刑和无期惩役。但实践表明，裁判员科以死刑和无期惩役的人数并未持续增长，反而呈动态局面。平成 23 年死刑数为 9 人次，为制度实施至平成 27 年死刑峰值；平成 22 年无期惩役数为 35 人次，为制度实施至平成 27 年无期惩役峰值。后期，死刑和无期惩役的判决数整体呈下降态势。（见表 1）。

表 1　裁判员科以死刑与无期惩役的情况（平成 21—27 年）

单位：%，人次

年期	终局人员	死刑		无期惩役	
		数量	比例	数量	比例
平成 21 年	149	0	0	1	0.67
平成 22 年	1530	3	0.20	35	2.29
平成 23 年	1570	9	0.57	24	1.53
平成 24 年	1526	3	0.20	39	2.56
平成 25 年	1415	5	0.35	24	1.70
平成 26 年	1220	2	0.16	23	1.89
平成 27 年	1206	4	0.33	18	1.49

资料来源：《裁判员制度の実施状況等に関する資料——裁判員の参加する公判手続の実施状況について》（平成 21—27 年各期）。

再次，刑罚幅度的变化。刑罚幅度变化也是判断裁判员量刑是否重刑化的标准之一。实践表明，裁判员科以 15—30 年以下的有期惩役数量呈先上升后大体下降的趋势；而 5—7 年以下的有期惩役数量则呈先上升后下降再

---

① 〔日〕《裁判員制度の実施状況等に関する資料——裁判員の参加する公判手続の実施状況について》（平成 21—27 年各期）。

上升趋势。由是而言，裁判员对有期惩役幅度的选择中，重度处罚总体下降，而从轻处罚则有微幅的上升（见表 2）。

表 2　裁判员量刑的有期惩役幅度变化（平成 21—27 年）

单位：件

年期 ＼ 刑罚幅度	有期惩役						
	30 年以下	25 年以下	20 年以下	15 年以下	10 年以下	7 年以下	5 年以下
平成 21 年	0	3	7	8	29	30	24
平成 22 年	12	24	64	152	299	322	268
平成 23 年	19	25	71	173	306	293	263
平成 24 年	21	18	73	157	300	292	245
平成 25 年	15	24	61	162	259	268	238
平成 26 年	4	9	53	131	286	226	191
平成 27 年	7	13	46	122	219	242	228

资料来源：《裁判员制度の実施状況等に関する資料——裁判员の参加する公判手续の実施状況について》（平成 21—27 年各期）。

最后，刑种变化。平成 21—27 年裁判员量刑实务中家裁移送、免予处罚和罚金等逐年增加。也就是说，裁判员对刑罚种类的选择呈趋轻化发展趋势。这与"改善更生"[①] 刑事政策具有一致性。不难窥见，被告人"改过自新"是实务中裁判员量刑的重要参考因素。

（二）重罪量刑的效果表达——重罪重罚、轻罪轻罚的分散化倾向

以重罪的刑罚裁断看，裁判员量刑则呈重罪重罚、轻罪轻罚的分散化倾

———————————

① 日本更生保护制度以明治 21 年 (1888)，日本实业家金原明善所创立的"静冈县出狱人保护会"为开端，运作即以更生保护事业及保护司等民间慈善家协助举办的各类活动为主轴而实施。其以修复式正义论为基础，强调处理犯罪问题的重点是求得被害者、加害者及社区间平衡关系的修复。刘文山：《日本更生保护制度之研究》，台北大学犯罪学研究所硕士论文，2008，第 7 页。

向。尽管，性犯罪、伤害致死罪等量刑趋于重刑化，但即使是重罪案件，判缓刑比例也为 15.6%，呈上升态势（制度实施前为 13.0%）。并且，保护观察大幅上升，比例为 55.7%（制度实施前为 35.0%）。这一变化具体表现为以下几个方面。

（1）重视性犯罪的实质内容与结果，犯罪未遂既遂化。传统刑罚适用中法官以既遂与未遂的区别，或直接故意或过失等法律观点，明确区分量刑的强烈程度；但裁判员侧重性犯罪量刑中的"事理逻辑"，重视量刑内容的实质化。如强奸未遂，但有恶劣强制猥亵行为的强奸致伤犯罪，与同等程度威胁行为的强制猥亵致伤犯罪之间的量刑差距逐渐消失。[①] 概言之，性犯罪量刑中裁判员倾向于对行为实质内容和结果的评价，并未严格按照"法律逻辑"区分既遂与未遂。[②]

（2）伤害致死量刑趋于杀人化。实践表明，裁判员量刑中伤害致死罪和杀人行为的量刑差距模糊，伤害致死量刑趋近于故意杀人罪，出现了量刑上的连续性。究其原因，在裁判员意识和判断范围内证明行为人"故意"是一项极其困难的任务，而对"死亡"结果同质性的证明则相对容易。数据显示，平成 21—28 年 6 月因伤害致死而判处的死刑数量为 16 人次，同期因杀人而科以死刑数量为 11 人次，二者在死刑判处数量上基本保持一致。[③]

（3）缓刑及保护观察比例的大幅提升。性犯罪和伤害致死量刑变化表征了裁判员量刑"趋重化"向度；而缓刑和保护观察的适用及其比例则反映了裁判员量刑"趋轻化"现象。至平成 28 年 12 月有罪数为 9478 人。其中，3

---

① 〔日〕杉田宗久：《日本裁判员制度之程序与运用》，张永宏译，《司法周刊》2013 年第 1650 期。

② 〔日〕原田国男：《裁判员裁判における量刑倾向：见えてきた新しい姿》，《庆应法学》（第 27 号），2013，第 170—171 页。

③ 《裁判员制度の实施状况等に关する资料——裁判员の参加する公判手续の实施状况について》（平成 21—28 年各期）。

年以下有期惩役缓刑数量为 2442 人，为总数的 25.8%；部分缓刑为 3 人，附保护观察为 3 人；全部缓刑为 1585 人，附保护观察为 851 人；判处有期禁锢缓刑为 3 人。[①] 制度实施前（平成 20 年 4 月—平成 24 年 3 月）有罪数为 2744 人，缓刑数为 358 人，为总数的 13.0%，附保护观察为 35.8%。与之相比，裁判员作出缓刑数为 3105 人，为有罪数的 15.6%，附保护观察的比例为 55.7%。[②] 截至平成 28 年 12 月，杀人、强盗致伤、伤害致死、现住建筑物等放火和强制猥亵致死伤等重罪缓刑的比例分别为 77.8%、73.5%、59.7%、77.8% 和 70.3%。[③] 如以裁判员参与的案件性质考量，裁判员的缓刑适用率不可谓不高。当然，如以死刑判决为考量指标，裁判员量刑仍然呈低比率发展的趋向，8 年间总计死刑判决为 29 件，年均约为 3.6 件，占有罪判决总数的 0.31%。其中，杀人行为的死刑判决为 11 件；强盗致死的死刑数量为 18 人。这一比率，与 1997—2008 年均 11 人死刑宣告数相比[④]，死刑数量不但未大幅增长，反而呈现明显的下降态势。

显然，对"重刑化"量刑的社会和理论忧虑，裁判员的量刑实践给了最好的反馈和回应。与此同时，经验者调查和一般民调显示它们也对裁判员量刑表示了积极的肯定和支持。

首先，经验者对量刑的评价。依"裁判员等经验者に对するアンケート"调查结果报告书（平成 28 年 1—8 月），约 59.3%（2389 人，调查总数为 4032 人）的裁判员对参与量刑评议感到非常满意；不觉得是好经验的比例为

---

① 最高裁判事务总局：《裁判员裁判の实施状况について》（制度施行——平成 28 年 12 月末·速报），第 4 页，图表 3。

② 最高裁判事务总局：《裁判员裁判实施状况の检证报告书》，平成 24 年 12 月，第 92 页，图表 54、55。

③ 最高裁判事务总局：《裁判员裁判の实施状况について》（制度施行——平成 28 年 12 月末·速报），第 4 页，图表 3。

④ 〔日〕山中敬一：《刑法总论》（第 2 版），成文堂，2008，第 1027 页。

0.7%（28 人）；没有特别感觉的约占 0.5%（20 人）。[①] 约 56.6%（721 人，调查总数为 1273 人）的补充裁判员对担任裁判员职位及参与量刑评议感到非常满意；不觉得是好经验的补充裁判员比例为 0.3%（4 人）；没有特别感觉的约占 0.9%（11 人）。

其次，一般民众对裁判员量刑的评价。据 2009 年"世论调查部"对审判量刑的整体判断，2.3% 的被调查者认为"量刑较重"，33.4% 的被调查者认为"量刑适中"，50.1% 的被调查者认为"量刑较轻"；对制度实施后量刑变化的判断是，量刑趋重（19.2%）。[②] 2010 年的调查显示，12.8% 的被调查者认为"量刑较重"。这意味着，制度实施一年后，持"量刑较重"的比例呈明显上升态势，上升了 10.5 个百分点。[③] 制度实施前后，量刑态度的变化反映了社会刑罚观的转变，这对消解社会与司法的紧张关系，实现刑事裁判的优质化，促使人民思索社会应然形态将大有裨益。

最后，死刑态度的转变。制度实施前，日本宣告死刑的年均数为 1—2 件（1994 年以来），死刑执行年均数为 0—3 件（1988 年以来）。[④] 死刑存在的意义对日本社会是极为有限的，社会持"保留死刑"观点的却居高不下。资料显示，社会持废除死刑的比例分别为平成 6 年 13.6%、平成 11 年 8.8% 和平成 16 年 6.0%[⑤]，也就是说，社会持保留死刑观点的比例呈逐年增长趋势。

---

① 最高裁判事务总局：《「裁判员等经验者に对するアンケート」调查结果报告书》（平成 28 年 1—8 月），平成 28 年 11 月，第 9 页，问题 11：裁判员として裁判に参加した感想。

② 〔日〕酒井芳文：《裁判员制度开始直前の国民の意识——裁判员制度に关する世论调查（第 2 回）から~》，世论调查部（社会调查），https://www.nhk.or.jp/bunken/summary/yoron/social/035.html，第 31 页。

③ 〔日〕加藤元宣：《开始 1 年・裁判员制度に对する国民の意识——裁判员制度に关する世论调查（第 3 回）から~》，メディア研究部，http://www.nhk.or.jp/bunken/summary/yoron/social/045.html，第 11 页。

④ 〔日〕大谷实：《刑法总论》，黎宏译，法律出版社，2003，第 377 页。

⑤ 众议院调查局法务调查室：《死刑制度に关して、このような意见があるが、どちらの意见に赞成か》，《死刑制度に关する资料》（平成 20 年 6 月），第 15 页。

然而，这一比例因裁判员量刑却呈下降态势。2009 年持"保留死刑"观点的比例为 40.0%，而到 2010 年则下降至 38.7%。[①] 尽管该项数据的下降幅度并不是很大，但至少反映出裁判员新制下民众对死刑宣告和执行的态度变化。

四　裁判员量刑对中国的启示

目前，我国已完成了规范法院量刑的制度建设——《关于常见犯罪的量刑指导意见》和《关于犯罪量刑程序若干问题的意见（试行）》，其与现有定罪程序共同构筑起刑事审判的制度模式。可以说，量刑规范化制度为刑事审判和量刑实践中的内部制衡提供了坚实的制度保障，也使量刑程序初具形式理性的法治特质。但问题是，单一的制度式量刑改革能否赢得社会共识、信任以及确立裁判权威的效果？换言之，在社会对量刑接纳的指标设计上，量刑规范化是否有所建树或突破？如仅以制度构造而论，量刑规范化至少在以下两项指标上缺乏满足社会对司法的公共价值追求。第一，程序缺乏透明和公开。公开透明的程序机制是量刑过程及其结论接受社会检验和外部监督的制度保障，也是司法民主的应有内涵和实现条件。反观量刑改革的制度设计，其公开透明仅体现在程序建构的意义上——即相对独立的量刑程序，但程序如何运行、量刑依据的确立、量刑标准的甄选和量刑结论的生成等问题，仍表现为神秘、封闭的推理系统。程序封闭性限制了社会认知量刑权的运行状况和活动质量，难以体悟刑罚适用的原理和法治建设的意义及价值。由此，生成刑罚认知的观念差异或不同世界导致量刑结论难以被社会接受。集多项制度改造而建构裁判的可接受性是

---

① 〔日〕加藤元宣:《开始 1 年·裁判员制度に对する国民の意识——裁判员制度に关する世论调查（第 3 回）から~》，メディア研究部，http://www.nhk.or.jp/bunken/summary/yoron/social/045.html，第 11 页。

司法改革欲实现的目标，也是弥合社会与司法之间裂隙的有效路径。以这一指标为评价标准，在不考虑其他配套机制的前提下缺乏透明公开机制的量刑改革之效率为负值。第二，量刑说理粗疏及其公信力不足。我国的司法实务中"量刑说理"处于被长期忽视的境地，对被告人科以刑罚的依据、推理逻辑和裁判技艺等成了隐性的事项，加之缺乏必要的方法指导与程序规制，诸多因素导致量刑说理成为我国裁判说理中最为薄弱的环节之一。[①] 对此问题，《最高人民法院关于全面深化人民法院改革的意见——人民法院第四个五年改革纲要（2014~2018）》（简称《人民法院第四个五年改革纲要（2014—2018）》）提出明确的指导原则，"实现裁判文书的繁简分流，……完善裁判文书说理的刚性约束机制和激励机制，建立裁判文书说理的评价体系"，量刑规范化改革也涉及不少内容。但遗憾的是，因缺乏具体操作性，其效果并不明显。[②] 量刑说理的缺失，极易造成量刑的逻辑混乱，缺乏推理的严肃性和完整性，其后果就是社会对其的怀疑或质问。量刑缺乏说理，还会诱发法官自由裁量权的任意使用或滥用，严重影响量刑公正。在此意义上，量刑说理也是当下推进量刑公正的现实路径。[③] 此外，量刑说理还担负裁判信息的释放、沟通和评价之功能，其为司法和社会的和谐共进提供机制平台。

借鉴日本裁判员的量刑及其效果，本文认为，我国量刑在秉持规范化改

---

① 彭文华：《量刑说理：现实问题、逻辑进路与技术规制》，《法制与社会发展》2017年第1期。

② 相关实证研究显示，样本中说理主要体现的是定罪说理，量刑说理则比较少：97份样本数据中63份并处罚金刑，但无一份裁判文书对并处罚金刑进行量刑说理，附加刑完全不说理的判决书占样本的64.95%；33份样本中都有缓刑理由，但过于抽象、简单；说理方式缺乏个案特征；量刑计算方法不够透明化；等等。参见李琴《刑事判决书量刑说理问题实证研究——以D法院97份刑事判决书为样本》，《中国刑事法杂志》2012年第6期。

③ 王利荣、张孟东：《判罚结论的理性证立——由量刑说理切入》，《法律科学》2015年第6期。

革的同时，还应完善量刑改革与人民陪审员制度的有效衔接，逐步健全参与型量刑的法律制度。原因如下。（1）参与型量刑制度能强化量刑程序的公开度和透明度，促进量刑评议的民主化，夯实量刑推理程序和结论的正当性；促进量刑程序公开的渠道具有多元性，如量刑评议的媒体直播、量刑裁判的网络公式等，但就效果而论，民众直接参与无疑具有最佳的程序公开之效果。（2）强化量刑独立和量刑辩论，推进庭审实质化。目前，推进庭审实质化的目标基本确定，即围绕"审判中心主义"的制度建构，如强制证人出庭、卷宗移送等制度。这种建构逻辑严格遵循了狭义庭审实质化的进路，有效规避了庭审虚化的风险，强化了刑案庭审的绝对作用。然而，该路径最大的缺陷是其在侧重专业化的同时，忽略了司法的社会性，裁判认同率低下，司法面临公信力危机。而基于人民陪审的参与型量刑，量刑建议和评议的独特性，使量刑程序有别于定罪程序而保持独立性。同时，其协商、沟通性又能保障程序运行的实质化，夯实量刑推理的正当性。（3）推进社会刑罚观念的变革和更新。尽管，制度和理论层面上我国刑罚观经由理性化、人本化向效益化华丽转变 [1]，但一般社会的刑罚观仍停留在"报应刑"的阶段，度量刑罚公平性的依据非为法律规定和刑事政策，而是民众的直观感悟或内心公平感。结果是，国家和社会的刑罚观念呈严重分离的状态，法治统一性和权威性受到破坏。参与型量刑有利于民众接触和感悟司法量刑的场景、流程以及刑罚适用的具体操作，借此场景增强一般民众的司法感知和情感，使其固有的刑罚观念和价值认同得以转变或更新。（4）说理吸纳。量刑说理是达至量刑公正和裁判认同的途径之一。量刑说理的缺位、过度专业化或格式化，均有碍裁判公正的实现和裁判权威的树立。基于沟通、协商的参与型量刑，不但能吸纳量刑说理的积极元素，为其提供多元化的内容补充，还能有效遏制

---

[1] 郭理蓉：《刑罚政策合理性之研究》，《郑州大学学报》（哲学社会科学版）2007 年第 2 期。

法官自由裁量权而达至量刑选择的最优化。如此，既可避免说理内容因过度专业而偏离社会常识的风险，又能破解格式化导致量刑说理粗疏、不足的困境。

当然，欲实现上述目的，相应的配套制度和措施安排是必不可少的内容。对此，可借鉴裁判员量刑的程序设置和实务经验。

第一，拓展陪审员职权范围，参与审判量刑。尽管《人民陪审员制度改革试点工作实施办法》和《人民法院第四个五年改革纲要（2014—2018）》明确陪审员仅参与案件的事实认定，但含混之处是"认事"职权中的事实是定罪环节还是量刑环节并未明确界定，理论上对其也持模棱两可的态度。不过，实践中陪审员"认事"职权则呈另一景象，即仅为定罪环节的事实认定。[1] 以此而论，主导司法改革、理论认知的核心理念——司法民主、司法权威，在实践中并未转化为制度运行和社会认知的效果。反观日本，其以"增强国民的司法情感"作为导入裁判员制度的基本理念，通过"认事"、"适法"和"量刑"的职权设置实现前述理念或制度效果。这一设计路径不仅克服了制度设计的路径依赖，规避制度选择导致的高额成本；还能依本土司法改革的实际需求，切实安排制度内容，提升制度运行的效果。

第二，量刑参考系统的设计和应用。量刑规范化改革遵循的基本理念是"同案同罚"，将此理念转化为实际效果的方法是"量化量刑"。对此"理念"和"方法"，学界鲜有反对的声浪。[2] 不过，在"理念"和"方法"既定的情形下，讨论其消极性已无显著意义，关键是探寻解决问题的方法或路

---

[1] 笔者依据对上海三区法院的陪审运行的实证研究，发现刑事案件的审理中陪审员仅参与庭审定罪环节的事实认定，庭审完结就意味着陪审工作结束。参见郑成良、李文杰《人民陪审实践：法治中国语境下的考量与反思——基于上海三区法院陪审运行之研究》，《法学杂志》2016 年第 11 期。

[2] 李本森：《量刑规范化改革的"三点论"——以美国的量刑改革为参照》，载石经海、禄劲松：《量化研究》（第 1 卷），法律出版社，2014，第 7 页；虞平：《量刑与刑的量化——兼论"电脑量刑"》，《法学家》2007 年第 2 期。

径。诚如前述，弥补量刑规范化效果不足的方法或路径是民众参与机制，但一般民众毕竟欠缺量刑经验和知识，因此，有必要设计一定的量刑参考系统，为参与者提供认知和判断的指引，让其在先例引导下以自我认知和内心感悟对案件类似性和量刑标准进行判断。但为防止过度依赖先例导致量刑失衡或不公，应对陪审员的量刑参考进行机制约束。日本的经验是对裁判员以"图"和"表"的形式示为量刑参照，但不易对其进行过多解释，以免其量刑受先例的干扰或由其主导。

第三，设置合理的评议场景。我国的"陪审虚化"问题是一个极为复杂的问题，其中，官场文化是影响我国陪审效果的缘由之一，顺从法官、不敢表达是这一现象的真实写照。然而，无论是理论研究还是实践改革的着墨点是合议庭组成的设计，都忽略对参与场景的考虑。试想在"官－民"截然分离的情景下，何谈沟通、协商和共议呢？当然，消除植根于社会中的传统文化并非易事，但这也并非意味着无法改变。日本对此问题的解决采取两种方式。其一，弧形并间隔安排裁判员和法官的席位。弧形设备有利于裁判员和法官面对面地沟通或传达信息，并彰显法官与人民代表携手合作、相互协助的制度理念[①]；而席位的间隔安排则有利于消弭纠问模式下法官"高不可攀"的心理障碍，消除法官与一般参与者的身份隔阂。其二，发言顺序的安排。为减轻裁判员的心理负担，杜绝其发言受法官陈述或发言的干扰，量刑评议中应安排裁判员就事实认定、量刑依据和标准界定等优先发言，若无特殊情形，法官对量刑的建议和观点应于裁判员之后予以表达。

---

① 林裕顺：《日本裁判员制度观摩与前瞻——国民主权、时势所趋》，《月旦法学杂志》2011年第 199 期。

醉驾案件的定罪误区与纠偏[*]

——以"醉酒"证明为视角

许　炜^{**}

2011 年 5 月 1 日《刑法修正案（八）》公布施行后，我国醉驾型危险驾驶案数量迅速增加，全国一审判决数量 2011 年为 2483 件，2017 年上升至 141856 件^①，成为仅次于盗窃罪数量的刑事犯罪。2013 年 12 月 18 日公布实施的《最高人民法院、最高人民检察院、公安部关于办理醉酒驾驶机动车刑事案件适用法律若干问题的意见》（以下简称"醉驾解释"）规定，行为人血液酒精含量达到 80 毫克 /100 毫升以上的，属于醉酒驾驶机动车，依照刑法第一百三十三条之一第一款的规定，以危险驾驶罪定罪处罚。血液酒精含量检验鉴定意见是认定犯罪嫌疑人是否醉酒的依据。^② 醉驾解释的出台，成为

＊　本文由东南大学法学院刘艳红教授指导完成。

＊＊　许炜，北京大成（南京）律师事务所律师，东南大学在职研究生。

①　无讼案例网，https://www.its law.com/bj，最后访问日期：2018 年 12 月 16 日。

②　法发〔2013〕15 号《最高人民法院、最高人民检察院、公安部关于办理醉酒驾驶机动车刑事案件适用法律若干问题的意见》第 1 条第 1 款："在道路上驾驶机动车，血液酒精含量达到 80 毫克 /100 毫升以上的，属于醉酒驾驶机动车，依照刑法第一百三十三条之一第一款的规定，以危险驾驶罪定罪处罚。"第 6 条："血液酒精含量检验鉴定意见是认定犯罪嫌疑人是否醉酒的依据。犯罪嫌疑人经呼气酒精含量检验达到本意见第一条规定的醉酒标准，在提取血样之前脱逃的，可以以呼气酒精含量检验结果作为认定其醉酒的依据。犯罪嫌疑人在公安机关依法检查时，为逃避法律追究，在呼气酒精含量检验或者提取血样前又饮酒，经检验其血液酒精含量达到本意见第一条规定的醉酒标准的，应当认定为醉酒。"

"醉驾一律入刑"的助推剂。近年来对此进行理性反思的声音不断涌现，一种声音呼吁对本罪构成要件进行法益侵害的实质性判断，醉驾"一律入罪的做法既严重浪费了有限的司法资源，与刑法关于犯罪的规定不符，又曲解了从严惩治酒驾行为的立法初衷，使得刑事打击面过宽"。[①] "对醉酒型危险驾驶罪的构成要件符合性进行判断时，不能停留在法条的字面含义上。而是要进行法益侵害的实质性解释或判断。"[②] 另一种声音呼吁重建证据规则，"作为惟一能够认定被告人是否有罪的依据，血液样本的司法鉴定报告被立法者、控诉方和裁判者过度信任和倚重，导致该司法鉴定报告在整个诉讼程序中的地位畸重"。[③] 2017 年 5 月 1 日起试行的《最高人民法院关于常见犯罪的量刑指导意见（二）（试行）》中有关醉驾型危险驾驶罪的量刑意见是最高司法机关试图纠正实践中"醉驾一律入刑"现象的最新进展。[④] 笔者认为，醉驾解释确立的醉酒证明规则将血液酒精含量检验鉴定意见证明力绝对化，重建醉驾案件醉酒证明规则既是落实刑事司法证明标准的需要，也是纠正"醉驾一律入刑"的有效路径。

一　师某危险驾驶案中鉴定意见证明力争议

泰州市海陵区法院审理的师某危险驾驶案中，公诉机关指控师某于

---

①　周磊、秦波：《醉驾案件定罪问题与出罪路径研究》，《法律适用》2018 年第 11 期。

②　周磊、秦波：《醉驾案件定罪问题与出罪路径研究》，《法律适用》2018 年第 11 期。

③　刘艳红：《醉驾案件认定引入被告人对质权问题探讨》，《政法论坛》2014 年第 4 期。

④　《最高人民法院关于常见犯罪的量刑指导意见（二）（试行）》第 1 条第 1 款第 3 项："对于醉酒驾驶机动车的被告人，应当综合考虑被告人的醉酒程度、机动车类型、车辆行驶道路、行车速度、是否造成实际损害以及认罪悔罪等情况，准确定罪量刑。对于情节显著轻微危害不大的，不予定罪处罚；犯罪情节轻微不需要判处刑罚的，可以免予刑事处罚。"

2017 年 12 月 27 日醉酒后驾驶小型客车从某师范学院停车场行驶至某小区西门时被民警当场查获，血液酒精含量检验鉴定意见是被告人血液中酒精含量为 94.2mg/100mL。师某供称其因获悉小区业主与保安在小区门前发生纠纷，为帮助业主对抗保安，在驾车赶往纠纷地点途中饮酒。辩护人认为，师某驾驶行程不到 2 分钟，鉴定血液样本提取时间为停车后 1.5 小时，鉴定意见中血液酒精含量为其驾驶行为终了后 1.5 小时的血液酒精含量，根据常识和人体酒精代谢规律，师某在驾驶途中饮酒后 2 分钟内血液中酒精含量不可能达到醉酒标准，鉴定意见不具有证明力。故本案证据不足，应判决师某无罪。[①] 海陵区法院认为，被告人驾驶机动车被民警查获并带至医院抽血检验，鉴定其属醉酒驾驶机动车。判决被告人师某犯危险驾驶罪，判处拘役 2 个月，并处罚金人民币 2000 元。[②]

交警部门查处酒（醉）驾通常是交警在现场检查中发现疑似酒（醉）驾驾驶人后，要求其在现场进行呼气酒精检测，发现酒精含量达到或超过醉驾标准（80mg/100mL）时，强制其到医院或鉴定机构提取血液样本，进行血液酒精含量检验鉴定，提取血液样本的时间总是在现场查获后的一段时间，一般在 1 小时左右，甚至更长。由于人体酒精代谢存在吸收阶段和消除阶段，鉴定意见中的血液酒精含量是否能够被认定为行为人驾驶过程中的血液酒精含量，醉驾解释完全没有考虑鉴定意见可能存在的这一问题。如以驾驶人酒精吸收阶段提取的血液样本进行检验鉴定的含量为准认定其醉酒驾驶，可能导致错误入罪，本案争议问题在醉驾案件中无法回避。

---

① 江苏法院庭审直播网，http://js.sifayun.com/101/video/1447611，最后访问日期：2018 年 12 月 16 日。

② 泰州市海陵区人民法院（2018）苏 1202 刑初 325 号刑事判决书。

二　司法上的"醉酒"证明

（一）醉驾型危险驾驶罪中的"醉酒状态"

《刑法》第一百三十三条之一第一款规定："在道路上驾驶机动车，有下列情形之一的，处拘役，并处罚金：（一）追逐竞驶，情节恶劣的；（二）醉酒驾驶机动车的；（三）从事校车业务或者旅客运输，严重超过额定乘员载客，或者严重超过规定时速行驶的；（四）违反危险化学品安全管理规定运输危险化学品，危及公共安全的。"根据三阶层犯罪构成理论，被告人的行为是否符合刑法分则所规定指控罪名的客观构成要件是刑事诉讼中指控、定罪需要解决的首要问题。醉驾型危险驾驶罪的客观构成要件中的醉酒驾驶"是指醉酒状态下在道路上驾驶机动车的行为"[1]，该构成要件中的驾驶机动车时的"醉酒状态"（醉酒）则是需要证明的核心要素。然而，我国对于"醉酒状态"并没有给出明确的法律定义。

醉酒驾驶在美国、日本等发达国家早已被规定为犯罪行为，其对于醉酒状态也有相应的定义。日本德岛地方法院指出，"醉酒驾驶罪中的'醉酒状态'是指，因醉酒导致注意力减弱、对前方状况的注意力散漫等有关安全驾驶的判断力下降，并能够预料伴随相关驾驶行为的继续会造成危险的状态"。日本仙台高等法院指出，"要认定为醉酒驾驶罪中的'醉酒状态'或者'可能难以正常驾驶的状态'，需要导致正常驾驶能力产生障碍的可能性实际上具有很高的盖然性。对于'醉酒状态'的具体认定，则应综合考量体内酒精含量科学检测结果、饮酒量、身体状况（言语、行走以及站立的能力等）、机动车的驾驶状况以及其他各种情况加以认定"。[2] 在美国，醉酒状态通常在

---

[1]　张明楷：《刑法学》，法律出版社，2011，第 638 页。

[2]　参见周舟《中日道路交通犯罪比较研究》，法律出版社，2016，第 232 页。

法律上被定义为行为人因饮酒或含酒精饮料对神经系统、大脑，或肌体产生影响，使其丧失清醒的理智及本应具有的自控能力，并于一定程度下使其不能像正常人那样以合理的注意和谨慎的态度驾驶机动车的身体状况。[①] 美国不同的司法管辖区对于醉酒影响安全驾驶能力方面的规定并不一致。例如，新泽西州明确否定存在没有安全驾驶机动车能力的必要性，一般精神和肌体能力的轻微损害就足够了。然而，堪萨斯州规定，需要影响安全驾驶能力的足够损害。[②] 美国对醉酒状态的证明通常包括三类证据：表征观察证据、目击者证言和生化检测结果。表征观察证据通常是由负责逮捕的警察对嫌疑人的奇怪驾驶行为、呼出酒气、面部潮红、口齿不清、步履蹒跚、现场清醒测试等作出记录，这些证据会证明嫌疑人可能喝了多少酒，也是有关醉酒状态这一法律定义相关判断力、反应能力、协调能力损害程度的证据。生化检测结果——呼吸、血液、尿液酒精含量检测用于证明嫌疑人在测试时血液酒精含量，通常在三类证据中处于次要地位。[③] 显然，日本、美国上述关于醉驾犯罪的实质上醉酒状态的证明相当复杂，即使在不考虑司法资源耗费的情况下，裁判者或陪审团主观判断醉酒状态的程度也存在不同尺度。至2005年，美国所有的州以及哥伦比亚特区、波多黎各制定了"自身违法"法律 (illegal per se laws)，规定行为人在驾驶机动车时血液酒精含量达到或超过80mg/100mL 时即为非法，达到该含量时推定行为人为醉酒状态。[④] 因自身

[①] See Lawrence Taylor, J.D., Steven Oberman, J.D., *Drunk Driving Defense*, Published by Aspen Publishers, 7th ed.(2010), at 32.

[②] See Lawrence Taylor, J.D., Steven Oberman, J.D., *Drunk Driving Defense*, Published by Aspen Publishers, 7th ed.(2010), at.34.

[③] See Lawrence Taylor, J.D., Steven Oberman, J.D., *Drunk Driving Defense*, Published by Aspen Publishers, 7th ed.(2010), at 35.

[④] https://www.nhtsa.gov/sites/nhtsa.dot.gov/files/documents/812394-digest-of-impaired-driving-and-selected-beverage-control-laws.pdf, Digest of Impaired Driving and Selected Beverage Control Laws Thirtieth Edition, at vii.

违法被指控的被告人是否确实为醉酒状态与定罪已没有关联，而是取决于其驾驶时血液酒精含量是否达到或超过 80mg/100mL。

2011 年 5 月 1 日醉驾入刑后，我国司法实践中普遍采用 GB19522-2004《车辆驾驶人血液呼气、酒精含量阈值与检验》中的醉酒阈值认定驾驶人醉酒驾驶，而不是以实质上的醉酒状态认定驾驶人醉酒驾驶。该标准不但规定了车辆驾驶人醉酒阈值为 80mg/100mL，并且规定了"醉酒驾车"的概念，即车辆驾驶人员血液中的酒精含量大于或者等于 80mg/100mL 的驾驶行为。[①] 该标准于 2011 年 7 月 1 日被 GB19522-2010《车辆驾驶人员血液、呼气酒精含量阈值与检验》（下称"GB19522-2010"）代替，GB19522-2010 醉酒阈值仍为 80mg/100mL，[②] 但删除了"醉酒驾车"的概念。醉驾解释规定"在道路上驾驶机动车，血液酒精含量达到 80 毫克 /100 毫升以上的，属于醉酒驾驶机动车"，则是在司法上明确采纳了标准中的醉酒阈值，并以此推定被告人"醉酒状态"，而不要求实质上"醉酒状态"的证明，这与美国各州规定以血液酒精含量达到或超过 80mg/100mL 推定醉酒的醉驾犯罪是一致的。醉酒推定的规定使得醉驾案中醉酒状态的证明相对简单，有利于统一裁判尺度，兼顾了公平与效率，也体现了从严治理醉驾的刑事政策。然而，最高人民法院相关司法观点认为，如果在任何情况下都要求将血液酒精含量鉴定意见作为认定醉酒的唯一依据，则不利于预防和遏制醉驾犯罪，要穷尽一切手段收集能够证明行为人在驾驶时处于醉酒状态的各类证据。具体包括：关于行为人喝酒的时间、品种、数量、度数以及驾车时的状态等情节的证人证言；目击证人或者被害人描述行为人肇事后步态、神态等状况的证言；证实行为人饮酒、驾车离开时的饭店监控录像、道路监控录像等视听资料；对于行为人逃逸后不久即被抓获，体内还能检出血液酒精含量，但低于

---

① 参见 GB19522-2004《车辆驾驶人血液、呼气酒精含量阈值与检验》第 3.4 条、第 4.1 条。

② 参见 GB19522-2010《车辆驾驶人员血液、呼气酒精含量阈值与检验》第 4.1 条。

80mg/100mL 的，可以委托专业人员按照业内通行的 10mg/100mL·h 的血液清除率推算行为人驾驶时的血液酒精含量；根据有关证人证言、监控录像等证据证实的行为人饮酒的时间、品种、数量、度数以及驾驶间隔的时间等情节进行侦查实验，"还原"行为人驾驶时的状态后，提取其血液样本送检。如果血液酒精含量达到 80mg/100mL，结合上述证据，可以认定行为人驾驶时呈醉酒状态。[①] 由此可见，以血液酒精含量推定醉酒状态的规定在司法实践中仍被挑战。

（二）现有醉驾型危险驾驶罪的醉酒证明规则

我国刑事诉讼遵循证据裁判原则。"证据裁判原则，就是司法裁判必须建立在证据的基础之上，或者说，必须通过证据来认定案件事实，没有证据的存在也就没有案件事实的认定。"[②]《刑事诉讼法》第 53 条规定"对一切案件的判处都要重证据"；第 48 条规定"证据必须经过查证属实，才能作为定案的依据"。《办理死刑案件证据规定》第 2 条规定"认定案件事实，必须以证据为根据"等是证据裁判原则的体现。为了落实证据裁判原则，指导刑事诉讼中收集、运用证据，我国形成了以法律、司法解释、司法文件，以及指导性案例等方式明确普遍适用的收集、运用证据的一些具体规范和准则，这些规范和准则形成相应证据规则，如非法证据排除规则、瑕疵证据补正规则、证据相互印证规则等。此外，为规范某类（种）犯罪在证据审查认定时审判人员的自由裁量权，统一司法证明标准，司法机关也规定了一些特殊的证据规则。醉驾型危险驾驶罪的核心证明对象是醉酒状态，醉驾解释的主要内容就是关于醉酒的证明规则，我国初步构建了以醉酒推定规则、血液

---

① 参见赖武、黄超荣、高明黎、周锋《孔某危险驾驶案——醉驾逃逸后找人"顶包"，并指使他人提供虚假证言，导致无法及时检验血液酒精含量的案件，如何处理》，载《刑事审判参考》（总第 94 集），法律出版社，2014，第 78 页。

② 李苏林：《证据裁判原则下的案件事实认定》，《山西大学学报》（哲学社会科学版）2015 年第 2 期。

酒精含量化学检验证明规则、血液酒精含量检验鉴定意见绝对证明力规则的体系。

1. 醉酒推定规则

醉驾型危险驾驶罪属于抽象危险犯，抽象危险犯的立法虽然不要求公诉机关证明被告人行为已造成实害或具体危险，但是要求其证明被告人的醉酒驾驶行为确实存在令实害发生的可能性。[①] 根据该观点，检察机关指控本罪应承担被告人实质上醉酒状态的证明责任，即被告人因饮酒或含酒精饮料对其神经系统、大脑及肌体的影响，使得其安全驾驶所需要的判断能力、反应能力、协调能力受损，可能危害公共安全的身体状态。日本和美国传统醉驾法律要求证明实质上的醉酒状态，表征观察证据具有相当重要的地位。由于个体在性别、体重、酒精耐受力等方面的不同，每一个体在醉酒状态时的血液酒精含量不可能一致，甚至同一个体由于身体状态和心境等不同，其醉酒时的酒精含量也会不同。因此，血液酒精含量仅是判断醉酒状态的证据之一，而不是决定性证据。危险驾驶罪所侵害的法益是公共安全，实质上醉酒状态是危害公共安全的潜在危险，因此，需要以实质上的醉酒状态认定危险驾驶罪体现刑罚公平。然而，实质上醉酒状态的证明必然以耗费大量司法资源为代价，使得公平与效率失衡。

"根据证据裁判原则，认定案件事实需要根据证据加以证明，没有证据或者未经司法证明，任何事实都不能被认定为真实的。但作为这一原则的例外，有些事实不需要提出证据或通过司法证明就可以得到认定。"[②] 推定就属于这样的例外。"具体说来，推定是一种根据所证明的基础事实来认定推定事实成立的方法。其中，基础事实的成立，是认定推定事实成立的前提；而

---

① 参见刘磊《认定醉酒驾驶行为的抽象危险应排除合理怀疑——兼谈认定醉酒驾驶行为的证明方法及证明规则》，《法商研究》2014 年第 4 期。

② 陈瑞华：《刑事证据法学》，北京大学出版社，2012，第 264 页。

推定事实的成立，并不是根据基础事实直接推导出来的结论，而是法官运用推定规则所作的法律认定；在基础事实与推定事实之间，并没有建立必然的因果关系，而可能存在一种逻辑推理上的跳跃。"[①] 醉驾解释规定行为人血液酒精含量达到 80mg/100mL 的，属于醉酒驾驶机动车，属于醉酒推定规则。推定醉酒的血液酒精含量达 80mg/100mL 属于基础事实，醉酒状态属于推定事实，尽管个体达到醉酒状态时的血液酒精含量存在差别，如丛斌教授所言"有人 100 毫升血液中只有 40 毫克酒精就已经酩酊大醉，有人 100 毫克还跟没喝似的"[②]，结合国际上醉驾立法经验，特别是美国各州制定的"自身违法"法律[③] 和我国实际，以血液酒精含量达 80mg/100mL 推定醉酒状态具有合理性和可操作性，该规则在既有醉酒证明规则体系中居基础地位。

2.血液酒精含量化学检验证明规则

美国适用传统醉驾法律指控的醉驾犯罪中证明醉酒状态的证据包括标准现场清醒测试在内的表征观察证据和化学测试等。标准现场清醒测试由三项测试组成，包括水平性眼震测试、直行与转身测试和单脚直立测试。标准现场清醒测试能够帮助警察确认被测试者受酒精影响的程度，并以此作为逮捕的理由之一，且在法庭上可以作为有效的证据使用。标准现场清醒测试是一种自愿性测试，当警察认为被测试者有可能是醉驾时，警察就会进入下一步的化学测试，此时被测试者需要提供呼吸、血液和尿液样本进行测试。如果司机拒绝进行化学测试就会带来严重的后果，包括：直接作为一项独立的罪名起诉；作为长时间吊销或者暂扣驾驶执照的依据；在审判中被用来作为

---

① 陈瑞华：《刑事证据法学》，北京大学出版社，2012，第 265 页。

② 王亦君、李馨：《醉驾入刑执法标准是否需要改进》，《中国青年报》2012 年 3 月 22 日，第 11 版。

③ 亦有称之为"自证法"（per se laws），See Lawrence Taylor, J.D., Steven Oberman, J.D., *Drunk Driving Defense*, Published by Aspen Publishers, 7th ed.(2010), at 43；朱嘉珺、李晓明《美国"毒驾"的法律规制及对我国的借鉴作用》，《南京社会科学》2014 年第 11 期。

"有罪证据"。一些州规定司机拒绝进行化学测试后，警察可在向法庭申请搜查证后强制司机提供测试样本。[①] 适用自证法（per se laws）指控醉驾犯罪时，血液酒精含量检测结果成为认定被告人醉酒的唯一证据。

醉驾解释规定血液酒精含量检验鉴定意见是认定犯罪嫌疑人是否醉酒的依据，犯罪嫌疑人呼气酒精含量检测达到 80mg/100mL，在提取血样之前脱逃的，可以以呼气酒精含量检测结果作为认定其醉酒的依据。[②] 这一规定确立了血液酒精含量化学检验证明规则，其含义包括：（1）血液酒精含量只能通过化学检验证据加以证明；（2）化学检验证据包括血液酒精含量鉴定意见和呼气酒精含量检测结果；（3）以血液酒精含量检验鉴定意见认定被告人血液酒精含量，特定情形下呼气检验结果替代证明。GB19522-2010 规定："车辆驾驶人员饮酒后或者醉酒驾车时的酒精含量检验应进行呼气酒精含量或者血液酒精含量检验。对不具备呼气或者血液酒精含量检验条件的，应进行唾液酒精定性检测或者人体平衡试验评价驾驶能力。"[③] 这一标准明确了我国醉酒驾驶适用的四种检验、检测方法，即呼气、血液、唾液的化学检验方法和人体平衡试验，其中呼气和血液的化学检验方法为强制性的，唾液检验和人体平衡试验为推荐适用。醉驾解释未将唾液检验和人体平衡试验规定为证据，呼气检测、血液检验鉴定均为人体血液酒精含量化学检验方法，因此，血液酒精含量化学检验成为证明醉酒的法定证据。2011 年醉驾入刑时，司法机关尚未规定醉酒驾驶证明规则，"有的案件既无呼气酒精测试结果，也无当事人血液酒精测试结果，只有相关旁证证明，当事人可能是酒后驾车，有

---

① 参见吴栋梁《美国醉驾制度的法律分析及可借鉴性》，苏州大学 2013 年硕士学位论文。

② 参见法发〔2013〕15 号《最高人民法院、最高人民检察院、公安部关于办理醉酒驾驶机动车刑事案件适用法律若干问题的意见》第 6 条。

③ 参见 GB19522-2010《车辆驾驶人员血液、呼气酒精含量阈值与检验》第 5.1 条。

可能成立醉驾型危险驾驶罪"。① 例如袁某醉驾案。袁某驾车载乘其妻胡某、朋友姚某到邻镇赴宴,醉酒超速逆向行驶,致骑乘摩托车 2 人当场死亡。袁某让妻子胡某为其顶罪,并让姚某作伪证。后胡某到公安机关"投案",称肇事车辆系其驾驶。胡某"顶包"把戏终被戳穿,公安机关对已被确定为肇事嫌疑人的袁某进行抽血测试,但此时袁某血液酒精含量已远低于醉驾标准。从酒精测试结果出发,不能认定袁某为醉驾或酒驾,但警察从陪同的姚某和一起喝酒的朋友以及饭店服务员处获取旁证,司法机关最终认定袁某"酒后"驾驶成立。由于致死两人不能仅认定为危险驾驶罪,司法机关最终认定袁某构成交通肇事罪,对袁某按照交通肇事罪从重处罚。② 最高人民法院相关司法观点认为,"只要间接证据达到确实、充分的证明程度,能够排除合理怀疑的,仍可据此认定为醉酒驾驶。只是在这种情况下,对取证要求更高,要穷尽一切手段收集能够证明行为人在驾驶时处于醉酒状态的各类证据"。③ 该观点显然是以实质上的醉酒状态替代醉酒推定规则,其结果不但会造成醉酒推定规则混乱,也会造成控方与被告方权利失衡。因为,控方在已被赋予血液酒精含量检验结果达 80mg/100mL 推定醉酒这一"武器"的情况下,又被赋予另一醉酒状态证明的手段,而被告方却无法以未达实质上醉酒状态的证据反驳血液酒精含量达 80mg/100mL 时推定的醉酒结论。

3.血液酒精含量检验鉴定意见绝对证明力规则

被告方无法以未达实质上醉酒状态的证据反驳血液酒精含量达 80mg/100mL 时推定的醉酒结论,这是由于醉驾解释规定"血液酒精含

① 刘艳红:《醉驾型危险驾驶罪刑事证据规则研究——基于刑事一体化的尝试性构建》,《法律科学(西北政法大学学报)》2014 年第 2 期。

② 参见刘艳红《醉驾型危险驾驶罪刑事证据规则研究——基于刑事一体化的尝试性构建》,《法律科学(西北政法大学学报)》2014 年第 2 期。

③ 赖武、黄超荣、高明黎、周锋:《孔某危险驾驶案——醉驾逃逸后找人"顶包",并指使他人提供虚假证言,导致无法及时检验血液酒精含量的案件,如何处理》,载《刑事审判参考》(总第 94 集),法律出版社,2014,第 78 页。

量检验鉴定意见是认定犯罪嫌疑人是否醉酒的依据"。所谓"依据"就是定案根据，这实质上是当鉴定意见被认为具有证据能力的情况下，直接赋予鉴定意见对醉酒的绝对证明力。"驾驶人员血液酒精含量是否达到 80mg/100mL，是判断其是否构成危险驾驶罪的唯一标准。换言之，在醉驾案中，只要被告人血液酒精含量达到 80mg/100mL，没有其他证据也可证明醉驾犯罪成立。"[①] 证据的证明力是指证据所具有的能够证明某一事实（证明对象）存在或不存在的能力，证明力包含证据的真实性和相关性（关联性）两个方面。"真实性其实是对证明力所作的'定性'，一个证据真实与否，不存在程度高低强弱问题，而只存在着'有'或'无'的问题。相反，相关性则带有'定量'的特性，一个证据的相关性固然存在着是否'存在'的问题，但在大多数情况下，那些具有相关性的证据也还存在着相关性高低强弱的问题。"[②] "对证据的证明力，应当根据具体情况，从证据与待证事实的关联程度、证据之间的联系等方面进行审查判断。证据之间具有内在联系，共同指向同一待证事实，不存在无法排除的矛盾和无法解释的疑问的，才能作为定案的根据。"[③] 醉驾解释规定"血液酒精含量检验鉴定意见是认定犯罪嫌疑人是否醉酒的依据"，有多层含义：一是只要有鉴定意见，无须其他证明血液酒精含量的证据，如呼气检测；二是即使有其他血液酒精含量证据，不论结果是否与鉴定意见一致，只能以鉴定意见认定是否醉酒；三是其他与被告人醉酒状态有关的证据，如外在体征、驾驶状态等不作为认定醉酒的依据；四是审判人员无须运用逻辑和经验法则对鉴定意见证明力进行审查判断，而是

---

① 赖武、黄超荣、高明黎、周锋：《孔某危险驾驶案——醉驾逃逸后找人"顶包"，并指使他人提供虚假证言，导致无法及时检验血液酒精含量的案件，如何处理》，载《刑事审判参考》（总第 94 集），法律出版社，2014，第 148 页。
② 陈瑞华：《刑事证据法学》，北京大学出版社，2012，第 80 页。
③ 《最高人民法院关于适用〈中华人民共和国刑事诉讼法〉的解释》第 104 条第 2 款、第 3 款。

直接以鉴定意见中的血液酒精含量认定被告人是否醉酒。这实质上赋予了血液酒精含量检验鉴定意见绝对证明力，使之成为"证据之王"。笔者检索发现公开醉驾案件裁判文书中未见有否定鉴定意见真实性、相关性的判决，偶有否定鉴定意见均源于对鉴定意见证据能力方面的异议，比如取样程序、血样保存、鉴定人资格、鉴定方法等方面的缺陷。

醉驾解释规定血液酒精含量鉴定意见是认定犯罪嫌疑人是否醉酒的依据，然而，血液检验鉴定需要在医院或鉴定机构提取驾驶人血液样本，如果驾驶人不配合或逃避提取血样，则无法进行鉴定。美国有"默示同意"规则，驾驶人拒绝化学测试可以直接作为一项独立的罪名起诉。[①] 我国没有这样类似的规定，实践中对暴力拒绝测试的行为可能以妨碍公务罪起诉。为防止涉嫌醉驾人员脱逃，交警实质上会强制提取血样，如《江苏省驾驶人血样提取及酒精含量检测工作规范》第 8 条规定："对涉嫌酒后驾驶的车辆驾驶人提取血样，应由两名以上民警负责监护。"但是，实践中已经进行呼气检测后涉嫌醉驾的驾驶人逃脱，以致无法提取血液样本的情况仍十分常见，血液酒精含量检验鉴定意见绝对证明力规则在驾驶人不配合或逃避提取血样时无法适用。因此，醉驾解释在规定"血液酒精含量检验鉴定意见是认定犯罪嫌疑人是否醉酒的依据"的同时，规定"犯罪嫌疑人经呼气酒精含量检验达到本意见第一条规定的醉酒标准，在提取血样之前脱逃的，可以以呼气酒精含量检验结果作为认定其醉酒的依据"。其明确了特定情形下呼气酒精含量检验结果具有证明血液酒精含量的证明力，该规定成为血液酒精含量检验鉴定意见绝对证明力规则的例外。

---

① 参见吴栋梁《美国醉驾制度的法律分析及可借鉴性》，苏州大学 2013 年硕士学位论文，第 20 页。

三　现行醉酒证明规则的主要争议及误区

（一）醉酒推定与实质上醉酒证明

根据推定醉酒规则，公诉机关无须证明被告人酒后驾驶可能给公共安全带来危险的实质上的醉酒状态，也不接受被告方对推定醉酒的反证。然而，有学者和司法工作者对这一规则提出质疑。如"对醉酒型危险驾驶罪的构成要件符合性进行判断时，不能停留在法条的字面含义上。而是要进行法益侵害的实质性解释或判断。具体案例中一旦认定无法益侵害或危险或违法性程度过度轻微，我们就认为行为不符合构成要件，就不可能构成犯罪"。[①]

应当"建立一种以醉酒状态血液酒精含量标准为基础的，以醉驾行为的各种客观情形考察为重要参考的综合性醉驾危险性评价体系"。[②] "如由于驾驶者酒量不同，机动车驾驶人虽未达到血液 100 毫升 0.8 毫克的醉酒标准值，但已不胜酒力、完全丧失安全驾驶之控制能力者，其行为实际上已经是具有相当危险性的醉酒驾驶，但在司法中仍依客观酒精含量数值推定则仅属于酒后驾驶而不达醉酒入罪标准，显见不合理性。因此纯粹以酒精含量标准作为醉酒驾驶行为入罪的绝对认定标准是否符合危险犯理论上之客观判断原则，值得商榷。"[③] "仅以 BAC 值达到 80mg/100mL 来判定行为人醉酒驾驶显然不能使人信服，亦不符合刑事犯罪证明标准的要求。在这种情况下，如果行为人能够举出反证证明自己虽然实施了酒后驾车的行为，但该行为并不

---

① 周磊、秦波：《醉驾案件定罪问题与出罪路径研究》，《法律适用》2018 年第 11 期。
② 徐敏：《醉驾不应一律入罪及其法治路径——犯罪构成要件及司法认定的视角》，《江西社会科学》2016 年第 8 期。
③ 李川：《论危险驾驶行为入罪的客观标准》，《法学评论》(双月刊)2012 年第 4 期。

具有危害公共安全的抽象危险,那么就应该允许行为人提出反证来证明自己的行为并不满足'醉酒型'危险驾驶罪成立所需的构成要件。"[1] "行为人并非只要达到醉酒的程度且在道路上实施了驾驶机动车的行为就成立犯罪,而是要求其行为具有危害公共安全的抽象危险才成立犯罪。在此场合,立法者推定只要行为人实施了相应的行为就类型性地具备这样的危险,但是允许行为人反证并不存在这样的危险。如此,就可以在一定程度上限制该罪的成立范围,部分缓解国家在监禁资源等方面面临的压力。"[2] 上述观点在出罪和入罪角度,均认为不应绝对以血液酒精含量醉酒阈值作为入罪标准,而应综合考量实质上的醉酒状态,日本和我国台湾地区是这种模式的典型代表。德国"存在绝对酒精含量标准与相对酒精含量标准,但此种标准并非直接界定罪与非罪的司法标准,而是仅作为司法衡量中刑事责任确证之方法参考。当驾驶者酒精含量达致较高的绝对酒精含量(相当于我国的0.8mg/100mL)时,行为之危险的'显见可能性'可直接推定,勿需考察其他证据即可确认该驾驶行为已符合客观构成要件要素。而当驾驶者酒精之浓度仅达致相对酒精含量(相当于我国的0.2mg/100mL)时,行为之危险程度的判断需结合其他个体证据因素,如走S线、延展平衡等来衡量是否构成完全丧失驾驶能力、对交通安全法益构成'显见可能'的危险"。以实质上醉酒作为危险驾驶罪的入罪标准确实有利于醉驾案中秩序和公平的实现。

刑事诉讼中应当兼顾秩序、自由、公平和效率多元价值,力求达成平衡。[3] 我国拥有14亿人口,幅员辽阔,醉驾案件基数庞大,地区发展不平衡,办案条件参差不齐,对醉酒进行实质性证明需要投入大量司法资源,即

---

[1] 蒋寻:《"醉酒型"危险驾驶罪证据采信规则研究》,苏州大学2015年硕士学位论文,第5页。

[2] 付立庆:《应否允许抽象危险犯反证问题研究》,《法商研究》2013年第6期。

[3] 参见卞建林《刑事证明理论》,中国人民公安大学出版社,2004。

便如此，司法人员整体素质由于不容乐观，难以实现个案真正的公平。公安机关更有可能出于畏难或节约办案成本失去查处醉驾的动力，其结果适得其反。此外，实质上醉酒的证明将导致更容易入罪，寻求出罪目标不易达成。因为证明路径的增加就是侦查机关证明犯罪手段的增加，而对于被告人来说，其反证未实质上醉酒远比侦查机关证明实质上醉酒更难，"穷尽一切手段收集能够证明行为人在驾驶时处于醉酒状态的各类证据"[①] 的观点会大行其道。以实质上醉酒的证明限制血液酒精含量阈值推定醉酒的适用，或赋予被告人反证其未达实质上醉酒状态理论上有利于出罪，然而，这样的规则仍然存在疑问，就是未达醉酒阈值，已为实质上醉酒状态的驾驶行为人不入罪缺乏正当性，侦控机关难以认同这样的规则。作为抽象危险的醉驾型犯罪一般没有实害后果，该类案件基本上是交警在道路执勤执法时的抽查中发现的，未被查获的醉驾数量可能远超过被查处的数量，因此，在现有条件下以公平为优先价值惩罚醉驾行为是不现实的，而只能通过对醉驾行为人的处罚以实现刑罚威慑功能，最大限度预防醉驾。美国醉驾立法是在"庞大的律师从业人员根据科学和从业经验，对各种醉驾测试进行无孔不入的质疑"[②] 的长期历史发展中不断完善的，在实施了数十年传统醉驾法律后，各州普遍制定了与传统醉驾法律并存的"自证法"，以血液酒精含量的 80mg/100mL 作为入罪依据。尽管屡有挑战"自证法"合宪性的案例，但鲜有成功的。*Burg v. Municipal Court* 一案中，加利福尼亚最高法院认为"饮酒已接近或超过规定水平驾驶机动车，既非'无罪'，也非没有'公正警告'。他饮酒的这一确切

---

① 赖武、黄超荣、高明黎、周锋：《孔某危险驾驶案——醉驾逃逸后找人"顶包"，并指使他人提供虚假证言，导致无法及时检验血液酒精含量的案件，如何处理》，载《刑事审判参考》（总第 94 集），法律出版社，2014，第 78 页。

② 杨志琼：《美国醉驾的法律规制、争议及启示》，《法学》2011 年第 2 期。

事实应提醒一个有正常智力的人处于违反法律的危险之中"。[1] 我国以醉酒阈值推定醉酒与美国各州制定的"自证法"类似，在当前乃至今后相当时期内具有合理性。

（二）呼气检测含量的证明价值

醉驾解释确立了血液酒精含量化学检验证明规则，呼气检测结果和血液检验鉴定意见成为认定被告人血液酒精含量的两种证据，除因在提取血液样本前脱逃未能进行血液检验鉴定外，呼气检测结果不作为认定醉酒的依据。该规则可能基于两种检测方法理论上可靠性的判断，然而，血液检验鉴定意见一定比呼气检测结果在证明被告人驾驶时的血液酒精含量证明力更高吗？

1. 两种检测方法本无优劣、顺位之分

呼气酒精含量检测和血液酒精含量检验都是 GB19522-2010 规定的驾驶人员血液酒精含量强制性检验方法，作为国家强制性标准已列入的检验方法应当被认为具有科学性、实用性和可行性。其中呼气酒精含量检测规定使用符合 GB/T21254 的呼出气体酒精含量检测仪，并按操作要求进行检验[2]，现行检测仪标准为 GB/T21254-2017《呼出气体酒精含量检测仪》。血液酒精含量检验规定按照 GA/T105 或 GA/T842 规定的检验方法[3]，由于公安部于 2013 年 5 月 6 日以"技术方法不可用"宣布废止 GA/T105-1995[4]，现行标准为 GA/T842-2009《血液酒精含量的检验方法》。尽管呼气检测是血液酒精含量的间接检验方法，即呼气酒精含量按 1：2200 的比例关系换算成血液酒

① See Lawrence Taylor, J.D., Steven Oberman, J.D., *Drunk Driving Defense*, Published by Aspen Publishers, 7th ed.(2010), at 46.
② 参见 GB19522-2010《车辆驾驶人员血液、呼气酒精含量阈值与检验》第 5.2 条。
③ 参见 GB19522-2010《车辆驾驶人员血液、呼气酒精含量阈值与检验》第 5.3 条。
④ 《公安部关于废止 440 项公共安全行业标准的公告》，http://www.cqafxh.org/index.php?m=content&c=index&a=show&catid=12&id=250，最后访问日期：2018 年 12 月 16 日。

精含量，[①] 但 GB19522-2010 在 5.1 条中规定"车辆驾驶人员饮酒后或者醉酒后驾车时的酒精含量检验应进行呼气酒精含量检验或者血液酒精含量检验"，因此呼气酒精含量检测和血液酒精含量检验是选择性的，没有优劣或顺位之分。美国一些州，如华盛顿州修改了法律，以呼气酒精含量检测取代血液酒精含量检验。[②]

2. 呼气酒精含量检测结果理论上更接近驾驶过程中的血液酒精含量

构成醉驾型危险驾驶罪在客观上必须是行为人在醉酒状态下驾驶机动车，即在驾驶机动车的过程中处于醉酒状态，因此，驾驶人在驾驶过程中血液酒精含量达到醉酒阈值才应当是推定醉酒的基本事实。"现有研究表明，乙醇进入人体后，吸收、分布、代谢有一般规律，通过血液循环运至大脑，作用于脑中枢神经细胞膜上的某些酶，影响细胞功能，从而影响自我行为控制能力。"[③] "酒精在进入人体后将经历两个阶段。（1）快速扩散阶段：酒精进入肠胃后很快被吸收入血液。（2）消除阶段：血液中的酒精绝大部分都要经过肝脏转化为乙醛，再被氧化成乙酸，乙酸进入组织被氧化成二氧化碳和水，同时放出一定的热量。其中血液中的酒精只有 5%—10% 直接随呼气、汗液及尿液排出。"[④] 不同个体、不同酒类、不同饮用速度的检测结果虽有所不同，但人体血液酒精含量均具有吸收和消除的动态过程。"血液中酒精浓度在饮酒后 60 ~ 90min 达到高峰，然后逐渐代谢消除。"[⑤] 由于没有在驾驶过程中获得驾驶人血液酒精含量数据的技术手段，查处醉驾总是在车辆停驶

① 参见 GB19522-2010《车辆驾驶人员血液、呼气酒精含量阈值与检验》第 4.2 条。

② See Lawrence Taylor, J.D., Steven Oberman, J.D., *Drunk Driving Defense*, Published by Aspen Publishers, 7th ed.(2010), at 45.

③ 白璐、廖林川、颜有仪：《酒的种类对乙醇代谢动力学的影响》，《证据科学》2008 年第 3 期。

④ 李鸿燕、楼永明、邹惟一：《关于酒精含量在血液中变化规律的研究》，《湖北大学学报》（自然科学版）2006 年第 4 期。

⑤ 刘明开、韩玉华：《浅析酒精含量检验的影响因素》，《中国法医学杂志》2012 年第 27 卷。

后获取驾驶人的呼出气体、血液样品进行酒精含量检验，停驶后多长时间获取样本也不确定，但获取样本相较于驾驶过程一定具有滞后性，严格地说，无论呼气检测，还是血液检验鉴定，由于获得样本的滞后性，检测、鉴定的血液酒精含量数据一定不是驾驶过程中的血液酒精含量，呼气检测含量对应的时间是现场检测时间，血液酒精含量检验鉴定含量对应的是在鉴定机构或医院提取血液样本的时间。为了使鉴定数据更加接近驾驶人在驾驶时的血液酒精含量，也为了防止检验滞后导致驾驶人血液酒精含量下降而无法对其进行追诉，实践中交警会尽量在现场检查后，争取在较短时间内对涉嫌醉驾的驾驶人提取检验血样。公安部规定，交通民警在进行道路执勤执法检查中发现机动车驾驶人有酒后驾驶机动车嫌疑的，应立即进行呼气酒精测试，对涉嫌醉酒驾驶机动车、当事人对呼气酒精检测结果有异议，或者拒绝配合呼气酒精检测等测试方法以及涉嫌饮酒后、醉酒驾驶机动车发生交通事故的，应当立即提取血样检验血液酒精含量（醉驾解释发布施行后，对呼气检测中发现达到醉驾标准的，无论是否有异议一律提取血样进行血液检验鉴定）。[①]在美国，一些州规定查处醉驾需要提取血样时，应当取得法庭搜查证，然而，获取法庭许可会延迟提取血样，如果延迟提取可能因为酒精代谢使犯罪嫌疑人血液酒精含量下降至非醉酒含量的紧急状态，警察可以在无搜查证的情况下强制获取血样。[②]美国大部分州还规定驾驶行为停止后一定时间内（一般为两小时）检测血液酒精含量推定为被告人驾驶时的含量，该推定为可以反驳的推定，即被告通过提供他在驾驶机动车时的血液酒精含量低于检测时的含量的证据推翻检测结果。例如，提供最近饮酒的证据，

[①] 参见公交管〔2011〕190号《公安部关于公安机关办理醉酒驾驶机动车犯罪案件的指导意见》第1条。

[②] See *MISSOURI v. MCNEELY*, https://www.supremecourt.gov/opinions/12pdf/11-1425_cb8e.pdf，最后访问日期：2018年12月16日。

证明检测时酒精浓度上升阶段。在我国，提取血液样本晚于呼气检测，通常可能在现场查获后 30 分钟到 1 小时，甚至更长时间，理论上讲，检验结果一定与呼气检验结果存在较大差距，呼气检验结果更接近驾驶过程中的血液酒精含量。

3. 规范的呼气检测误差属于可接受范围

不可否认，由于血液酒精含量检验鉴定直接精确分析血液中酒精含量，而呼气检测结果检测呼出气体酒精含量转换后的血液酒精含量，理论上来说血液检验鉴定准确性更高。根据 GB/T21254-2017，醉酒含量范围内检测仪使用时最大允许误差为 0mg/100mL—— 0.040mg/100mL(已换算血液酒精含量) 或 0mg/100mL—— 15%，取其中的绝对值大者。[①] 实践中对被告人多次呼气检测的数据之差往往超过该范围，如在潘定雄危险驾驶案中，三次呼气检验结果分别为 64mg/100mL、89mg/100mL、79mg/100mL。[②] 呼气检测误差主要受检测方法的影响，如吹管污染，或检测时有胃液的反流或呕吐，那么，这个人的口腔中会有很高浓度的酒精，这时进入仪器里的酒精气体并不全来自肺泡，测量得到的结果会明显高于血液中的酒精浓度。[③] 为避免打嗝、喷嚏、嗳气、呕吐等对检测结果的影响，美国要求警察在检测前必须指导嫌疑人清洁口腔，并仔细观察 15—20 分钟，否则检测结果无效。[④] 我国对于呼气检测没有严格规范要求，使用非标、不合格检测仪十分常见。如在兰林危险驾驶案中，呼气检测含量为 27mg/100mL，使用的检测仪是一款快速筛查酒驾嫌疑的测试仪，只能作定性判断，不能做

---

① 参见 GB/T21254-2017《呼出气体酒精含量检测仪》第 4.7.1 条、第 4.7.2 条。
② 裁判文书网:(2017) 渝 0233 刑初 60 号刑事判决书。
③ 参见崔厚祥、吴健鸥、林福、潘卫江《当前呼气检测酒驾若干问题的分析》,《道路交通管理》, 2012, 第 54 页。
④ See Lawrence Taylor, J.D., Steven Oberman, J.D., *Drunk Driving Defense*, Published by Aspen Publishers, 7th ed.(2010), at 547-548.

定量分析，其显示数值仅为参考①，这一定不是个别现象。在规范检验程序和方法，最大限度减少人为因素影响的前提下，呼气检测误差不至于导致被告人被错误入罪。

血液检验鉴定有明确的实验室条件要求和检验标准，检验鉴定人员也应当具有相应的检验资格，与呼气检测相比显得更专业，准确性更有保证。为了解相关情况，笔者检索了无讼案例网公开的相关地区 2017 年一审普通程序审理的醉驾型危险驾驶案中呼气酒精含量和血液酒精含量同时达醉酒阈值的裁判文书（见表1）。

表1　无讼案例网公开的相关地区 2017 年一审普通程序审理的醉驾型危险
　　　驾驶案中呼气酒精含量和血液酒精含量同时达醉酒阈值的裁判文书

单位：mg/mL

地区	案号	呼气含量	鉴定含量
北京市	（2017）京 0112 刑初 888 号	161	132.2
	（2017）京 0102 刑初 388 号	218	211.3
	（2017）京 0102 刑初 94 号	211	216.6
	（2017）京 0105 刑初 1799 号	58	240
	（2017）京 0112 刑初 275 号	162	125.6
	（2017）京 0114 刑初 289 号	261	246
江苏省	（2017）苏 0703 刑初 236 号	101	163
	（2017）苏 0703 刑初 271 号	194	244
	（2017）苏 0706 刑初 558 号	113	107
浙江省宁波市	（2017）浙 0225 刑初 179 号	128	143
	（2017）浙 0203 刑初 184 号	152	214
	（2017）浙 0212 刑初 605 号	148	137
	（2017）浙 0282 刑初 750 号	187	213
	（2017）浙 0225 刑初 165 号	239	277

① 裁判文书网：（2017）鄂 03 刑终 121 号刑事判决书。

续表

地区	案号	呼气含量	鉴定含量
	（2017）浙 0225 刑初 219 号	150	190
	（2017）浙 0212 刑初 628 号	103	99
	（2017）浙 0203 刑初 221 号	136	181
	（2017）浙 0282 刑初 757 号	186	210
	（2017）浙 0282 刑初 1168 号	238	268
	（2017）浙 0212 刑初 1127 号	245	267
	（2017）浙 0203 刑初 61 号	89	105
	（2017）浙 0211 刑初 117 号	123	129
	（2017）浙 0212 刑初 673 号	193	158
	（2017）浙 0211 刑初 82 号	106	118

从表 1 中发现：一是含量数值精确度不统一，北京市鉴定含量精确到 0.1mg（全国有其他地区精确到 0.01mg），江苏省和宁波市精确到 1mg；二是宁波市鉴定含量大体高于呼气含量，北京市鉴定含量大部分低于呼气含量。两种现象给笔者带来对鉴定意见准确性的怀疑。比较被告方在法庭上对两种证据的质证，会发现对呼气检测结果的质证会更容易。醉驾解释规定公安机关在查处醉酒驾驶机动车的犯罪嫌疑人时，对查获经过、呼气酒精含量检测和提取血样过程应当制作记录；有条件的，应当拍照、录音或者录像；有证人的，应当收集证人证言。呼气检测可以通过检测时的照片、执法录像核实检测单、检测笔录的真实性和检测程序的规范性；要求提供检测仪合格证明以了解检测仪的合法性、有效性；要求对提供存储的检测电子数据进行分析、鉴定，核实检测单的真实性、完整性。驾驶人本身在呼气检测时也可以对检测起到直接监督作用。血液酒精含量检验鉴定意见则不然。通常鉴定意见只表述适用的鉴定方法和含量数据，被告方往往只能就鉴定样本的提取、保管、鉴定方法、鉴定机构和鉴定人的资质（格）提出异议。在没

有专家辅助人时，其对鉴定仪器合法性、分析过程的真实性和规范性无从知晓。法庭会被其所谓的科学性误导，不采纳被告方提供鉴定分析原始数据的要求和对鉴定分析的质疑，即使质疑被法庭采纳，也只能以另一血样重新鉴定，仍然无法进行实质上的质证。康某某危险驾驶案中，检验鉴定酒精浓度达 82.33mg/100mL，法庭虽查明送检血样未抗凝，有血凝块，仍认为该鉴定结果基本不受影响而采信，康某某被定罪免刑。[①] 血液酒精含量鉴定意见基本上由交警部门委托公安机关内设鉴定部门作出，其中道德风险的影响也不能排除。因此，鉴定意见不见得比规范的呼气检测更可靠。

（三）血液酒精含量检验鉴定意见绝对证明力误区

1. 鉴定的滞后性导致鉴定含量与驾驶时血液酒精含量的偏离

以事实为根据是我国刑事诉讼的基本原则，刑事诉讼应当"确保通过其认定的事实（法律事实）与客观真实相一致，或者最大限度地确保对客观事实的发现"。[②] 由于人体酒精代谢的动态化和鉴定的滞后性，血液酒精含量检验鉴定不能真实反映被告人驾驶过程中的血液酒精含量，而只反映提取血样时的血液酒精含量。根据提取血样是在人体酒精吸收阶段还是消除阶段，检验鉴定含量相对于驾驶时实际酒精含量会有两种偏离状况。在吸收阶段，检验鉴定含量会高于驾驶过程中的血液酒精含量；在消除阶段，检验鉴定含量则会低于驾驶过程中的血液酒精含量。被告人驾驶机动车时的血液酒精含量作为醉驾型危险驾驶罪中必须证明的法律事实，应当与客观事实吻合，或最大限度地接近客观事实。然而，以鉴定意见认定的血液酒精含量总会偏离客观事实，不但可能是程度上的偏离，甚至可能是方向上的偏离。所谓的程度上的偏离，是指被告人驾驶过程中血液酒精含量达醉酒阈值的事实是客观存在的，但是鉴定意见中的含量与实际含量存在误差，可能高于，也可能低

---

① 裁判文书网：（2015）永刑初字第 76 号刑事判决书。

② 孔祥俊：《论法律事实与客观事实》，《政法论坛（中国政法大学学报）》2002 年第 5 期。

于。高于的程度上的偏离属于加重程度上的偏离，低于的程度上的偏离属于减轻程度上的偏离。例如，"2013 年 9 月 5 日，贵州省修文县公安局交警大队民警发现犯罪嫌疑人 A 某有醉酒驾驶嫌疑，随即对其进行呼气式酒精检测，结果为血液酒精含量 174 毫克 /100 毫升。同日 21 时 51 分，民警将 A 某送到县人民医院进行抽血存证。后经贵州省职业学院司法鉴定中心法医毒物司法鉴定检验：A 某血液中检测出酒精成分，其乙醇含量为 260.65 毫克 /100 毫升。本案中，两次检验仅相隔 81 分钟，但检验数值却增加了 86.65 毫克 /100 毫升，两者存在较大差距"。[①] 这就可能存在加重程度上的偏离。所谓方向上的偏离是指被告人驾驶过程中血液酒精含量客观上未达醉酒阈值，但鉴定意见中的含量达到或超过醉酒阈值。

醉驾解释第 2 条规定，血液酒精含量达到 200mg/100mL 的，依照《刑法》第一百三十三条之一第一款的规定，从重处罚。相关地方性的规定，如苏高法〔2013〕328 号《江苏省高院、检察院、公安厅关于办理醉酒驾驶案件的座谈会纪要》（下称"江苏纪要"）规定，被告人血液酒精含量达到 80mg/100mL 的，量刑起点为拘役一个月，在量刑起点的基础上，被告人每增加血液酒精含量 50mg/100mL，可增加一个月刑期确定基准刑。[②] 因此，程度上的偏离将导致判决的罪刑不相适应；方向上的偏离则可能导致无罪的人受到刑事追究，造成冤案。交警查处醉驾通常选择城区道路，甚至选择酒店附近，这些地点是醉驾最易查获的地点，这就使驾驶人往往在饮酒后一小时左右被检查，提取血样时处于酒精吸收阶段的可能性很大，此时，鉴定意见中的含量将超过其在现场检查时的血液酒精含量，当该鉴定含量达醉酒阈

---

① 樊京京：《醉酒驾驶机动车刑事案件中血液酒精含量检测若干问题探讨》，《贵州法学》2014 年 6 月刊。

② 参见《江苏省高院、检察院、公安厅关于办理醉酒驾驶案件的座谈会纪要》（苏高法〔2013〕328 号）第 16 条。

值时，方向上的偏离就不可避免。康某某危险驾驶案中，法院认定被告人康某某确有喝酒，酒后有驾驶机动车在道路上行驶的行为，经呼气检验，乙醇浓度达 71mg/100mL，血样检测乙醇浓度达 82.33mg/100mL，判决康某某犯危险驾驶罪，免于刑事处罚。[①] 本文提及的师某危险驾驶案，正是基于鉴定含量存在方向上的偏离的合理怀疑，辩护人提出师某无罪的辩护意见。

2.血液检验鉴定意见的合法性与呼气检测

依据醉驾解释，在具有血液检验鉴定意见的情况下，呼气检测结果不作为认定被告人醉酒的依据，呼气检测只在特殊情形下无血液检验鉴定意见时替代证明被告人醉酒。2017 年全国醉驾型危险驾驶罪一审判决案的 141856 件中，35756 件有呼气检验，只占总数的 25.2%。[②] 《公安部关于公安机关办理醉酒驾驶机动车犯罪案件的指导意见》（下称"指导意见"）规定交警在检查中发现机动车驾驶人有酒后驾驶机动车嫌疑的，应立即进行呼气酒精测试，因此，交警部门查处酒（醉）驾时呼气检测是必经程序，除非存在特殊情形无法进行呼气检测。检索结果表明公诉机关在有鉴定意见的情况下，一般不向法院提供呼气检测证据。"指导意见"对血液检验鉴定样品提取作出相关程序性规定，提取驾驶人血液样本的情形限于：（1）涉嫌醉酒驾驶机动车的；（2）对呼气酒精测试结果有异议的；（3）拒绝配合呼气酒精测试的；（4）涉嫌饮酒后，醉酒驾驶机动车发生交通事故的。《江苏省高院、检察院、公安厅关于办理醉酒驾驶案件的座谈会纪要》第 24 条规定，"对呼气酒精测试达到醉酒标准的犯罪嫌疑人，公安机关对其可进行刑事传唤并进行血液酒精含量检测，并根据案情对其采取适当的强制措施"。《浙江省高级人民法院、浙江省人民检察院、浙江省公安厅关于办理"醉驾"犯罪案件若干问题的会议纪要》规定，对现场查获经呼气测试，酒精含量达到醉酒标准的机

---

① 参见裁判文书网（2015）永刑初字第 76 号刑事判决书。
② 无讼案例网，最后访问日期：2018 年 12 月 16 日。

动车驾驶人，无论其对检验结果是否有异议，均由医疗机构或者具备资格的检验鉴定机构工作人员按照规范提取血样，及时进行血液酒精含量检测。显然，呼气酒精含量达醉酒阈值是进行血液酒精含量检验的条件之一，如果未达醉酒阈值，又不符合其他规定条件，提取血液样本进行检验鉴定的程序合法性是否应当受到拷问？据此作出的鉴定意见有无证据能力？

美国宪法第 4 条修正案保证公民人身安全及财产免遭非法搜查和扣押，醉驾案件查处必须符合宪法规定。道路检查通常最初基于驾驶人违反交通规则或涉嫌其他犯罪，随着调查程序的进行，警察会对嫌疑人采取不同强制措施。在发现有酒驾嫌疑时应扣留嫌疑人进行现场清醒测试，如未通过现场清醒测试，下一步进行初步呼吸测试，初步呼吸测试超标可结合其他证据决定逮捕。嫌疑人被逮捕后进一步进行证据性呼吸测试、血液测试，或尿液测试。由于血液检验存在对人身的侵害，尽管有"默示同意"规则，在对嫌疑人进行血液检验时需要取得法官或治安官签发的搜查证。警察有合理理由认为存在嫌疑人血液酒精含量下降至非醉酒含量的紧急状态时，可以在无搜查证的情况下强制获取血样。在法庭上，如果某一指控证据取得方式或手段违反法定的程序，则被作为非法证据予以排除。我国也确立了非法证据排除规则，《刑事诉讼法》第 56 条规定，"采用刑讯逼供等非法方法收集的犯罪嫌疑人、被告人供述和采用暴力、威胁等非法方法收集的证人证言、被害人陈述，应当予以排除。收集物证、书证不符合法定程序，可能严重影响司法公正的，应当予以补正或者作出合理解释；不能补正或者作出合理解释的，对该证据应当予以排除"。《最高人民法院关于适用〈中华人民共和国刑事诉讼法〉的解释》（以下简称"刑诉法司法解释"）第 85 条规定，鉴定程序违反规定的，鉴定意见不得作为定案的根据。因此，在我国，对不符合血液检验条件（包括未进行呼气检测或呼气检测结果未达醉酒阈值）的驾驶人提取血液样本进行检验鉴定属于鉴定程序违反规定，鉴定意见不具有证据能力，不应作为定案根据。然而，实践中绝大部分案件没有呼气检测证据，有呼气检测证据的案件中，呼气检测结果低于醉酒阈值的情况十分常见。全国 2017 年一审普通程序审理的有呼气检测证据的醉驾型危险驾驶案中，有 94 件呼气检测结果未达醉酒阈值。其中浙江有 23 件 [①]，见表 2。

表2　全国 2017 年一审普通程序审理的有呼气检测证据的醉驾型危险驾驶案

单位：mg/mL

案号	被告人	呼气含量	鉴定含量
（2017）浙 0282 刑初 1958 号	高礼杨	79	91
（2017）浙 0903 刑初 295 号	竺维凯	77	90
（2017）浙 0303 刑初 152 号	张新	76	185
（2017）浙 0203 刑初 81 号	葛维龙	74	85
（2017）浙 0110 刑初 3 号	张某 1	71	90.8
（2017）浙 0282 刑初 748 号	胡忠强	70	166
（2017）浙 0282 刑初 1192 号	邵代军	70	85
（2017）浙 0784 刑初 638 号	田双红	69	90
（2017）浙 0282 刑初 1219 号	黄宪军	68	116
（2017）浙 0282 刑初 1038 号	厉立芳	67	92
（2017）浙 0802 刑初 513 号	章奇	67	148
（2017）浙 0206 刑初 335 号	时同峰	66	233
（2017）浙 1123 刑初 25 号	马冰	66	90
（2017）浙 0825 刑初 245 号	吴某 1	64	197
（2017）浙 0106 刑初 39 号	杨代鑫	64	122.2
（2017）浙 0282 刑初 1310 号	程大芳	63	83
（2017）浙 0329 刑初 175 号	赖立快	62	92
（2017）浙 0523 刑初 35 号	王青林	60	84
（2017）浙 0106 刑初 741 号	张东平	60	85.7
（2017）浙 0104 刑初 886 号	吴永全	52	136.6

---

① 无讼案例网检索结果。

续表

案号	被告人	呼气含量	鉴定含量
（2017）浙 0881 刑初字第 173 号	吴根青	39	86
（2017）浙 0104 刑初 537 号	孙郭明	31	157.6
（2017）浙 0282 刑初 1272 号	胡利定	30	329

3. 血液酒精含量鉴定意见证明力的反驳

血液酒精含量检验鉴定意见的证明力建立在以提取血液样本时的血液酒精含量推定为行为人驾驶时的血液酒精含量的基础之上，是否可以反驳血液酒精含量的这一推定呢？推定是诉讼中事实认定者依照一定的程序，根据经验法则或法律规定，从某一已查明的事实推断存在另一难以证明的事实，并允许当事人举证推翻的一种证据法则。[①] 根据推定事实的确定程度，推定可分为“不可推翻的推定”与“可推翻的推定”两种，刑事法中的绝大多数推定都是“可推翻的推定”，在与推定事实相反的事实得到证明的情况下，该项推定事实即被推翻。[②] 在美国大部分案件中，“在途中人”被捕后进行化学检测时仍然在酒精吸收阶段，以至于准确的测试结果比驾驶时实际血液酒精浓度要高。即使检测时不处于酒精吸收阶段，嫌疑人的 BAC 几乎确定仍高于驾驶时的 BAC。在 *State v. Drown* 案中，被告在对检方专家证人的交叉询问中主张其含量会比 0.085% 低，而检测达到 0.147%。法庭拒绝其理由。但上诉法院认为“下级法院没有对这一可抗辩的、由证据支持的实质问题进行说明”。[③] 在适用自证法起诉时，要求血液检验在操纵或驾驶机动车行为停止 2 小时内进行，辩护人可以提出被告人在驾驶机动车时的血液酒精

[①]　参见沈志先主编《刑事证据规则研究》，法律出版社，2014，第 273 页。

[②]　参见陈瑞华《刑事证据法学》，北京大学出版社，2012，第 268 页以下。

[③]　See Lawrence Taylor, J.D., Steven Oberman, J.D., *Drunk Driving Defense*, Published by Aspen Publishers, 7th ed.(2010), at 468.

含量水平低于检验时的水平的反驳理由。例如，最近饮酒，导致酒精浓度上升。[1] 在醉酒推定不可推翻的情况下，驾驶时血液酒精含量的推定应当属于可推翻的推定，在适用推定的情形下，抗辩则是被告人的责任，放弃抗辩将使自己承担自认推定效力的不利法律后果。[2] 醉驾解释确立了血液酒精含量鉴定意见绝对证明力规则，导致被告方视血液酒精含量的推定不可推翻，笔者检索全部醉驾案法律文书未见一例有被告方反驳这一推定。师某危险驾驶案中的辩护人则以被告人驾驶时血液酒精含量远低于血液检验鉴定意见中的含量为由对鉴定意见提出反驳，然而法院对此并不理涉。

四　醉酒驾驶证明规则的重建

醉驾解释通过确立醉酒推定规则解决了醉酒状态证明的难题。尽管笔者认为醉酒推定应当有立法上的依据，但就规则本身而言，其符合我国国情，符合现代国家以刑罚手段治理醉酒的立法趋势，有利于实现秩序、公平、效率的平衡，对于醉酒驾驶证明规则的重建仍应建立在醉酒推定规则的基础之上。血液酒精含量化学检验证明规则确立了以呼气检测和血液酒精含量检验鉴定意见两类证据证明血液酒精含量的方法，这是基于两种方法为GB19522-2010标准中规定的强制适用检验方法，较为成熟、可靠，因此，呼气检测和血液酒精含量检验鉴定意见也是重建规则后必然选择的两种血液酒精含量证明方法。醉酒证明规则重建核心在于消除血液酒精含量检验鉴定意见绝对证明力规则的误区，在制度上最大限度地排除被告人无罪或罪轻的合理怀疑。"作为倚重酒精含量鉴定证据定案的醉驾犯罪，如何确保各项证

---

[1]　See Lawrence Taylor, J.D., Steven Oberman, J.D., *Drunk Driving Defense*, Published by Aspen Publishers, 7th ed.(2010), at 52.
[2]　参见沈志先主编《刑事证据规则研究》，法律出版社，2014，第277页。

据的收集与认定具有规范性与程序性，正是醉驾案件办理过程中急需解决的问题；如何从理论上总结出可供醉驾案司法证明实践操作的规则，并表明在醉驾案面临形形色色证据的同时，何种证据可以作为定案证据，是醉驾案定罪量刑核心之所在。"[1] 刘艳红教授的这一观点无疑为醉酒驾驶规则的重建指明了方向。笔者认为在坚持醉酒推定规则、血液酒精含量化学证明规则的同时，建立双重证明规则、化学检验含量就低采信规则有助于达成上述目标。

（一）双重证明规则

双重证明规则就是醉酒的证明需要有现场检测和实验室检验两种证据的证明，其中现场检测为呼气酒精含量检验或人体平衡试验，实验室检验为血液酒精含量检验鉴定意见。缺少其中一种证据（包括不具有证据能力）以及其中一种检测结果未达醉酒标准（现场检测中呼气检测未达醉酒阈值、人体平衡试验未被视为暂时丧失驾驶能力；实验室检验中鉴定意见未达醉酒阈值），不得以另一种证据认定被告人构成醉驾。现场检测中，人体平衡试验作为行为人拒绝呼气检验或自愿选择该试验时适用。该规则在两种情况下成为例外：一是行为人有酒后驾驶嫌疑，但丧失接受呼气检验、人体平衡试验的能力，或者拒绝接受呼气检验、人体平衡试验，其血液酒精含量检验鉴定意见可以作为定案依据；二是行为人接受呼气检测后脱逃，导致未能提取血液样本，呼气检测结果可以作为定案的依据。

"证据确实、充分"，并达到"排除合理怀疑"的程度是我国的刑事证明标准，醉驾案件中的醉酒事实是关乎于定罪量刑的基本事实，理应达到这一证明标准。"刑诉法司法解释"第 104 条规定：对证据的证明力，应当根据具体情况，从证据与待证事实的关联程度、证据之间的联系等方面进行审查判断。证据之间具有内在联系，共同指向同一待证事实，不存在无

---

[1] 刘艳红：《醉驾型危险驾驶罪刑事证据规则研究——基于刑事一体化的尝试性构建》，《法律科学（西北政法大学学报）》2014 年第 2 期。

法排除的矛盾和无法解释的疑问的，才能作为定案的根据。呼气检测证据是行政执法中收集的证明驾驶人醉酒的证据，依据《刑事诉讼法》第54条规定可以作为刑事诉讼中的证据使用，在刑事诉讼中对呼气检测证据和鉴定意见的综合分析有助于排除合理怀疑。双重证明规则可以避免因行为人处于酒精吸收阶段进行血液酒精含量检验时，检验含量出现方向上的偏离，导致行为人错误入罪。在只有单独鉴定意见的情况下，尽管被告人有权对该鉴定含量可能出现的方向上的偏离提出反驳，但运用双重证明规则可以降低被告人举证的难度，防止法官在事实认定时运用经验法则的随意性，提高审判效率。

交通警察查处醉驾时对驾驶人的拦截、扣留、约束、强制提取血样等措施涉及公民的人身自由和身体权，为规范执法行为，公安机关作出了醉驾查处的相关程序性规定。但在以血液酒精含量鉴定意见单独认定醉酒的情况下，公诉机关不关注呼气检测证据，在绝大部分案件中不提供呼气检测证据，以至于规定相关可提取血液样本的条件形同虚设，鉴定意见合法性不被审查。"刑事证据制度并不限于维护秩序、惩罚犯罪这一单一功能，它也发挥着保障人权的独立作用。"[1] 要注重抑制在刑事司法活动中运作的国家权力，从而更倾向于建立起一种权力抑制型司法模式。包括：重视诉讼中的人权保障，加强犯罪嫌疑人、被告人的防御权，给予辩护律师较为充分的活动空间；强调审判活动中的对抗性。[2] 双重证明规则有利于建立对鉴定意见合法性的审查机制，防止交警查处醉驾时的权力滥用，规范醉驾查处程序和检测方法，平衡刑事诉讼中的秩序与自由。

（二）化学检验含量就低采信规则

化学检验含量就低采信规则，是指醉驾案件中呼气检测证据和血液酒

---

[1] 卞建林:《刑事证明理论》，中国人民公安大学出版社，2004，第71页。

[2] 卞建林:《刑事证明理论》，中国人民公安大学出版社，2004，第76页。

精含量检验鉴定意见中的血液酒精含量均在醉酒阈值以上，且两者不一致时，以其中含量较低的证据作为认定被告人驾驶时血液酒精含量的依据。如果同一种证据有多份，且检验含量不一致，则认定其中含量较低的该份证据为有效证据。

实践中呼气检测含量和鉴定意见中的酒精含量总会不同，前文中表 1、表 2 足以说明。两份以上呼气检测含量或鉴定意见含量不同也很常见，如潘定雄危险驾驶案中，对其进行三次呼气检测，含量分别为 64mg/100mL、89mg/100mL、79mg/100mL[①]，刘洋危险驾驶案中，两次鉴定意见含量分别为 145.12mg/100mL、113.25mg/100mL。[②] 出现上述现象有多种原因，如检验方法不同、检验条件和检验程序不同等。就呼气检测含量和鉴定意见含量不同而言，从理论上讲，最为重要的原因是两者取样时点不同，人体酒精代谢过程造成血液酒精含量的变化，导致检验含量发生程度上的偏离。加重程度上的偏离是因为提取血样时被告人处于酒精吸收阶段，该情形显然构成对被告人有利的合理怀疑，排除这种合理怀疑相当困难，即使存在排除的可能性也将牺牲效率以换取。因此，在认定被告人有罪的情况下适用"存疑时有利于被告原则"，即"在对事实存在合理疑问时，应当作出有利于被告人的判决、裁定"[③]，以较低的呼气检测含量认定被告人血液酒精含量是合理选择。司法实践对于呼气检测抱有成见，深圳市中级人民法院在吴某危险驾驶案中表述的观点具有代表性。该判决认为呼气检测的"准确性受到被检测人呼气力度大小、时间长短的影响，且从检测原理上看，其准确度不如血液酒精含量检测结果高"。[④] GB/T21254-2017 规定了检测仪最小呼气量、最短呼气

[①] 裁判文书网：（2017）渝 0233 刑初 60 号刑事判决书。

[②] 裁判文书网：（2018）晋 0321 刑初 76 号刑事判决书。

[③] 白鉴波：《存疑时有利于被告原则之解析》，《人民法院报》2014 年 2 月 26 日，第 6 版。

[④] 裁判文书网：深圳市中级人民法院（2017）粤 03 刑终 750 号刑事判决书。

时间，在少于最小呼气量、最短呼气时间的情况下，检测仪不采样分析，所谓"呼气力度大小""时间长短"影响呼气检测含量是不成立的。若大于最小呼气量、最短呼气时间，检测误差应在规定范围之内。呼气检测误差高于血液检验鉴定是事实，正常情况下呼气检测含量应当低于实际含量，这是因为 GB/721254-2017 规定其允许误差为负值，而呼气含量高于实际含量则往往是由于检测时异常酒精气体的混入，如口腔残留、打嗝、喷嚏、嗳气、呕吐等，所以较高呼气含量往往是不可靠的。呼气检测是国家标准规定的强制检验方法之一，符合国家标准的 GB/721254-2017 的检测结果应具有证据能力，GB/721254-2017 规定的负误差利益应为被告人享有。多份呼气检测时采信较低含量还有利于规范交警执法程序，防止人为追求更高呼气含量。血液酒精含量检验鉴定尽管应当是更为精确的检验方法，但不代表鉴定意见更为可信，多次鉴定含量不同也是常见现象，如刘洋危险驾驶案中，两次鉴定意见含量相差近 22mg/mL，在此情形下，也应适用存疑有利于被告原则采信较低含量。

（三）保障被告方对血液酒精含量推定的反驳权

任何证据都必须经过法庭调查，通过法庭上的举证、质证，查证属实，才能转化为定案的根据[1]，被告方不但可以通过对取得血液酒精含量证据的程序、方法提出质疑，以推翻其证据能力，同时有权就血液酒精含量证据的真实性、关联性提出否定性意见。推定被告人驾驶时血液酒精含量的证据为呼气酒精检测结果和血液酒精含量检验鉴定意见，被告方有权提出其驾驶时血液酒精含量低于检测、鉴定含量的反驳材料和意见，在被告方反驳符合逻辑和经验法则的情形下，呼气检测、鉴定意见不应成为认定被告人醉驾的依据。

---

[1] 参见陈瑞华《刑事证据法学》，北京大学出版社，2012，第33页。

五　结语

刑事诉讼中证据规则的运用不仅是追求客观真实的必然要求，也具有刑事政策的考量。醉驾解释在某种程度上解决了我国醉驾入刑初期对醉酒驾驶司法证明的混乱状况，但也导致了醉驾入罪的扩大化。对此，最高人民法院试图通过量刑规范纠正这一倾向。但是，从根本上讲需要改变醉驾解释规定的现有醉酒驾驶的证明规则，强化指控证明责任，保障被告人的诉讼权利。当然，任何证据规则都不可能解决司法审判中全部事实认定问题，也不应该为司法审判创造这样的规则，本文提出的醉酒驾驶证明规则当然也不例外。醉驾案件审判中还需要借助其他证据规则和审判人员的主观能动性来认定案件事实，公安机关需要完善交警执法程序性的规定，如现场检测中的人体平衡试验如何引入、现场呼气检测的规范化等。此外，对于"脱逃"问题能否借鉴美国"默示同意"规则，单独施以刑罚，是否可以借助科技手段综合预防醉酒驾驶等问题值得研究。

医事法专论

医疗责任保险中的诊疗行为之界定

陈玉玲 *

摘　要　医疗责任保险中的保险责任是对诊疗行为存在过失责任承保理赔。诊疗行为多样复杂，通常由多个具体诊疗行为集合而成。实践证明医院履行安全保障义务的行为、医院护工护理行为等情形都有可能与诊疗行为内容存在交叉，导致是否对诊疗行为过失责任的认定存在争议。判断诊疗行为的标准依据行为主体、行为目的、行为发生地均有不同，应当结合诊疗目的、行为内容做判断，还应当依照医学水准、人们生活方式变化以及健康观念的普及因素，作出动态的总体判断。诊疗行为是职业服务行为，广义的诊疗行为被纳入医疗责任保险责任范围时，应作出定义和排除情形的约定。

关键词　医疗责任保险　保险责任　诊疗行为

一　诊疗行为的界定影响医疗责任保险的保险责任认定

医疗责任保险条款（以下简称"格式条款"）的保险责任约定被保险人

---

* 陈玉玲，女，1966年生，江苏人，法学博士，东南大学法学院副教授，研究方向为民商法学、医事法学。电子信箱：zgnjxiaochen@126.com。

的医务人员在诊疗活动中，因执业过失造成患者人身损害，保险人根据保险合同约定负责赔偿。[①] 在此，"诊疗活动"是医疗责任保险承保与理赔的关键之一。医护工作人员给患者诊断治疗，就是诊疗活动，这看似生活常识，有时却未必达成共识。新华词典对"活动"一词的解释有 5 种，其中第 4 种解释是"为达到某种目的而采取的行动"；对"行为"的解释是"人的有意识的活动"；对"行动"的解释是"为实现某种意图而进行的活动，行动是行为，举动"。可见，为实现诊断治疗目的而采取的行动、活动、行为、举动，可以称为"医疗活动"、"诊疗行为"或者"医疗行为"，下文在表述时不做区分。

医院安全保障义务与其诊疗行为存在交叉，导致保险责任认定发生争议。2013 年 1 月 18 日，张文珍因病到旬阳县红军镇卫生院住院治疗，1 月 20日晚，张文珍在病房放火盆烤火中毒，诊断为：（1）急性一氧化碳中毒；（2）双侧基底节区腔隙性脑梗死。其被转往上级医院进行高压氧治疗。卫生院与患方达成调解协议并赔付 4 万元，之后，依据《平安医疗责任保险合同》主张理赔，保险公司以"患者在病房放置蜂窝煤炉子导致煤气中毒，不属于'被保险人从事与其资格相符的诊疗护理工作时，因过失导致意外事故'，不属于平安医疗责任险的保险责任"为由，拒绝理赔。医院诉诸法院，一审法院认定张文珍自行取暖中毒，医院不存在过错，但是在救治一氧化碳中毒患者的诊疗活动中存在过错，构成医疗侵权责任，保险公司应当理赔。在二审审理中，医院认为保险合同未约定"诊疗活动"范围。二审法院认为原审法院对"诊疗活动"的理解和解释是狭义的，住院治疗的患者与医院之间系医疗

[①] 中国人民保险股份有限公司医疗责任保险条款对于保险责任的约定，是"在保险单列明的保险期间或追溯期及承保区域范围内，在保险单中载明的被保险人的医务人员在诊疗活动中，因执业过失造成患者人身损害，在本保险期间内，由患者或其近亲属首次向被保险人提出索赔申请，依法应由被保险人承担民事赔偿责任时，保险人按照本保险合同的约定负责赔偿"。

服务合同关系,医院提供的医疗服务应包括患者住院治疗的全过程,"诊疗活动"应不单纯指医院诊疗疾病的活动,还应包括对患者住院期间的巡查问诊及安全保障义务,判决保险公司承担理赔责任。[1] 此案是保险合同对诊疗活动的范围界定不清,引发争议。

保险合同约定"非执业行为"免除保险责任,适用在护工护理与护士护理活动范围交叉时,诊疗行为范围界定成为关键。依据《临床护理实践指南(2011)》对护理级别的划分,一级护理内容除执行医嘱投药、注射、观察、量体温血压、采集病历样本等,还包括一些为患者进行清洁与舒适护理、营养与排泄护理、口腔护理、身体活动护理,轮椅和平车使用等内容。于是,护士护理范围与家属、家政服务公司护工服务范围存在交叉,诸多本应由护士执行的事项转由家属、护工承担,如果在帮助患者进食、沐浴、擦浴、口腔护理、大小便、口服给药,以及搬运病人、移动体位等过程中患者受到损害,诸如家属护工陪伴时患者摔倒骨折、食物噎住气管导致大脑缺氧、术后被热水袋烫伤,如何确定医护人员"诊疗活动"的范围,直接影响到保险的理赔范围。如果认定其不属于诊疗活动范围,医院不承担责任,如果划入诊疗活动范围,则护工所从事工作事项本来应当由护士为之,护士的不作为构成诊疗过失,医疗机构应承担民事责任,对此应纳入医疗责任保险范围。在我国,医院护士相对医师的人数占比低、护士编制不够的情况普遍存在,重病、自理不便的患者住院期间雇请护工护理十分常见。在法律关系结构上,一般是家政服务公司与医院签订协议,提供护工,然后由患者方与家政公司或者护工达成协议并且支付费用,护工为患者提供日常服务,接受病房护士对护理活动的指导。常有护工搀扶患者如厕时患者摔伤骨折、喂服食物时呛噎患者气管使其窒息、推病床轮椅进入电梯时夹伤患者等事故记录,护工护

---

[1] (2014)安中民三终字第 00042 号,中国平安财产保险股份有限公司安康中心支公司与旬阳县红军镇卫生院医疗责任保险合同纠纷一案二审民事判决书。

理行为存在过失行为引起患者损害甚至死亡的案件时有发生。患者方主张对护工护理活动业务指导管理过失或者是本应当由护士所为之护理事项依赖护工代而为之，要求医院承担责任。事实上，护工护理活动范围与护士护理活动范围存在交叉，一旦发生患者损害伤亡，究竟是诊疗行为过失责任所致，还是护工劳务行为致人损害，两者界限不清，进而影响保险责任的认定。①

　　保险合同约定"不以诊疗为目的的诊疗护理活动"责任免除条款，适用于医疗美容行为时易生歧义。2011 年 2 月 20 日，患者张某因左侧乳腺癌改良根治术后 5 年，入住中西医结合医院，拟行左侧乳房重建术，行腹部带蒂肌皮瓣移植术后，操作微波治疗仪不当，导致移植皮瓣三度烫伤。张某向医院索赔，医患双方达成和解协议，医院一次性赔付患者医疗费、误工费等合计 183463.63 元。此后医院向保险公司理赔遭到拒绝，保险公司的主要理由是依据医疗责任保险合同约定，"被保险人对患者实施以美容或整形为目的的外科手术或治疗"属于免责范围，除非这种手术或治疗是在患者因意外事故受伤后为维持生命或避免永久性伤残必须进行的。医院认为"乳房植皮是为了避免永久性伤残必须进行的，属于外科治疗，不是美容手术"。法院裁判说理是以保险公司未对格式条款中的免责条款履行告知义务、未做提示标志为由，判决保险公司承担理赔责任，回避了对案件争议的移植皮肤手术的诊疗目的性的认定。②

　　此外，诊疗行为发生地在承保区域范围外，由医院延续到患者家中，对诊疗行为发生地的界定成为保险责任范围认定的焦点。例如，从事配眼镜、理疗、养生康复训练或者医疗美容服务的机构，通过与医院签订场地租用协

---

① 参见（2017）冀 0623 民初 1678 号案件，白淑兰与涞水县红十字会门墩山医院生命权、健康权、身体权纠纷一审民事判决书。

② （2015）吉中民三终字第 122 号，上诉人吉林省吉林中西医结合医院与被上诉人中国平安财产保险股份有限公司吉林中心支公司保险合同纠纷一案二审民事判决书。

议，在医院从事上述服务，这些机构的服务行为是否为诊疗行为的范围？伴随着"互联网＋医疗"模式的发展，一些医院的康复科借助院外机构开发的康复训练管理软件，有偿为就诊患者提供指导和训练，患者到医院接受医师的当面指导训练之后，在家中通过 App 网络环境接受医师远程指导。这类"互联网＋医疗"的康复训练指导行为，如何界定其为诊疗活动，是否将其纳入医疗责任保险之诊疗行为范围，笔者不无疑惑。

二 诊疗行为之判断

（一）诊疗行为的概念

格式条款中使用的"诊疗活动"一词，取自《医疗机构管理条例实施细则》第88条[1]，该条文从诊疗内容和诊疗目的两个角度对诊疗活动作出规定。"诊疗活动"一词，在法律规范上的正式用语是"诊疗行为"、"医疗行为"。但是，医疗行为是一个极为不明确的概念。[2] 不明确法律概念者，系指内容特别空泛及不明确的法律概念，通常存在于法律构成要件中。结合医疗行业实践，在保持诊疗行为目的不变之下，其具体形态和内容一直处于不断发展之中。因此，基于语言文字用语表达有限性和用词语境的不同，对格式条款涉及的诊疗行为概念的内涵和外延，应当结合医疗实践和保险责任范围作出界定。

（二）判断诊疗行为的标准

学者柳经纬、李茂年认为，判断诊疗行为的标准有二：一是行为主体

---

[1] 《医疗机构管理条例实施细则》第88条规定，"诊疗活动：是指通过各种检查，使用药物、器械及手术等方法，对疾病作出判断和消除疾病、缓解病情、减轻痛苦、改善功能、延长生命、帮助患者恢复健康的活动"。

[2] 郑逸哲:《医疗刑法》，中国政法大学出版社，2009，第25页。

标准；二是行为目的标准。[①] 学者梁妍提出，以"诊疗行为主体、诊疗行为内容、诊疗行为目的三者缺一不可"作为诊疗行为的判断标准。[②] 我国台湾地区学者曾淑瑜认为，所谓的医疗行为，应系涉及下列三项要素：（1）以治疗、矫正或预防为医疗目的；（2）医治行为是实施诊察、诊断及治疗行为；（3）用药行为，即有处方或用药行为。凡是不符合上述三要素者，应不是医疗行为。[③]

1. 以行为主体是否医疗机构为标准，判断行为是否属于诊疗行为

我国台湾地区的卫生主管机构通过医字第 107880 号函解释、第 81656514 号函修改，将诊疗行为界定为"凡以治疗、矫正或预防人体疾病、伤害、残缺为目的所为的诊察、诊断及治疗，或基于诊察、诊断结果，以治疗为目的所为处方、用药、施术或处置等行为之全部或一部，总称为诊疗行为"。这些函件在行为目的、行为方式和时限上，对于诊疗行为的构成要件作出最为广义的解释。尤为值得注意的是，从行为的时间和治疗的功用上，诊疗行为还包括诊断后的辅助诊疗行为，我国台湾地区的卫生主管机构以医字第 0900017655 号函解释，认定下列行为是医疗辅助行为：（1）辅助施行侵入性检查；（2）辅助施行侵入性治疗、处置；（3）辅助各项手术；（4）辅助分娩；（5）辅助施行放射线检查、治疗；（6）辅助施行化学治疗；（7）辅助施行氧气疗法（含吸入疗法）、光线疗法；（8）辅助药物之投与；（9）辅助心理、行为相关治疗；（10）病人生命征象之监测与评估；（11）其他经卫生主管机关认定之医疗辅助行为。我国大陆地区没有规范性文件对医疗辅助行为作出规定。

养老护理机构的登记性质不同，对其护理行为界定为诊疗行为之结论

---

① 柳经纬、李茂年：《医患关系法论》，中信出版社，2002，第 18 页。
② 梁妍：《医疗责任保险法律制度研究》，吉林大学 2010 年博士学位论文，第 15 页。
③ 曾淑瑜：《医疗过失与因果关系》，翰芦图书出版有限公司，2007，第 19 页。

不同。在我国大陆地区，伴随老龄化社会进程的加快，医养结合的养老护理机构越来越多，有的是在民政局注册登记的民办养老院，有的是在卫生健康主管部门注册登记的医疗机构，多数是由社区医院或者厂矿附属医院服务转型、改造病房设施，成立的护理院，专用于收治老年痴呆患者、无法生活自理的老年慢性病患者。这些养老护理机构均有给老人喂药、吸氧、进行心理疏导、测量血压和血糖、注射胰岛素等行为，都是辅助诊疗行为范畴。于是，同样的行为目的和内容，因行为主体身份不同，是否被认定为诊疗行为的结论就不同。在民政局登记的养老护理机构对老人实施上述护理行为，不被认定为诊疗活动；而在卫计委登记、持有医疗开业许可证的护理院所对老人实施上述护理行为，则被认定为诊疗行为，可纳入医疗责任保险范围，一旦对老人护理中发生从床上跌落骨折、卫生间滑倒摔伤、喂食噎死、洗澡热水烫伤、吸氧管脱落致缺氧诱发脑病等，均可能被认定为诊疗活动过失。如此，以行为主体身份为标准，其行为得否被认定为诊疗行为的结果就不同，这与人们对法律的确定性要求以及生活常识不一致，也导致在医疗责任保险事故认定上出现争议。

2. 以行为目的为标准，判断行为是否属于诊疗行为

患者根据康复科医师的院内指导和训练，回到家中再通过 App 网络建立医患沟通和指导监测，患者在家进行的身体机能训练具有辅助医生治疗的目的，因此应将医生所进行的远程网络指导纳入诊疗行为。但是，随着人们生活方式、经济条件的改变，原本出于医疗目的的一些行为，比如，根据医生专业建议进行运动康复训练，监测血压、血糖、心率的行为，已经转化为人们对自身保健的需求，医生的建议有可能不被认定为诊疗行为，所以单纯以行为目的为标准认定诊疗行为存在不足。并且，我国台湾地区学者吴志正认为，以"具有诊疗目的性且实质诊疗行为者，以及行为虽非具有诊疗目的，但含有处方药物，或者对于人体有侵袭性的给予，或者已达影响或者改变人

体结构及生理机能者"为诊疗行为。①

　3. 广义的诊疗行为及其除外情形

　我国台湾地区学者黄丁全先生在《医事法》著书中，引述日本学者松仓丰治的见解，对诊疗行为作出了最为广义的理解，即"有关疾病之诊断、预防、畸形之矫正、助产、堕胎及各种基于治疗目的及增进医学技术之实验行为"②，不仅包括传统的疾病诊断、治疗具有医疗目的的行为，还延展到基于医疗发展需要的医学实验。他结合医政实务分析了 21 种常见的不属于诊疗行为的情形，包括无医师资格而为患者诊疗，不在医师监督下擅自为外伤患者擦药换药为诊疗行为，美容院以红外线照射为诊疗行为，针灸、拔火罐、指压、复健等行为，如果是以收取费用赚钱为常态的，都列入非法行医范围，不被认定为诊疗行为。进一步地，黄丁全先生还引述日本医政实务上的诊疗行为概念，认为诸如用自己的掌心对着患者来察知生病与否、眼镜店配眼镜等对患者无身体损害的行为不是诊疗行为，拔出倒插睫毛、接骨、针灸术的营业者使用听诊器、温度计或其他工具为他人提供服务者均为诊疗行为。③

　可见，认定某行为是否诊疗行为，不仅要结合诊疗目的、行为内容作判断，还应当依照医学水准、人们生活方式变化以及健康观念的普及因素，作出动态的总体判断。

三　医疗责任保险中的诊疗行为须为
医护人员的职业服务

　纳入医疗责任保险诊疗行为，须是医护人员基于专业知识和技术作出的

---

①　吴志正:《解读医病关系 I》，元照出版公司，2006，第 36 页。

②　黄丁全:《医事法》，中国政法大学出版社，2003，第 75 页。

③　黄丁全:《医事法》，中国政法大学出版社，2003，第 75—87 页。

职业服务。在我国，从事医疗专业职业服务的人员，应当具备医疗专业执业资格，且获得执业许可。但是，并不是具有职业资质的医护人员的所有行为均能够被认定为诊疗行为。

在美国法中，有关"职业服务"概念的解释，引证率较高的是马克思诉哈特福德事故赔偿公司（*Marx v. Hartford Accident & Indemnity Co.*）案 [①] 中对于"职业服务"（Professional Services）的解释。案件起因于被告办公室的火灾是否源于其雇佣的技术人员的职业过失，被告的雇员在对热水灭菌器充水时，错误地将苯当作水倒入器皿中，引起火灾烧毁大楼。责任保险单约定提供专业人员的职业服务过失引起的损害赔偿责任为责任保险范围。法庭认为保险公司的保险责任限于行为人履行相关"职业"行为或"专业服务"，而不是仅仅纠结于受雇于投保人。行为或者服务必须是精密地使用经过特殊学习或者具有某种造诣的职业行为。"职业性的"（Professional）在保单中要联系上下文解释，意思是在生产或者销售某个物件时能够熟练地完成任务和隐含的智力技能行为。"职业服务"源于一种职业，该职业包含特殊的劳动、技能，这些劳动或者技能大部分源于人的心智或者知识，而不是仅仅靠体力或者双手。法官进一步指出，认定一个特定的行为是不是"职业服务"，不能仅仅看对外是否宣称是职业服务，而是要看其行为的内容本身。案件中，往器皿中添加水的行为单独看来不需要什么特殊技能和培训，只是一个普通重复性的行为，不需要特别的技能，如同对待任何一个病人都常规地重复要做的清洁或者类似的安排程序。 [②]

医疗责任保险是职业责任保险，是对职业服务行为过失责任予以承保。广义的职业服务是指大部分行为要具备心智技能的专门技术服务。如果所

---

① *Marx v. Hartford Accident & Indemnity Co.*, 183 Neb. 12, 157 N.W.2d 870 (1968).

② Westlaw、Christopher Vaeth、Coverage of Professional-Liability or Indemnity Policy for Sexual Contact with Patients by Physicians, Surgeons, and Other Healers, 60 A.L.R.5th 239.

为的行为是全部系列行为的一部分或者其中的某个步骤，实施该部分行为或者步骤，不需要专门的技能，就不是职业服务。医疗服务既包括专业技能服务，也包括一些非专业服务行为，如果非专业服务行为需要专业人士指导，但是在实施时不需要特殊技能，诸如测体温、喂药、洗浴、排泄帮助等行为，不需要特殊技能，就不在职业服务的范围内。因此，发生在医院里的护工喂饭噎死患者、护工用车推患者不慎致患者跌倒受伤，均不是需要技能的职业服务行为，患者的损害当由护工所属劳务公司承担责任。但是，在进入手术室前，护工用车推患者进入电梯时滑倒导致患者摔伤，不纳入诊疗行为范畴似有不妥。这是因为，从行为目的看，推患者进入手术室是手术必经过程，是为手术为之，如患者病重或者行动不便，推车轮椅旁边一定有护士陪伴，防止途中意外发生，要严格区分推车进入手术室是否属于职业服务范围是困难的，应当通过责任保险合同条款对此加以约定。又如，护工为患者擦洗身体，也要具体细分不同目的，为患者擦洗后紧接着为防治褥疮帮助患者涂抹外用药，如发生失误，绝对区分哪个阶段是诊疗行为，似又陷入僵化。如果在时间场所目的上将诊疗行为的范畴作扩张解释，可以将应由护士实施的擦药行为纳入医护人员的作为义务范畴，如果有不作为且造成患者损害，应对保险合同中的诊疗行为作扩张解释。

四 特殊的行为可否纳入诊疗行为之判断

（一）不是所有的基因检测行为都是诊疗行为

近年来基因检测项目被广泛宣传，一滴血就能提前诊断体内疾病，筛查出家族"基因地雷"。包括医院在内的各类检测机构很多也从事此类检测，收费少则上千，多则几千甚至上万，虽然无法评估这些检测的准确性，但基因检测仍然有很大的市场空间。根据国家卫生部《医疗机构临床检验项目目录》（2007），基因检测被明确列入临床检验项目目录，但是基因检测适用范围被限制在包括大肠癌易感基因的基因检测，家族性乳腺癌基因的基因突变检查，血友病 A、B 基因突变检查等在内的 20 多项。超出 2007 年目录的检测项目不能纳入诊疗行为，主要理由是这些项目的有效性、安全性、可靠性并未得到广泛认可，仅仅被作为临床试验阶段的项目供医师参考。

（二）不以诊疗为目的的人工流产应纳入保险范围

育龄妇女意外怀孕本不是疾病，除非属于不适合妊娠的情况，孕妇要求流产虽然具有相当的侵入性，但多数是不具备以医疗为目的的行为。但是，医院每天都在为意外怀孕不想生育者实施流产人工手术，如果一定要以诊疗目的为判断标准，似乎与人们通常的理解不同，所以不能将之排除于医疗责任保险的诊疗活动范围之外。

（三）以医学研究和治疗为目的的人体试验不纳入医疗责任保险范围

医疗机构实施新医疗技术、新药品、新医疗器材及药物验证等试验，兼有诊疗目的和研究目的，不纳入承保的诊疗行为范围。值得拷问的是，医学人体实验往往是患者有疾病需要治疗，在医院接受门诊或者住院治疗过程中实施医学实验，与正常的诊疗行为形成密不可分的整体。从医疗责任保险的角度看，保险合同不保的事项中，有"不以诊疗为目的的诊疗护理活动造成的患者人身损害"，是对医疗责任保险中的"诊疗活动"作出的限缩界定。

（四）不具有治疗目的的医疗美容不纳入医疗责任保险范围

美容院美容不具有治疗的目的，一般被排除在医疗责任保险范围之外。但是，从行为主体上看，医院皮肤科为患者实施光照射、治疗痤疮，是否可以一概纳入或者排除在诊疗行为范畴之外？我们认为，应当区分不同情形处理。如果医疗美容的毁容导致的精神压抑疾病需要治疗，此后的诊疗行为目的发生转化，属于保险范围。如果因为面部缺陷、肿瘤、受伤影响面部功能，实施外科整容手术所产生的民事赔偿责任，则应当纳入保险理赔。反之，单纯以美容为目的的健康人士在医院实施整容手术，不能纳入保险范围意义上的诊疗服务。兼具医师和法学教育背景的我国台湾地区学者王皇玉认为，所谓诊疗行为，被认为对人体所进行之预防、诊断、医治疾病、疼痛、身体受伤、残缺或精神障碍所为之侵害（Eingriff）或处置（Behandlung）。如果不是出于医疗目的之行为，常被认为欠缺"医疗适应性"。医疗立法目的在于保障医疗质量、病人权益，以增进国民健康，因此即使是无医疗目的之美容诊疗行为，具有侵入性的美容诊疗行为仍然应该纳为整形外科诊疗行为。[①] 本文认为，诊疗行为除了包括以诊疗为目的之传统核心诊疗行为外，还应当包括非以诊疗为目的之美容、变性以及人体试验等行为，但是，从医疗责任保险的目的和范围看，当前的医疗责任保险宜采限缩解释，不纳入保险范围。

（五）民间民俗疗法须依不同情况决定是否纳入医疗责任保险范围

在我国，民间疗法存世多年，有的广为百姓所接受。起源于美国的手治疗法（Chiropractic），是美国本土民俗疗法中的一种，其创始人是帕尔默（D.D. Palmer），在美国，手治疗法可以作为执业种类，但被限制在没有医师的处方下接受手疗师的手疗。香港将手疗师（Chiropractor）以"脊医"的头衔注册，脊医师业务与治疗范围为"骨骼、肌肉、神经系统之诊断，检测与治疗"，这与骨科医师、神经科医师、神经外科医师、复健科医师、家庭医学科医师、中医外科医师之业务有一定的重叠和交叉。脊医师应用冷敷、热敷、电刺激、超音波、牵引及其他治疗措施，与物理治疗师、营养师、临床心理师的业务有重叠。脊医师应用 X 光、计算机断层、核磁共振、验血及验尿等必要检查以协助诊断与治疗，此与放射师、检验师的业务有一定重叠。在我国台湾地区，根据"卫生主管部门"的相关规定，"整脊"仅限物理治疗师依医嘱或中西医为之。在大陆，中医师经常使用西医方法治疗，但是

---

① 王皇玉:《整形美容、病人同意与医疗过失中之信赖原则——评台北地院 91 年诉字第 703 号判决》,《月旦法学杂志》2005 年第 127 期。

我国台湾地区的"中医师"专业人士，在美国仅能考针灸师（Acupuncturist）执照，不具有医师的身份。在大陆，中医外科医师脊椎推拿疗法，应用冷敷、热敷、电刺激、牵引及其他治疗措施，均为常用的治疗手段，纳入执业医师诊疗行为范围，其行为损害后果纳入执业医师责任保险范围。

（六）验光等行为内容需视行为人的身份和有关法律规范认定是不是诊疗行为，是否纳入医疗责任保险范围

在大陆的医院，眼科的验光行为纳入"诊疗行为"范围，而眼镜店里的验光师验光行为不被认定为诊疗行为。在美国，验光行为必须由执业医师为之。我国台湾地区，由于近视眼人数不断增加，为保护广大民众安全，已经通过"验光师法"，将验光和隐形眼镜配戴纳入诊疗行为范围，非得许可一般民众不得为之。在美国，手足医术作为外科的一个分支，包括外科手术治疗鸡眼、皮肤老茧、手足畸形等。在美国保单持有人保险公司诉卖乔塔（*American Policyholders Ins. Co. v. Michota*）[1] 案中，医师为患者提供手足医术服务的时候，转椅没有固定导致患者受伤索赔，是纳入医疗责任保险理赔范围的。在大陆的足疗店里，挖鸡眼、削皮肤老茧等服务，并不是诊疗行为，但是，假如这些行为由医院护士所为，得否纳入诊疗行为范畴，值得商榷。

（七）以医师资格身份出具医学证明、法律文件等行为不是诊疗行为

在普罗诉圣·保罗火灾与海上保险公司（*Preau v. St. Paul Fire & Marine Ins. Co.*）[2] 案中，威廉·普罗（William Preau）是路易斯安那州的麻醉医师，也是麻醉医师协会（Louisiana Anesthesia Associates, LAA）的股东，该协

---

[1] *American Policy Holder's Ins. Co. v. Michota*, 156 Ohio St. 578, 103 N.E.2d 817 (1952).

[2] *Preau v. St. Paul Fire & Marine Ins. Co.*,（No. 10–30816, 5th Cir. June 23, 2011），http://www.ca5.uscourts.gov/opinions/pub/10/10-30816-CV0.wpd.pdf, 2012–07–09，最后访问日期：2018 年 12 月 20 日。

会为路易斯安那州的医疗中心提供麻醉服务。在普罗发现罗伯特·李·贝利（Robert Lee Berry）滥用盐酸和其他麻醉药物后，就解雇了贝利医师。随后，贝利申请卡德莱茨医学中心（Kadlec Medical Center）麻醉师工作时，普罗为贝利医师出具了医师执业经历的推荐信，陈述中没有提及贝利医师滥用药物和被解雇的事情。2002 年 11 月 2 日，贝利医师在卡德莱茨医学中心为患者金佰利·琼斯（Kimberly Jones）实施麻醉时发生错误，导致患者变成了永久性植物人，琼斯的家人将麻醉师贝利、卡德莱茨医学中心和路易斯安那麻醉师协会作为共同被告，诉诸法院，受理案件的法院因对后面的两个被告缺乏司法管辖权，驳回原告对卡德莱茨医学中心和路易斯安那麻醉师协会的起诉。麻醉师贝利与患者家属达成赔偿 750 万美元以及律师费 74.4 万美元的和解协议。随后，琼斯的家人又在纽奥尔良市的巡回区法院起诉路易斯安那麻醉师协会、卡德莱茨医学中心的股东普罗和其他股东，声称这些被告故意和过失地出具错误陈述信件，在推荐信中没有提及贝利医师滥用药物和遭解雇的事情。普罗将案件报告给自己投保的责任保险公司，要求保险公司进行抗辩，保险公司在保留权利的前提下进行了抗辩，然而，陪审团裁定被告应当向原告赔偿 824 万美元，圣·保罗火灾与海上保险公司拒绝保险理赔。接着发生保险赔偿诉讼，路易斯安那州的联邦分区法院审理该案件，圣·保罗火灾与海上保险公司抗辩称普罗的行为是"故意"为之，拒绝理赔，但是法院认为保险公司未能证明普罗故意要引起患者身体损害，因此判令普罗赔偿 50 万美元，保险公司代表卡德莱茨医学中心与普罗达成和解。

在此案中，被告圣·保罗火灾与海上保险公司认为法院误解了"保险条款关于故意行为的范围"，并且错误理解了"保险范围条款中身体伤害"中"伤害"的概念。圣·保罗火灾与海上保险公司保单中关于保险范围的表述是"任何受到法律保护的人依法可获得赔偿的身体伤害或者财产损害，并且是在本协议有效且引起的保险事故"。

第五巡回法院威廉姆法官认为，普罗所承担的不是"法律要求的"医疗执业行为直接导致的"患者琼斯身体受伤害"的赔偿责任，而是因普罗在推荐信中错误陈述、依法应当赔偿给卡德莱茨医学中心的经济损失——间接损失。卡德莱茨医学中心可得寻求的赔偿是其应对患者琼斯家人索赔而发生的抗辩费用，卡德莱茨医学中心承担对患者身体伤害的索赔案件不具有共同过失责任，其要承担的是其作为一个组织机构违背"独立责任"（医学中心作为出具推荐信的主体，负有独立、客观、真实出具文件的法律责任）的过失行为引起的责任。普罗要承担的责任不是其个人行医行为引起的患者损害，而是其作为卡德莱茨医学中心的股东，在代表卡德莱茨医学中心所写的推荐信中做了错误陈述，使真正的事主贝利医师在随后的执业活动中有机会去伤害其他患者。而圣·保罗火灾与海上保险公司对琼斯不承担理赔责任。

五　结论

判断某个行为是不是诊疗行为，并不是诊疗行为主体、内容、目的三要件缺一不可，而是要结合医疗目的、医治行为、用药行为和实施行为的人的专业资格、职业服务综合判断，并且在时序上进一步区分为诊断、治疗、预后及疗养等阶段，诊疗行为应当具有医疗适应性、医疗技术正当性，以具体内容来综合判断的诊疗行为为原则。诊疗行为纳入医疗责任保险范围，不仅要对"诊疗行为"作出定义，还要结合实践，列明承保和除外免责的诊疗活动，通过责任保险合同约定明晰，减少医疗责任保险纠纷。

青年法苑

论产业政策法治化的完善：时代契机下的变革与转型 *

许俊伟 **

摘 要 产业政策作为一种典型的公共经济政策始终发挥着巨大作用，其不仅弥补了市场调节的缺陷，也增强了国家的竞争优势，对政府的宏观调控而言具有重要价值。但随着中国特色社会主义进入新时代，产业政策需要深度融合法治精神来保障它实现转型升级。并且，经济新常态下的产业发展需要顺势而变，建设现代化经济体系以及促进国家治理体系与治理能力现代化给产业政策赋予了更多内涵。因而，结合当前我国产业政策的时代契机探索产业政策法治化的完善路径是我国产业政策治理制度构建的头等大事。基于此，产业政策法治化的完善应以充分尊重市场规律为前提，以创制主体向尽量少的层级转变为突破口，在机制化建设中不断增强民主性与科学性，建立健全问责制度。

关键词 产业政策法治化 产业政策 时代契机

---

* 基金项目：国家社会科学基金项目"反不正当竞争法与反垄断的关系研究"（15BFX123）；教育部人文社会科学研究项目"政府采购领域中垄断行为的法律规制研究"（14YJA 820016）。

** 许俊伟（1993—），男，汉族，安徽蚌埠人，安徽大学法学院博士生。主要研究方向为经济法。

一 问题的提出

2018 年 7 月 10 日，美国贸易代表办公室发表了《关于 301 调查的声明》，无端指责"中国制造 2025"等产业政策。两天后，我国商务部对美国的无端指责进行了回击，发表声明强调我国的产业政策主要是指导性、引领性。一石激起千层浪，产业政策等相关内容也再次受到了广泛关注。政策这个概念最早产生于政治学和管理学当中，其不仅仅是一种决定，更包含了一系列行动。[①] 如今，政策的内涵主要是指政府、政党以及统治者等采取的任何有价值的系列行动。[②] 正是因为政策是由国家制定或认可并由国家来推动和保障实现的，故政策绝非人治，政策与法在本质上是一致的，是当代法治必不可少的一部分。[③] 在完成了从身份到契约、从管制到治理转变的现代社会，法早已不是那种主权者命令的"拜占庭式的法律"。[④] 产业政策是政策的一种类型，是一种公共经济政策。它是指政府为了促进产业转型与结构调整[⑤]，实现国家特定的经济与社会目的[⑥]，保障国民经济持续、稳定与协调发展，而采取的各种扶持、保护、限制某些产业形成、发展的干预措施的集合。[⑦]

---

① 〔英〕米切尔·黑尧:《现代国家的政策过程》，赵成根译，中国青年出版社，2004，第 5 页。

② 朱一飞:《论我国宏观调控中法与政策的关系——以近 20 年房地产宏观调控为例》，《社会科学研究》2014 年第 4 期。

③ 史际春:《法的政策化与政策法治化》，《经济法论丛》2018 年第 1 期。

④ 〔美〕罗斯科·庞德:《法理学》(第 1 卷)，邓正来译，中国政法大学出版社，2004，第 78 页。

⑤ 章寿荣、王树华:《供给侧结构性改革背景下的产业政策范式转型》，《江海学刊》2017 年第 6 期。

⑥ 徐澜波:《我国宏观调控权配置论辨证——兼论宏观调控手段体系的规范化》，《法学》2014 年第 5 期。

⑦ 席涛:《产业政策、市场机制与法律执行》，《政法论坛》2018 年第 1 期。

　　尽管产业政策这个概念在 20 世纪 70 年代才被绝大多数国家使用，但经济学界普遍认为产业政策随着国家与农牧业的出现就已经产生了。[①] 任何时代只要有国家这个理念存在，就总会有产业政策的制定与实施。所以，经济学界对产业政策本质及其规律的摸索为法学界探讨产业政策法治化提供了宝贵的资源。埃莉诺·奥斯特罗姆就曾认为，没有理由将理论探索限制在一些特定层次的问题上。[②] 产业政策大体分为改变企业间关系的产业组织政策、扶植产业技术发展的产业技术政策、引导生产要素和资源配置的产业结构政策和影响资源在不同区域布局的产业布局政策四种[③]，政府通过对产业发展现状信息的处理以及对产业未来转变趋势的预判，向市场和企业发布信号或指导意见，从而作用于整个经济的运行。产业政策的制定需要在制定者与受制者之间建立一座信任的桥梁，以此使受制者在内心深处自愿遵从产业政策。古语有云，凡事预则立，不预则废，产业政策在我国经济发展史上始终发挥着巨大作用。

　　1986 年，产业政策这个概念第一次出现在我国的官方文件中。[④] 随后在 1989 年，作为我国第一部产业政策的规范性文件——《国务院关于当前产业政策要点的决定》发布，产业政策从此逐渐走上了体系化之路。产业政策在法学领域本质上是一种软法规范[⑤]，但多变的经济形式要求经济政策灵活的特点也难免会造成产业政策运行的盲目与随意。[⑥] 这就需要采取从根本上治理的模式——产业政策法治化。虽然理念总要根据实践经验循序渐进地

---

① 王仙林:《产业政策法初论》,《中国法学》2003 年第 3 期。

② 〔美〕埃莉诺·奥斯特罗姆:《公共事务的治理之道》,余逊达、陈旭东译,上海译文出版社，2012，第 250 页。

③ 白雪洁、孟辉:《新兴产业、政策支持与激励约束缺失——以新能源汽车产业为例》,《经济学家》2018 年第 1 期。

④ 叶卫平:《产业政策法治化再思考》,《法商研究》2013 年第 3 期。

⑤ 黄茂钦:《论产业发展的软法之治》,《法商研究》2016 年第 5 期。

⑥ 张占江:《反垄断法的地位及其政策含义》,《当代法学》2014 年第 5 期。

贯彻，但努力触及这种法治之光自然是值得肯定的。产业政策法治化与法治社会的建设密不可分，可此举并非代表应当将产业政策内容法律化 ①，20 世纪 50 年代日本的一系列做法就明显揭示了这条路是走不通的。产业政策的生命周期都不会太长，法律的稳定性与产业政策的灵活性注定是一道难以逾越的鸿沟。因此，结合当前我国产业政策的时代契机探索产业政策法治化的完善路径是我国产业政策治理制度构建中的头等大事。

二 产业政策的存在理据

社会最优无法由市场经济单独实现，改革开放四十多年来我国所取得的辉煌成就也不简单地依赖市场力量。在我国，不断深入的经济体制改革使市场与政府的关系逐渐机制化，但这并非代表法律规定能够对经济进行宏观调控，政府才是宏观调控的主体。② 其通过实施一定的产业政策引导企业行为，推动产业结构向合理方向变动，增强了国家的竞争优势。所以，产业政策具有重要的存在理据。而且，只有明确了产业政策的存在理据才能对产业政策法治化的时代契机与完善路径展开探索。

（一）弥补市场调节缺陷

福利经济学第一定理指出，市场在均衡的状态下会达到帕累托最优。可事实上，市场机制往往无法自行解决竞争失灵、信息不对称以及物价波动等问题，也无法自行满足充分的就业与经济的适度增长，凯恩斯学派的研究就为这一点提供了很好的佐证。自由市场的失灵为政府的引导提供了可能，自

---

① 刘桂清：《产业政策失效法律治理的优先路径——"产业政策内容法律化"路径的反思》，《法商研究》2015 年第 2 期。

② 史际春、肖竹：《论分权、法治的宏观调控》，《中国法学》2006 年第 4 期。

由主义泰斗哈耶克也曾认为，应正确理解政府干预活动。[1] 各国的经济发展历程进一步证实，市场经济并不完全排斥经济政策，政府运用产业政策调控宏观经济是有必要的，制度经济学界在这一点上亦达成了广泛共识。[2] 即使是贬低产业政策作用的典型市场经济国家也难免会通过实施一定的产业政策来实现超越自由竞争的国民一般利益[3]，美国就是当中的典型代表，其相对法治化和隐蔽化的产业政策是它走出经济危机的关键动力源。但不可否认的是，美国受制度条件和特定禀赋的约束，表面上主要坚持自由放任的"华盛顿共识"，可"华盛顿共识"对很多发展中国家来说会对经济的持续发展造成毁灭性的打击。

市场和政府在本质上绝非对立，平行交易与垂直管理也非自然分离[4]，二者始终层层嵌套。研究表明，在产业结构优化升级的过程中，政府与市场会协同推动。[5] 在当今民主政治与市场经济发展的历史趋势下，单一的政府作用或者市场作用显然都不符合发展的需求，产业政策对经济整体布局与宏观协调的关注有利于引导资源实现优化配置。[6] 市场的决定作用固然重要，但也一定不能忽视政府的作用，我国南北车的合并就是产业政策取得良好效果的典型例证。"使市场在资源配置中起决定性作用"和"更好发挥政府作用"的并重是中国特色社会主义发展模式的精髓，也是习近平新时代中国特色社会主义经济思想的重要部分。[7] 二者的并行摆脱了"华盛顿共识"的局

① 〔英〕哈耶克：《自由秩序原理》，邓正来译，三联书店，1997，第279—281页。
② 徐澜波：《规范意义的"宏观调控"概念与内涵辨析》，《政治与法律》2014年第2期。
③ 罗毅：《关于垄断协议豁免制度的思考》，《价格理论与实践》2014年第5期。
④ 鞠建东、刘政文：《产业结构调整中的有为地方政府》，《经济学报》2017年第4期。
⑤ 韩永辉、黄亮雄、王贤彬：《产业政策推动地方产业结构升级了吗？——基于发展型地方政府的理论解释与实证检验》，《经济研究》2017年第8期。
⑥ 史际春：《经济法》（第3版），中国人民大学出版社，2014，第190—191页。
⑦ 张杰：《把握好政府和市场关系是建设现代化经济体系的关键》，《南京财经大学学报》2018年第2期。

限，强调了政府与市场的有机融合，解决了利益藩篱、机制障碍和信息不对称等问题，激发出了微观主体的更多活力。其实在某种程度上，美国政府鼓励竞争也可被视为一种产业政策[①]，只不过这种产业政策的作用就是在促进竞争。

（二）落实政府宏观调控

传统经济学认为，自由竞争既可以保障充分就业，又可以避免经济危机。不过，在 1929 年发生的世界性经济危机中人们清醒认识到了国家干预的重要性，凯恩斯主义随之产生[②]，宏观经济学也由此成了西方经济学不可或缺的一部分。[③] 宏观经济学与凯恩斯主义相伴而生[④]，二者也在实践中共同指导了美国的罗斯福新政。并且，这种"凯恩斯式的"政策范式在第二次世界大战后形成了一整套完备的体系。[⑤] 在西方经济学中其实并不存在宏观调控一词，出现频率更高的则是宏观经济政策。但在萨缪尔森以及斯蒂格利茨等美国主流经济学家眼里，宏观经济政策几乎等同于宏观调控，也就是所谓的实现宏观性经济目标的国家干预。宏观调控是指政府将政策工具和传导机制作用于市场，促进总需求与总供给相适应，提高潜在的产出增长率。由此可见，市场化主体和传导条件是宏观调控得以发挥作用的基础，产业政策作为一种典型的宏观调控工具可以有效利用既有基础展开结构性调整。

在 2008 年全球金融危机爆发前，西方大多数国家主张遵循单一的规则进行宏观调控。因为这些国家的市场经济已发展多年，体制机制比较健全，

---

① 王仙林：《产业政策的两个关键词：法律与竞争》，《探索与争鸣》2017 年第 1 期。

② 陈承堂：《宏观调控权是怎样生成的 基于罗斯福新政的考察》，《中外法学》2011 年第 5 期。

③ 漆思剑：《剔除附庸性：经济学之宏观调控的经济法改造——兼论国家投资经营法与宏观调控法的区别》，《政治与法律》2009 年第 3 期。

④ 〔美〕约瑟夫·E. 斯蒂格利茨、卡尔·E. 沃尔什：《经济学》（下册），黄险峰、张帆译，中国人民大学出版社，2005，第 468 页。

⑤ 胡代光、厉以宁、袁东明：《凯恩斯主义的发展和演变》，清华大学出版社，2004，第 8 页。

物价水平能够充分反映出经济运行的状况。而且，平均 70% 的消费率使这些国家只要能保证物价稳定就大体能够保障经济增长。不过，在危机后人们发现单一的调控规则还不足以使经济保持稳定，需要政策相机抉择。把通胀率稳定在预期范围内以及降低实际产出与潜在产出的偏离程度是我国宏观调控的主要目标 ①，但不仅如此，优化产业结构也为我国宏观调控所长期锚定。1989 年十三届三中全会召开后，宏观调控这一概念开始被广泛使用。其实，宏观调控最初是为了强调政府不能过多地进行微观干预，要扩大市场主体的自主权。后来由于我国经济长期处在追赶阶段，宏观调控的目标就不仅涵盖了总量平衡与结构优化，也包括了引导产业的下一步发展。特别是在党的十八大之后，寓改革于宏观调控之中的趋势愈发明显，政策的连续性持续加强。

（三）增强国家竞争优势

产业的发展与升级是国家实力增强的体现，工业化国家的实践历程也明确揭示了国家竞争力的核心就是产业竞争力。因而，若想在激烈的国际竞争中展现出国家优势，那就必须提高本国产业在全球分工和贸易利益中的地位。本国产业地位的提高路径大体可分为两种：当一国处在国际领先地位时，该国产业转型可能更多地依靠市场贡献力量；当一国处在埋头追赶阶段时，则会为了吸收他国先进经验而运用各种方式。比如刚建国时期的美国还不是国际规则的制定者，为改变落后面貌，其第一任财政部长汉密尔顿就主张采取国家干预主义，这也在当时美国的公共政策体系中获得了确认。由此可见，国家对产业的干预必须立足本国现有国情，发挥好逆比较优势的作用。与发达经济体相比，经济异质性强在发展中国家尤为凸显，这就难免会造成相对严重的结构性问题。各行业在自由竞争中可能会出现增长的不均

---

① 陈杰、王立勇：《改革开放以来我国宏观调控的有效性研究》，《宏观经济研究》2015 年第 3 期。

衡，正外部性的特征也需要一定程度的国家干预。故然，依循不同行业的发展规律来制定不同的产业政策可以促进整个经济的均衡发展。[①]

改革开放以来，我国经济快速发展，工业化进程不断加快，逐步融入了国际产业体系。在尊重市场规律的前提下，我国政府将政策、企业与消费者有机地联系在了一起，取得了大量的产业革命成果。华盛顿战略与国际研究中心就将这种管理、技术和市场的有机结合称为"健全管理"，并对其展开了深入研究。我国产业政策通过对创新链协作体系形成和强化的促进，铸造了彰显中国工业能力的"大国筋骨"。产业政策不仅可以降低要素重置的成本，也能够使政府尽最大可能承担技术研发和应用中的风险，集中力量发挥技术研发的集聚效应与规模效应，使涉及国家根本或者具有光明前景的产业得以较快发展。国内外目前的严峻形势亦十分需要产业政策在未来很长的一段时间内扮演重要角色，国家发展绝不能罔顾国情。新时代下我国的产业政策既有利于深化供给侧结构性改革，又有利于提高我国在全球分工中的地位，更有利于应对今后可能发生的他国霸权主义行为。

三　我国产业政策法治化的时代契机

多年前曾被视为异端的产业政策如今在全球范围内已有一席之地，但随着中国特色社会主义进入了新时代，产业政策也面临转型升级的问题。经济新常态下的产业发展需要顺势而变，现代化经济体系建设给产业政策赋予了更丰富的内涵，法治精神与产业政策的深度融合能够进一步促进国家治理体系与治理能力的现代化，产业政策迎来了新的发展契机。然而，任何事务的发展绝不可能一路坦途，作为产业政策转型升级基本保证的产业政策法治化

[①]　台航、张凯强、孙瑞：《财政分权与企业创新激励》，《经济学科》2018 年第 1 期。

也绝非一蹴而就，需要在深刻剖析时代契机的基础上不断完善。

（一）经济新常态的需要

"三大改造"的完成距今已有六十多年，改革开放也推动我国经济实现了巨大"跃迁"。但当前我国还是世界上最大的发展中国家，技术水平同发达国家相比依然存在差距。特别是在近些年来，环境承载力已无法负重粗放型的经济发展模式，劳动密集型产业加速流向后发国家，制约因素尤为明显。随着经济发展进入趋势下行、结构减速的新常态，需求管理局限性表现得非常突出，增长速度也由此放缓。基于产品附加值、科技成果转换率依旧有待提高的事实，我国必须直面有效供给不足的问题，发挥创新作用，化解过剩产能。① 在经济进入新常态的大背景下②，产业发展当然也要顺势而变。新古典经济增长理论认为，可持续增长的源泉就在于提高全要素生产率，所以，推进并深化供给侧结构性改革是应对经济新常态的关键。而且，我国目前远未达到"去工业化"的阶段，持续加大对高端制造业和新兴产业的支持才是结构调整与发展转型的最优选择。同时，在依法治国不断深入的过程中，政府和市场关系的再厘定也必将为产业发展注入更强动力，政府会更多运用能够发挥市场配置资源作用的功能性产业政策。

尤其在党的十九大以后，新征程要求我们清楚认识到经济建设着力点的变化，以旧有发展模式遭遇瓶颈为特征的经济新常态为产业政策提供了新的发展契机，产业政策也被赋予了愈加丰富的内涵。可在我国资源缺口加剧扩大的当下③，产业政策并没有从根本上扭转资源稀缺的不利局面。究其本质，不难发现产业政策制定与施行的机制多年来一直裹足不前，无法适应体制转型。即便近年来在宏观经济政策中已增大功能性政策的使用比重，但作为宏

① 陈彦斌、王佳宁：《中国宏观调控的现实功用与总体取向》，《改革》2017 年第 2 期。
② 张晓晶：《试论中国宏观调控新常态》，《经济学动态》2015 年第 4 期。
③ 张卫东、罗怀芳：《中国区域经济增长效率与趋势分析》，《财经科学》2017 年第 8 期。

观与微观重要连接支点的产业政策依然具有大量问题，产业政策法治化诚需完善。经济新常态下的产业发展更加需要原始性技术创新[1]，新技术的产业化也是应对经济新常态的应有之义。在中华民族伟大复兴的道路上，改革开放以来形成的法律体系和制度框架可能存在两面性[2]，这会给未来的发展设置路障。因而，我们要尽最大能力避免今日之积极实践成为明日之改革对象，坚持不简单依据某一法条或判例的实用主义[3]实现产业政策法治化，助力经济的高质量发展，这一理论在当初美国的罗斯福新政中就有所体现。[4]

（二）现代化经济体系建设的保障

建设现代化经济体系在党的十九大报告中被提出，这也是党的文献第一次涉及这方面的内容。在党的十九大后，我国站在新的历史起点上，努力培育新的经济增长点，积极构建现代产业新体系。当前解决我国任何问题的基础是发展，所以，必须实施一系列战略保障发展，实现经济的质量型增长。[5] 现代化经济体系建设既是中国特色社会主义经济理论的重大创新[6]，也是习近平新时代中国特色社会主义思想的重要部分。客观世界悄然发生的变化要求研究者绝不能故步自封，必须不断增强理论的准确性和解释力。[7] 中国共产党始终重视马克思主义唯物史观，坚持理论联系实际，从而筑就了

---

① 吴敬琏：《直面大转型时代——吴敬琏谈全面深化改革》，生活书店出版有限公司，2014，第 128 页。

② 李旭东：《辅助性原则及其对中国央地关系法治化的意义》，《哈尔滨工业大学学报》（社会科学版）2017 年第 5 期。

③ 〔美〕理查德·波斯纳：《法官如何思考》，苏力译，北京大学出版社，2009，第 37 页。

④ 〔美〕凯斯·R. 桑斯坦：《偏颇的宪法》，宋华琳、毕竟悦译，北京大学出版社，2005，第 60 页。

⑤ 何自力、乔晓楠：《建设现代化经济体系，增强我国经济创新力和竞争力》，《马克思主义研究》2017 年第 12 期。

⑥ 许光建、孙伟：《论建设现代化经济体系的重点和若干主要关系》，《价格理论与实践》2017 年第 11 期。

⑦ 郁建兴、黄飚：《当代中国地方政府创新的新进展——兼论纵向政府间关系的重构》，《政治学研究》2017 年第 5 期。

中国特色社会主义理论体系的一座座丰碑。重点强化实体经济的现代化经济体系建设是跨越关口的迫切需要，但在建设过程中如何保障我国企业可以从容面对国外企业的强有力竞争显然值得深思。由此可见，新时代产业政策的作用依然不言而喻。任何时期的产业政策都无不饱含历史属性、时代特质，是故，现代化经济体系建设若要展现出勃勃生机，产业政策必须加快转型。

单纯转变经济增长方式往往并不能保障经济的高质量发展，体制机制变革也是建设社会主义现代化强国的关键。新理念、新思维可以更科学地安排新制度、新决策，完善的社会主义市场经济体制对实现经济的高质量发展具有非凡意义。因而，产业政策法治化是产业政策能够真正转型的基本保证。生产力水平的提高与互联网发展的迅猛态势使社会前进的步伐加快，社会主义市场经济体制在运行过程中暴露出来的问题尤为需要运用法治思维加以处理，我国新时代的法治现代化急切需要在实践中取得突破。对经济增长速度的科学认识不仅有利于实现宏观调控的整体目标[1]，也有利于在产业发展中贯彻法治思维。虽然在1994年我国就已建构起了为以后各项产业政策制定提供指导的基本制度，但这绝非无险避风港，现代化经济体系建设随着全面深化改革的落实诚需产业政策法治化，以满足政府治理能力提升的逻辑维度。

（三）国家治理体系与治理能力现代化的要求

党的十八大以来，全面依法治国进入了新时代，我国法治领域也掀开了崭新一页。特别是在十八届三中全会上，法治中国建设被首次提出，其也被看作国家治理体系和治理能力现代化的重要内容，法治地位卓越攀升。十八届五中全会明确了法治是发展的可靠保障，法治社会和法治经济建设

---

① 吴越：《宏观调控：宜政策化抑或制度化》，《中国法学》2008年第1期。

也开始迈入快车道。在建设法治中国的大背景下，产业政策在法治体系中的深刻影响毋庸置疑。它不仅有助于以更低成本的方式实现产业法治，更有助于用高水平治理的途径促进产业发展。而且，法治精神与产业政策的深度融合可以彰显出国家的治理体系和治理能力现代化，法治的作用空间得到进一步拓展，政府的法治思维与法治意识得到强化。原先，政府主导产业政策的方方面面，并会更多运用建构理性不足的选择性产业政策，颇具管制的特征。肆意、盲目显然无法与良法善治的标准相匹配，服务型政府建设需要从根本上更迭产业政策的制定与实施理念，科学把握因势利导和增强甄别的作用。

在经济新常态下，只有发挥比较优势与建构理性，充分运用功能性产业政策，无差别地为产业主体提供基础设施和竞争环境，才能使服务型政府借助产业政策法治化的进路实现治理能力的现代化。此举不仅是提高产业政策效力的一种手段，也是纠正政府失灵的一项措施。正因如此，可以说世界上任何国家都无法忽视产业政策法治化所带来的深远意义。但当前我国产业政策的制度建设面临困境，所以，其法治之路在全面深化改革的语境下就显得急切与重要。差异的参与主体会使产业政策存在两种截然不同的激励现象，即正向激励与负向激励。贴合实际能够正向激励企业在良性竞争中逐步推动产业发展，而背离规则只会产生负向激励，引起市场主体的恶性竞争，造成产业发展缺乏自生能力的被动局面。值得一提的是，当代所有的产业政策必须充盈习近平新时代中国特色社会主义法治思想，唯有这样，产业发展才具有内在的灵魂保证，国家治理体系和治理能力现代化的目标才会早日完成。

四　我国产业政策法治化的完善路径

公平的市场机制在任何情况下都无可替代，所以，产业政策的运用必须坚持市场化的办法。然而，当前我国的行政性法律规范在约束政府运用公权力引导产业发展方面略有不足，产业政策的运行存在脱法现象。多层级的创制格局给地方政府选择性解读产业政策释放了空间，故创制主体向尽量少的层级转变当是产业政策法治化完善的必然路径。同时，博弈模型生动刻画了产业政策里的政府与民众关系，各方博弈主体选择的不同对策性行为会导致产业政策的实施效果存在差异，这也就无疑使在机制化建设中必须增强民主性与科学性。而且，我国应尽快建立健全问责制度，确保产业政策的约束效力，进一步完善产业政策法治化。

（一）充分尊重市场规律

众所周知，竞争政策和产业政策犹如国家经济政策之两轮，具有一致性。二者相互补充，都弥补了一定的市场缺陷，维护了社会的公共利益。[①]不过，二者的差异性也较为突出，不同的价值取向使它们在调整范围、作用机制以及实施过程上存在差异。狭义的竞争政策可以理解成竞争法，而广义的竞争政策亦将竞争法作为其核心，故任何情况下公平的市场机制都无可替代。市场与政府是配置资源的两种不同方式[②]，在当前几乎所有的市场经济国家中，政府为实现发展目标、克服市场失灵，也会不同程度协调二者的潜在冲突。[③]竞争政策的落实需要依靠产业组织这个舞台来实现，政府干预则必须要遵循市场规律。当面对机遇与风险时，及时的反应至关重要，市场调节往往可能缓慢且未知。所以，产业政策绝不能在该发挥其作用的领域失位。合乎产业发展规律的政府干预是其结构优化升级的必要前提，但产业政策的运用必须坚持市场化办法，这也是产业政策法治化得以完善的先决条

[①] 王先林：《竞争政策的基础性地位及其主要实现路径初探》，《中国价格监管与反垄断》2016 年第 5 期。

[②] 徐士英：《反垄断法实施面临功能性挑战 兼论竞争政策与产业政策的协调》，《竞争政策研究》2015 年第 1 期。

[③] 徐士英：《竞争政策研究：国际比较和中国选择》，法律出版社，2013，第 24—27 页。

件。总之，世界上对产业政策效果毁誉参半的评价可以从侧面反映出不符合
经济规律的产业政策难免以失败告终。

特别是 20 世纪 90 年代日本泡沫经济的崩溃让人们不得不重新审视选择
性产业政策，政府直接配置资源的行为可能引发众多不良后果，无法从实质
上完成预期目标。在新时代里，经济体制改革作为我国全面深化改革的重点
必将对产业政策的制定与施行提出新的法治要求，选择性产业政策已然适应
不了未来的经济发展。法律建立在经济基础之上，社会主义市场经济体制的
健全必须尊重市场决定资源配置的这条铁律。否则，产业政策只会越位挤占
该由市场机制产生功用的领域，严重阻碍市场竞争，与前期设想背道而驰。
基于当下经济运行确实存在回升基础尚不稳固、区域发展冷热不均、风险隐
患依然不少的问题，竞争政策与产业政策的关系更应被深度权衡，努力实现
超越各自为政的兼容并包。同时，政府的职能转变也使得在产业政策中所有
可能的地方引入竞争成了奋斗的目标。相信政府强有力的组织能力能够保障
产业政策得到坚决执行，此举同样意味着充分尊重市场规律的产业政策法
治化能够对抢占产业最前沿以及突破技术制高点起带动作用，逐步延伸产业
链，乘势把握好机遇。

（二）向少层级创制主体转变

我国政府一直都有较强的能力，能通过出台一系列政策保障既定目标的
实现[1]，这在全球范围内可以说是一个公认的事实。为了达到更大的产出效
果，我国产业政策一般会以中央政府的规划为主导，由地方政府根据切身实
际来制定适合地方的产业发展规划。作为产业政策重要实施主体的地方政
府，其大体会依靠对产业发展需要的软硬件方面的支持来凸显区域产业竞争
优势。而且，地方政府必须同时兼顾好对社会稳定的维护，满足劳动者的就

---

[1] 张莉、朱光顺、李夏洋等:《重点产业政策与地方政府的资源配置》,《中国工业经济》
2017 年第 8 期。

业需求。但产业的调整与升级容易给地方经济带来"阵痛"，造成就业率下降，激发社会矛盾。故约束条件会使地方政府在贯彻中央的产业政策时作出取舍，地方官员在晋升激励与任期限制下往往会扭曲理解产业政策，利益偏向的自利行为最终会导致产业政策失效。质言之，拥有行政权力行使者和区域竞争参加者双重属性的地方政府兼具多种身份，可能出于各方面因素考虑而会更多地支持能够使地方经济在短期内获利的企业。不过，这种做法与产业政策法治化的精神在本质上背离是显而易见的。

产业政策多层级的创制格局给地方政府选择性解读释放了空间。长此以往，狭隘的地方主义会将统一的全国市场割裂开来，进而违背中央营造公平竞争环境的意图。因而，创制主体向尽量少的层级转变当是产业政策法治化完善的必然路径。通过剥夺市、县等各级地方政府对产业政策制定权以及决策权的享有可以最大限度解决产业高度趋同、各地竞相攀比的问题，进一步巩固中央政府的主导地位。但为了保证产业政策实施的灵活性，该保留市、县等各级地方政府根据本地实际情况来出台相应实施细则的权力。并且，中央政府应利用大数据平台全面、及时地掌握地方产业信息，在结合产业特征进行微观配合的同时建构起一套正向激励的考核约束机制，将是否坚定不移地贯彻国家产业政策、是否始终如一地坚持国家整体利益予以量化，共同纳入考核地方官员的重点指标体系当中，加大对地方政府执行产业政策行为的监督力度，重惩恶意曲解产业政策的地方政府及官员。

（三）增强民主性与科学性

我国很早就建立起了国家产业政策审议制度，作为体现我国产业政策民主性的一种表现形式，其力图通过对多元利益主体参与权利的保障来增强决策的民主性。可事实上，产业政策在制定和实施的过程中均缺乏民众对情况充分了解后的积极参与，产业政策的民主性相对较低。并且，依靠有限理性创制的产业政策往往因为科学性不足而饱受质疑。即使 PSCP 范式在把公共政策作为内生变量后 ①，一项产业政策的实质性利弊可以被量化比较，但致命的自负足以产生糟糕的结果。伴随政府在制定经济政策时已非常重视理性的预期效果，故应用博弈理论于经济政策制定受到了推崇。产业政策的主客体涉及方方面面，其制定与实施的过程也可视为各方互动博弈的过程。为保证产业政策具有较高的可接受性和较强的可操作性，它必须深深植根于制度土壤，考虑到可能削弱或抵消政策的因素，遵从良性博弈。而且，产业政策制定者对自身利益最大化的追求也让产业政策的公正性颇具争议，此时就需要人民的共同意志对政府行为作出评判。

　　基于此，对产业政策法治化完善的实现必须增强民主性与科学性，推进机制化建设，用定力化解万千变化，绝不率性而为。在研究产业政策制定时，应通过听证会、论证会、信息公开、专家咨询等法定程序确保民众意见得到反映，并需细致考虑特定时期的资源禀赋来合理布局产业发展。为提高政府相机抉择的水平，做好产业政策适时的微调工作，政府在未来要健全研判经济形势的工作机制，及时调整好产业政策实施的节奏。缺乏常规的机制化限制既会导致多项产业政策杂乱无章，也会造成法治精神与法治思维得不到显现。同时，诚需建立一整套新的评估体系来对既定产业发展目标的实现以及产业政策法治价值的实现展开考核，这套体系也大体可从以下两方面着手构建：一方面，确立能衡量产业政策实际功用的量化指标，依此回应民众对其有效性质疑的诘问，客观评价产业政策的运行状况；另一方面，借助有关价值性要素，历时性明晰产业政策的法治化程度，给下一步工作指明方向。

　　（四）建立健全问责制度

　　如今，产业政策的约束效力多来自行政强制，责任虚化。可行政强制并

---

　　① 〔爱〕伯纳德特·安德鲁鲁素、戴维·雅克布森:《产业经济学与组织—— 一个欧洲的视角》(第2版)，王立平等译，经济科学出版社，2009，第19页。

不应然等同于合理约束，产业政策必须在法治框架内运行，符合经济规律。然而，实施主体在利益驱使下可能会进行权力寻租，仅仅寄托于道德说教未免太不切实际，这难免会导致疏于履行职责的现象时有发生。是故，我国应尽快建立健全问责制度，确保产业政策的约束效力，进一步完善产业政策法治化。近年来很多国家无疑都加快了对问责制的建设，问责制的建立健全也是所有法治国家的基本特征，权力的公益性决定了权力主体只能谋求公共利益。[①] 法律后果作为法律规范的基本结构之一，责任制度方面的缺失意味着规范性往往流于形式，会给法治社会建设产生很大的不利影响。基于此，唯有建立健全问责制度才能使产业政策制定与施行机关权责明确地履行职责，更好地实现产业政策创制时的预期设想。产业政策的效力保障一定要产生于对违反相关产业政策主体处罚的制度安排，以此约束产业主体在实践中依法落实产业政策，促进产业政策法治化逐步趋向完善。

哈佛大学教授丹尼·罗德里克提出过产业政策应遵循的十条原则[②]，问责制赫然在列。诚然，采取相关措施避免产业政策违反法律规定是产业政策法治化的应有之义[③]，但到位的责任制度会更加有利于对政府行为进行有效治理。虽然经济活动在短时间内就可能有较大变化，对一项产业政策是否进行合理的判断也颇为复杂，责任认定往往比较困难，可政府官员对其职责范围内的任何事宜负全责是无可厚非的。如果有理由相信官员在特定情势下的某种具体行为中立、客观，与行为本身之间不存在利益捆绑，那就无须其承担相应后果；如果有证据认定官员的决策或判断是因存在利益捆绑而作出的，且带有浓重的主观性色彩，那就必须要求其承担法律责任。相比于竞

---

① 徐澜波：《宏观调控权的法律属性辨析》，《法学》2013 年第 6 期。
② 〔美〕丹尼·罗德里克：《相同的经济学，不同的政策处方》，张军扩、侯永志等译，中信出版社，2009，第 113—116 页。
③ 丁茂中：《产业政策的竞争评估研究》，《法学杂志》2016 年第 3 期。

争领域较高的法治水平，产业政策拥有广阔的可为疆域，建立法治政府的时代诉求需要产业政策法治化，大刀阔斧地廓清产业政策主客体间的责任。同时，建立健全问责制度有待于公共服务制度、知识产权制度等配套制度的支持，行业组织也要发挥帮助企业获取市场信息的作用。

五　结语

2018 年 7 月 26 日，习近平主席在金砖国家领导人约翰内斯堡会晤大范围会议上就指出，全球正在经历产业变革，未来需要加强宏观经济政策协调以及加速经济结构转型升级。① 因此，产业政策对产业变革而言至关重要。可是，我国的产业政策虽在实践中未有间断，利益驱使下的权力寻租行为却屡见不鲜，如何保证在产业政策的创制与运行中紧紧厉行法治，显然值得人们思考。鉴于民主是法治的基础，我们应当坚信通过提升民众对产业政策制定与实施的参与度能够跨越这类障碍，丰富我国产业政策独特的法治内涵。同时，某些大国在当下一意孤行地秉持零和博弈思维使反全球化思潮暗流涌动，世界经济的不确定性加剧。为了战胜新挑战，必须扩大对我国实体经济的有效投入，弘扬"晋江经验"。暮色苍茫看劲松，乱云飞渡仍从容，以后注定要用法治不断保障产业整体竞争力的增强。这也意味着，产业政策法治化的完善必将昭示世人，只要找准方向、不息驰骋，产业政策的演进在中国经济航船的劈波斩浪中定会走向成功，我国的现代化之路在不久后终将实现。

---

① 汪晓东、杜尚泽、李志伟：《习近平出席金砖国家领导人第十次会晤并发表重要讲话》，《人民日报》2018 年 7 月 27 日，第 1 版。

行政惯例的认定与审查

——基于中国行政审判案例第 152 号的体系反思

陈　洁[*]

摘　要　我们的法治国家建设以依法行政为核心，但是行政活动中存在大量依惯例行政的现象，就此行政争议诉至法院后，法院在审理时也并非一概予以否定。行政惯例的认定与审查成为实现行政法治的重要内容。行政惯例的认定要件，须从"前提要件，在成文法上无明确规定；主体要件，由行政机关在行政活动中形成并得到公众的接受；客观要件，长期反复存在并被普遍适用"三方面进一步厘清。司法实践中的行政惯例审查规则可整合为"不抵触现行法且具有一定的合理性"。"不抵触"可从两方面进行判断：在权利义务关系中，惯例不得减损现行法已规定的权利或者增设现行法未设置的义务；在职权和职责关系中，惯例不得增设现行法未授予的职权或者缩减现行法已设置的职责。"具有一定的合理性"则可从行政效率、相对人权利保护等行政的价值追求考虑。

关键词　行政惯例　认定要件　审查规则

---

* 陈洁，华东政法大学法律学院宪法学与行政法学专业 17 级硕士研究生。电子邮箱为 18916610632@189.cn。联系电话为 18916610632。本文初稿与修改稿曾在陈越峰副教授主持的"行政法研习营"上报告，感谢陈老师的悉心指导，华东政法大学硕士研究生陈红、张怡静、苏笑梦、吴嘉懿等对本文提出宝贵意见，在此一并申谢。

一 引言

伴随着行政实务的丰富以及行政法理念的变迁，行政机关在行政活动中的"惯常做法"逐渐进入行政法学研究的视野。学界与实务界目前对这一"惯常做法"谓之"行政惯例"。依法行政之"法"，在实践与理论中都是一个外延不断拓展的概念。除法律之外，行政法规、行政规章、规范性文件甚至行政惯例都可以构成行政职权运作的依据。行政惯例广泛存在于行政实务之中，并随着行政诉讼进入司法领域。最高人民法院甚至明确肯定，法定职责包括法律、法规、行政合同等设定的，也包括行政惯例形成的。① 行政依据的拓展虽然满足了现代行政机动灵活的要求，但给民主主义与法治主义带来挑战。② 为避免行政法治的解构，需要将行政惯例纳入行政合法性的范畴之内考量，因而对行政惯例的认定及其司法审查尤为必要。

学界主流观点主张惯例的现代行政法法源地位及作为法源的位阶效力。关于行政惯例的认定要件，在"形成的长期性""适用的高频性""公众的确信"等要素上已达成共识。分歧主要在两个方面：其一，形式上，行政惯例是否须为法院生效判决所确认；其二，内容上，行政惯例是否必须合法、合理。③ 司法裁判在这两个方面有明确的倾向：既不强调惯例为生效判决确认的形式，也不要求其内容必须合法、合理。关于行政惯例的审查规则，学理

---

① 参见中华人民共和国最高人民法院行政审判庭编《中国行政审判案例》（第 4 卷），中国法制出版社，2012，第 169 页。

② 王贵松：《依法律行政原理的移植与嬗变》，《法学研究》2015 年第 2 期，本文即表达了对"法"外延扩大的忧思，主张恢复依法律行政的基本原理或基本原则的地位。

③ 参见章剑生《论"行政惯例"在现代行政法法源中的地位》，《政治与法律》2010 年第 6 期；周佑勇《论作为行政法之法源的行政惯例》，《政治与法律》2010 年第 6 期；章志远《行政惯例如何进入行政裁量过程——对"钓鱼执法事件"的追问》，《江苏行政学院学报》2010 年第 4 期。

对此的专门研究较少且有待深化①，近年来司法实务积累了一些经验，并通过行政审判案例第 152 号尹荷玲诉台州市国土资源局椒江分局土地行政批准案② 集中呈现。

在整个法律案件的解决过程中，司法是最后一道程序，法官的认定也影响着人们对法律的认识，从法律内部的视角研读判决必不可少。③ 本文以《中国行政审判指导案例》关于该案的内容为材料，结合最高人民法院行政审判庭的案例评析要点对裁判思路进行梳理，运用行政法学相关理论加以分析，发现裁判规则存在的问题并试图提出可能的法的解释与适用方案。本书从以下三个方面具体展开：首先，从司法实践中初步提炼出行政惯例认定要件，并对其加以学理阐释，得出明晰、可操作的行政惯例认定要件；其次，沿着最高人民法院评析所提的行政惯例审查思路，对该判例进行释明与反思；最后，对最高人民法院所提的惯例审查规则进行完善，以期对涉及行政惯例的司法审查类案件有所助益。

二　最高人民法院行政审判案例评析

（一）事实概要与判决内容

1.事实概要

尹荷玲系台州市椒江区某村村民。2010 年 3 月，尹荷玲所在村委会允

---

①　检索知网，笔者发现仅有两篇论文对行政惯例的司法审查问题进行了专门研究，但所提审查规则均过于原则化，关于具体适用还有可研究的空间。参见尹权《论行政惯例的司法审查》，《法律科学》2008 年第 1 期；王瑷琳《论行政惯例适用及其司法审查》，浙江工商大学 2015 年硕士学位论文，第 43—48 页。

②　本案见于中华人民共和国最高人民法院行政审判庭编《中国行政审判案例》（第 4 卷），中国法制出版社，2012，第 165—170 页。案情内容较长，争议焦点除涉及行政惯例外还涉及裁判方式问题。限于论题，故笔者仅就相关部分予以深入讨论。

③　参见朱芒等《判例研究六人谈：判例研究及其对中国法学理论的影响》，《华东政法大学学报》2015 年第 5 期。

许符合条件的村民申请建房，尹荷玲提交了"农村私人建房用地呈报表"并经村委会同意。同年 11 月 17 日，台州市国土资源局椒江分局下属的海门中心所向尹荷玲作出答复：根据椒江区国土分局领导商量意见，不能审批宅基地。尹荷玲申请行政复议未获支持，于 2011 年 1 月 19 日以台州市国土资源局椒江分局为被告向法院起诉。尹荷玲诉请撤销上述答复，并判令被告重新作出同意原告审批宅基地的行政行为。

2. 判决内容

一审法院认为，被告作出不能审批宅基地的答复没有事实根据，也违反法律规定。作出如下判决：(1) 依法撤销被告台州市国土资源局椒江分局向原告尹荷玲作出的不审批宅基地的答复；(2) 责令被告于判决生效 30 日内，审核同意原告的建房申请。被告不服，提起上诉，称自己无权作出审核同意的意见。

二审法院认为，虽然按照《浙江省实施〈中华人民共和国土地管理法〉办法》第 36 条第 1 款的规定，农村村民建造住宅用地，应当向户口所在地的村民委员会或者农村集体经济组织提出书面申请，经村民委员会或者农村集体经济组织讨论通过并予以公布，乡（镇）人民政府审核，报县级人民政府批准。但经查明，当地在实践操作上，农村村民建造住宅申请材料在报给乡镇人民政府、街道办事处进行审核前，均先由国土资源部门予以审查，无异议后再按照上述规定的程序办理。本案当事人申请办理流程即遵循了此种操作方法。被上诉人尹荷玲的情形符合《椒江区农村村民宅基地管理补充实施意见 1》规定的分户建房标准。根据在案证据和法律规定，被诉答复没有事实和法律的依据，一审判决并无不当，驳回上诉，维持原判。

（二）审判思路

在本案中，当地村民申请住宅用地审批的惯常操作办法是经村委会讨论通过之后，在乡镇政府审核之前由国土资源部门介入审查，无异议再按照《浙江省实施〈中华人民共和国土地管理法〉办法》相关条款规定的程序办理，但是现行成文法并没有规定国土资源部门拥有对村民申请住宅用地进行审查并作出决定的职权。因此，本案审理时的焦点之一在于：在现行成文法仅规定村民委员会（或集体经济组织）、乡（镇）政府以及县级政府对农村村民申请住宅用地负有审批职责时，国土资源部门（包括乡镇国土资源中心所和县级国土资源局）介入乡（镇）政府之前进行审查的"惯常做法"可否作为认定其具有相应职责的依据，进而责令其重作审查决定。

一审中，诉讼双方均未对国土资源部门的审查职权产生怀疑，从法院判决撤销并责令限期审核同意可看出其所称"也违反法律规定"之指向是关于原告权利的实体规定，并非有关行政机关的职权规定。被责令对原告申请作出审核同意决定的被告以自己"无权作出审核同意的意见"为理由之一提起上诉。二审中，法院查阅有关农村村民建造住宅申请审批程序的立法规定，发现《浙江省实施〈中华人民共和国土地管理法〉办法》的相关条款确未规定国土资源部门的审查权，但又查明当地实践中确存在国土资源部门介入审查的"惯常做法"，进而根据该惯常做法认定其有审查职权。因而，维持原审判决，即上诉人仍需在法定期限内作出审核意见。

三　行政惯例认定要件之厘清

（一）认定要件提取

本案中，法院审理查明，在当地实践操作中，农村村民建造住宅的申请材料在报给乡镇人民政府、街道办事处进行审核前，均先由国土资源部门予以审查，无异议后再按照《浙江省实施〈中华人民共和国土地管理法〉办法》第36条第1款规定的程序办理，并据此肯定了国土资源部门的审查权。国土资源部门介入审查并没有法律、法规甚至规章层面的直接规定，实际上是法律规范之外的行政自主性操作。由关键词"当地""在实践操作上""均"等可见此种操作办法在实践中被多次、反复、普遍采用，在国土资源部门一方形成一种实践"惯性"，其他行政机关及当地民众也对此采默认的态度。

最高人民法院对该案的评析中将此种惯常做法定性为"行政惯例"，但对于行政惯例的认定要件未予明确，只简单提及"行政惯例是'实践中行政机关的长期操作办法'"，它由"行政主体在对某种或某类事务实际上采取反复同样的处理方法"而形成。[①] 另一审判案例评析有述及："行政惯例是指行政机关在处理某一类行政事务时长期反复存在，并且普遍适用的习惯性做法。"[②] 从最高人民法院的结论性观点可以初步得出司法中认定行政惯例的基本要素：(1) 由行政机关在某类行政活动中形成；(2) 源于实践的做法或处理方法，而非严格依据成文法规定作出；(3) 该种做法长期反复存在；(4) 具有普遍适用性。

（二）认定要件厘清

为了便于司法实务的运用，上文所得的四个初步要素有待按照一定的逻辑结构加以调整，形成更为严密的认定要件体系。对内容同类的要素可以进一步整合，在法教义学上也需要结合法学理论对要件进行阐释。

1.前提要件：在成文法上无明确规定

行政惯例作为不成文法的法源之一，属于与成文法相对立的不成文法的范畴，因而其生成前提应当无成文法的明确规定。有学者认为行政惯例只有

---

① 中华人民共和国最高人民法院行政审判庭编《中国行政审判案例》（第 4 卷），中国法制出版社，2012，第 168、169 页。

② 中华人民共和国最高人民法院行政审判庭编《中国行政审判案例》（第 4 卷），中国法制出版社，2012，第 79 页。

在成文法尚未调整的法域中才有可能生成。① 按照最高人民法院的观点，有两种类型的行政惯例，一是成文法规定不明确时的试行做法，二是成文法已明确规定但还有更方便的变通做法。② 可见，司法上并不将惯例的生存空间限定于成文法的空缺领域，而是着眼于惯例本身是否为成文法所吸收。无论是试行做法还是变通做法，惯例本身在成文法上都无明确规定，它是法律规定之外的行政自主。

若以成文可见的形式出现，是否影响其认定呢？在此，须重新明确"成文法"的概念。现代社会的成文法必须经民主立法程序，有明确的制定主体与制定程序要求，行政立法也要受此拘束。③ 行政惯例即使落成于文字，如以规范性文件的形式出现，也没有经由立法程序审议，因此不可能成为现代意义上的成文法。可见，是否以文字的形式存在不影响对其进行认定。

当然，是否只要存在成文法空缺就可以生成行政惯例呢？有学者认为，在干预行政领域中，限制或者剥夺基本权利的事项，行政机关的某些"做法"并非当然可以成为行政惯例。④ 本文在司法审查的视域下研究行政惯例，认为惯例的有无与可否是两个层面的问题，前者系事实描述，而后者是价值判断。事实描述是价值判断的前提，不妨先认定为行政惯例，再对其进行评

---

① 参见章剑生《论"行政惯例"在现代行政法法源中的地位》，《政治与法律》2010年第6期。

② 中华人民共和国最高人民法院行政审判庭编《中国行政审判案例》（第4卷），中国法制出版社，2012，第79页。

③ "成文法"概念在法制史上有巨大的变迁。法制萌芽时期，法律从习惯走向文本是人治衰落与法治兴起的表现，彼时只注重法律是否形式可见，而未注意法律制定主体的实质权限。随着思想启蒙与近代法治的发展，人们开始注意到法律制定主体本身是否有权限制定法律，要求立法机关必须具有广泛的民主性，方能代表民意制定约束全体社会成员的法律规范。

④ 参见章剑生《论"行政惯例"在现代行政法法源中的地位》，《政治与法律》2010年第6期。

价。若保障司法审查对惯例的可否生成与适用进行审查判断，那么，对是否认定为行政惯例则无须倍加谨慎。

2. 主体要件：由行政机关在行政活动中形成并得到公众的接受

从产生来看，行政惯例始于行政机关在行政活动中的操作，但也离不开相对人的参与，行政机关与行政相对人共同构成了行政法律关系的两方。[①]现代行政越来越强调公众参与，"开放性、协商性、互动性明显增强"[②]，行政相对人被认为是行政法律关系中重要的一方当事人，相对人及社会公众的有效参与为行政过程及其结果提供合法性资源。[③]在行政法法源体系中，从成文法到惯例，公众积极表达意志的程度在降低，为了补强民主正当性，需要考虑公众的态度。若公众多以复议、诉讼的形式，表达对某种做法的强烈反对并获得有效支持，该种做法也不可能"惯行"下去。因此，公众在惯例的生成过程中具有相当的"发言权"，也具有主体地位。

学者们均主张惯例必须为公众确信之要件。但是，所谓确信属主观意志要素，其存在于民众的内心，在实践中如何证明公众已然确信成为难题[④]，摒弃此主观要件从客观层面考察实有必要。与内心确信相对应表达在客观层面的，即公众的接受。一般来说，主动接受表现为在行政活动中为积极地参与遵循，被动接受则表现为事后未提起行政争诉以表达反对的态度。这种是否接受的客观态度，可通过考察既往行政及司法案例判断。

---

① 在内部行政领域与外部行政领域均可形成行政惯例，内部惯例仅由行政机关单方行为即可构成，不对外发生法效力则不会完全进入诉讼程序，进而引起认定及审查的问题。因此，本文未将内部惯例纳入讨论范围。

② 赵宏：《法治国下的目的性创设——德国行政行为理论与制度实践研究》，法制出版社，2012，第 89—90 页。

③ 相关研究可参见王锡锌《公众参与和行政过程—— 一个理念和制度分析的框架》，中国民主法制出版社，2007。

④ 有学者已经注意到这一问题，对此主张个案判断的方法，遗憾的是，在个案中究竟如何判断并未予以交代。参见章剑生《论"行政惯例"在现代行政法法源中的地位》，《政治与法律》2010 年第 6 期。

3.客观要件：长期反复存在并被普遍适用

惯例之形成，自当因其惯常使用而成通例，它是由具体的行为集合化而抽象生成的规则。行政机关在行政管理活动中，对某一事项反复适用同一种处理规则，有适用时间长、频率高、适用对象多的特点，这些均是客观要素。

长期存在，强调的是行政惯例不可能一朝一夕形成，也不可能像立法一样于某一明确的日期形成，其形成需要一定的时间与实践的积淀。反复适用，强调的是运用频率，对同一事项多次、高频地适用，行政机关本身对此种操作办法已经产生"路径依赖"，行政相对人也会对此产生合理信赖[1]，如果仅在一段时间内偶尔适用则不可能形成惯例。普遍适用，强调的是适用对象的众多，如果仅对个别的、特殊的相对人适用，则不可能抽象为一种具有拘束力的规则，以至于具有法源的地位；在得到普遍适用时，相对人受平等原则的保护[2]，相同情况下行政机关非以正当理由不可差别对待。

综上，本文拟将行政惯例的研究起点定位于司法实践，对学理观点有所吸收但也与之有明显区别。本文在总结司法裁判经验的基础上，提出"行政惯例"的概念，具体表述为"在成文法上无明确规定，由行政机关在行政活动中形成并得到公众接受的，长期反复存在且普遍适用的习惯"。依据前提要件、主体要件、客观要件等可对行政惯例予以识别。需要注意区别的是，行政惯例的性质仅为"习惯"[3]，不能直接等同于"习惯法"。在现代国家，法不仅要满足形式正义的标准，亦要满足实质正义的标准，追求法治应

---

[1] 参见中华人民共和国最高人民法院行政审判庭编《中国行政审判案例》（第4卷），中国法制出版社，2012，第77—81页。

[2] "行政规则通过稳定的适用确立了同等对待的行政惯例，据此约束行政机关自身。除非具有客观理由，不得同等情况不同等对待（所谓的行政自我约束）。行政机关在具体案件中无正当理由偏离稳定的、为行政规则确立的行政惯例，构成违法平等原则。"〔德〕哈特穆特·毛雷尔：《行政法学总论》，高家伟译，法律出版社，2000，第599—600页。

[3] 法理学上所谓，经社会普遍实践的规则被命名为"习惯"。参见〔美〕约翰·奇普曼·格雷《法律的性质与渊源》，马驰译，中国政法大学出版社，2012，第205页。

有的自由、平等、民主、正义的价值内核。^① 习惯与习惯法有本质区别，习惯只有在符合法律制度的价值标准的范围内才具有法律渊源的意义，其本身并不当然属于习惯法。^② 学理观点主张"为法院生效判决确认"与"必须合法合理"，即分别从形式和内容两方面将行政惯例作为习惯法来要求。作为习惯的行政惯例，其合法性与合理性还有待司法审查，审查通过之后方能加以适用。

四 行政惯例审查规则之完善

（一）本案释明与反思

1. 释明

本案行政惯例，系"当地在实践操作上，农村村民建造住宅申请材料在报给乡镇人民政府、街道办事处进行审核前，均先由国土资源部门予以审查，无异议后再按照《浙江省实施〈中华人民共和国土地管理法〉办法》第三十六条第一款的规定的程序办理"。关于是否承认国土资源部门的审查权，《中国行政审判案例》有两种意见表述：一种意见认为，国土资源部门不具有法定的审核或批准权，法院只宜以超越职权为由，判决撤销被诉答复；另一种意见认为，实践中已经形成了本案中由国土资源部门事先审查同意的做法，虽无明确的法律条文依据，但确实构成了一项行政审批职权并进而产生了相应的行政职责，人民法院有权在对其审查并不违反法律明确规定的情况下，作出相应的裁判。^③ 审理法院持第二种意见，也是被最高人民法院肯定

---

① 参见赵宏《法治国下的目的性创设——德国行政行为理论与制度实践研究》，法制出版社，2012，第32—33页。
② 参见王利明《论习惯作为民法渊源》，《法学杂志》2016年第11期。
③ 中华人民共和国最高人民法院行政审判庭编《中国行政审判案例》（第4卷），中国法制出版社，2012，第168页。

的意见。

审理时，法院并未点明此种操作办法为"行政惯例"，更未对该操作办法进行合法性审查或合理性评价，而是直接据此肯定国土资源部门的审查职权，并径行裁判，表现出对惯例的高度尊重。最高人民法院评析时提出"不明显违背上位法的行政惯例，可以作为人民法院认定行政机关具有相应法定职责的依据"，表明已将行政惯例作为法源之一，并肯定了成文法与行政惯例的上下位阶关系。"如果不明显抵触现行法，符合行政效率且具有一定的合理性，应可作为人民法院的参照适用的依据"，也即设立了行政惯例审查的三项并列要素:(1)不明显抵触现行法;(2)符合行政效率;(3)具有一定的合理性。

最高人民法院还有这样一段补充说理:"国土资源部门先予审查并且嵌入到既有法定审批流程中的做法不仅长期、普遍存在，在一定程度上也提高了行政效率;从行政职权运作来看，法律、法规规定的由县级人民政府批准，实际上操作的职能部门也系国土资源部门。这种因提前介入形成的行政惯例并进而产生的行政批准职权应当同时产生行政职责，应当接受人民法院的司法审查，在必要时构成认定其应当履行的行政职责的依据。"

按照法定流程，村民建造住宅申请须向村委会（或农村集体经济组织）提出申请，经村委会（或农村集体经济组织）讨论通过并公布后，由乡（镇）政府审核，再报县级政府批准。"长期、普遍存在"表明惯例的操作办法在当地已经为社会公众及其他行政机关所普遍接受。"从行政职权运作来看，法律、法规规定的由县级人民政府批准，实际上操作的职能部门也系国土资源部门"，描述了一般的行政实践，即申请材料进入县级政府之后，县级政府作为综合性行政管理主体，由于日常行政事务繁多且不具有对土地管理问题的专业判断，在实际操作中是交由其职能部门即国土资源部门进行实质审查的，最后由政府根据审查情况作出批准与否的决定。

国土资源部门在行政行为法上虽然没有作出审查，但在行政实际运作中是具体负责审查的机关。按照行政惯例，国土资源部门介入乡镇政府审核之前进行审查并对相对人作出是否准予的决定。如果审查同意，申请进入乡镇政府，由于已有国土资源部门的专业判断，乡镇政府的审核可依据国土资源部门专业的审查意见，这使其判断更加容易；进入县级政府，在行政程序上免去了申请材料再转交国土资源部门的人力与时间成本。如果审查不同意，由国土资源部门直接对申请人作出不同意的答复，宅基地申请审批流程到此终结，免去了后续流程，大大节约了行政成本。因而，遵此惯例"在一定程度上也提高了行政效率"。

最高人民法院显然欲以这一说理来论证该行政惯例"不明显抵触现行法，符合行政效率且具有一定的合理性，可作为人民法院的参照适用的依据"。对于"不明显抵触现行法"，从行政的实际运作来看，现行法规定的由县级政府批准，进入县政府层面后实际进行审查的职能部门是国土资源部门，因而国土资源部门提前介入审查与现行法规定虽然不一致但未脱离行政实际。对于"符合行政效率"，最高人民法院虽然并未展开说明，但将惯例内容展开剖析亦可理解。对于"具有一定的合理性"，最高人民法院更是仅此一句，如果从观点与说理的对应上来看，似乎与"长期、普遍存在"相对应，则解读为得到行政机关及当地民众的接受便具有一定的合理性。整体上，最高人民法院是从行政实践层面考察，将惯例的内容与现行法在实际运作中的状况进行对比，以符合"运行中的法"来证明惯例的合法性。

2. 反思

本案惯例实则包含了程序与实体两方面的内容。一方面，国土资源部门（椒江区国土资源分局及其下属的海门中心所）介入乡镇政府审核之前进行审查，形成了中间过程的程序性权力。另一方面，审查无异议后按照法定流程，审查有异议则审批流程不能进行下去，因而该"审查"也具有对相对人申请权产生终局影响的实体性效力。

按照《土地管理法》和《浙江省实施〈中华人民共和国土地管理法〉办法》，对于村民提出的宅基地建设申请，村民委员会（或集体经济组织）具有组织讨论是否通过的法定职责，乡（镇）人民政府具有审核的法定职责，县级人民政府具有决定是否批准的法定职责。从文义上来看，"讨论""审核""批准"三项职责的内容有本质区别。就"批准"而言，"讨论"与"审核"都是前置行为而非最终行为，"批准"作为最后一个环节，是唯一具有终局效力的行为。假设前置审查环节可以对外作出终局性决定，规定最后的批准环节则无必要。《土地管理法》要求乡村建设，包括农民建设住宅，其建设用地都必须经过县级以上有关人民政府批准。[①] 根据当时参与修法的全国人大常委会法工委工作人员的说明，当时的修法背景与目的正是针对以往土地审批制度导致大量耕地流失的现象，尤其提到政府部门越权批地等问题，才作出上收建设用地审批权的决定。[②] 因此，按照行政程序，自村民将建房申请交给村委会或集体经济组织时行政审批程序启动，直至县级人民政府作出审批结果，这是一个完整的审批过程。[③] 宅基地建设申请审批作为多阶段的行政行为，只有县级以上政府的批准行为才能最终决定相对人权利是否成立，前置行为均是阶段性的内部行为，对外不直接发生法律效力。

关于国土资源部门的提前审查权，查阅国土资源部的数次发文，发现

---

① 关于宅基地申请审批程序至今沿用 1999 年《中华人民共和国土地管理法》的规定，其对 1989 年《中华人民共和国土地管理法》的建设用地申请与审批的内容作了重点修改。1989 年《中华人民共和国土地管理法》仅规定村民申请住宅用地、使用耕地的，经乡级人民政府审核后，报县级人民政府批准；使用原有的宅基地、村内空闲地和其他土地的，仅由乡级人民政府批准即可。参见 1989 年《中华人民共和国土地管理法》第 38 条。

② 参见《土地管理法释义》，中共中央党校出版社，1998，第 158、200、215 页。

③ 参见《浙江省嘉兴市中级人民法院行政判决书》（〔2013〕浙嘉行终字第 3 号）。

其确实得到了积极倡导。① 但是，这种"审查"若在实质上转变为对相对人申请权产生终局性法律效果的行政权力，从行政一方来看，惯例创设国土资源部门审查并对外作出是否同意的权力，使国土资源部门在土地审批行为中成为权力、名义、责任相统一的独立的行政主体，但在现行法规定的行政主体中，国土资源部门未在其列，即惯例构成了在现行法之外行政主体的扩大化。在行政法中，一项行政职权的设立也是对公民施加权利限制或课予其义务。从相对人一方来看，国土资源部门的终局性审查权限制了相对人建造住宅申请经县级以上政府最终决定的法定权利，在外部形式上也增加了申请须受国土资源部门审查的义务。从救济角度而言，一旦就批准行为产生争议，若按法定程序，作为行政诉讼被告的应当是县政府，此时一审在中院，二审在高院，再审可至最高院；若按惯例流程，发生争议，相对人提起行政诉讼后，国土资源部门成为适格被告，此时初审在基层法院，二审在中院，再审在高院，案件始终在省内法院之间流转，这就使相对人丧失了经高层级司法更为公正审判的层级利益。而"下位法扩大行政主体""限制或剥夺上位法规定的权利"均属于最高人民法院明列的"抵触"的情形。② 《立法法》第

① 在建设项目申请审批程序中，国土资源部制定《建设项目用地预审管理办法》，要求需政府审批的建设项目，由该政府的国土资源管理部门在建设项目审批、核准、备案阶段，依法对建设项目涉及的土地利用事项进行预审。在村镇建设用地申请审批程序中，国务院及国土资源部也多次下发文件要求国土资源部门提前介入审查，《国务院批转国家土地管理局关于加强农村宅基地管理工作请示的通知》（国发〔1990〕4 号）要求，严格宅基用地审批手续，凡是要求建房的，事先必须向所在的乡（镇）政府或县（市）土地管理部门提出用地申请。经审核，对符合申请宅基地兴建自用住宅的，由土地管理部门确定宅基地使用权，丈量用地面积，并依法批准后，方可动工。《国土资源部关于加强乡（镇）国土资源所建设的指导意见》（国土资发〔2010〕24 号）提出，乡（镇）国土资源所是国土资源管理工作的基础，农村村民宅基地审批由其进行初核。《国土资源部关于进一步完善农村宅基地管理制度切实维护农民权益的通知》（国土资发〔2010〕28 号）规定，接到宅基地用地申请后，乡（镇）国土资源所或县（市）国土资源管理部门要组织人员到实地审查申请人是否符合条件、拟用地是否符合规划和地类等。

② 参见《最高人民法院关于审理行政案件适用法律规范问题的座谈会纪要》（法〔2004〕第 96 号）。

82 条规定："没有法律、行政法规、地方性法规的依据，地方政府规章不得设定减损公民、法人和其他组织权利或者增加其义务的规范。"此为对规章设定权限的禁止性规定。行政惯例在法源体系中的位阶处于规章以下，按照"举重以明轻"的原则，惯例也必须遵守此法律规定，不得在现行成文法之外减损公民权利或增加其义务。如此，该行政惯例既违反《土地管理法》的修法目的又触犯《立法法》与司法解释的禁止性规定，已然构成对现行法的明显抵触。以违法为代价的行政效率在依法行政框架内已无正当价值可言，更没有其他合理性对其予以补足，轻易违法自是脱离了法治行政的轨道。

因此，本案中国土资源部门实质上的终局决定权明显超越法律法规规定的职权，可依据"超越职权"予以撤销。① 撤销之后，国土资源部门的审查是提前还是置后，属于行政自主的内部程序，只要其不对外发生效力，就不是行政诉讼的标的。

（二）审查规则之完善

关于行政惯例的审查，最高人民法院所提的三要素审查规则本身也存在缺陷。首先，其表达十分模糊，对"不明显抵触""一定的合理性"的内涵并没有作任何阐释，也没有结合案情进行详细分析，使很难将其作为审查要件加以适用。其次，在逻辑关系上层次不明、存在交叉，"行政效率"也表明了"合理性"的价值要求，单列"一定的合理性"于文本材料中也指示不明。最后，从行政实践考察，以"运行中的法"来论证本就是行政操作的惯例的合法性，不仅有循环论证的嫌疑，亦缺乏"规范中的法"的考量，致使对法规范之立法目的的忽视，因而对是否抵触现行法有所误判。为此，需

---

① 实践中行政行为动态发展过程中存在外部化问题，初审机关存在行政不作为而阻碍行政程序推进，或初审机关超越权限直接对外作出准予许可或不予许可的实体决定，即构成可诉。参见刘飞、谭达宗《内部行为的外部化及其判断标准》，《行政法学研究》2017年第 2 期。

要对行政惯例审查规则加以完善，使之语言表达更为明确、逻辑结构更为严谨、学理基础更为规范。

1. 不抵触现行法

本案中最高人民法院所言"不明显抵触现行法"，按文义，惯例若存在抵触现行法的情形，但抵触得不明显，仍然存在肯定其效力的可能，对"明显抵触"的判断则成为关键。根据最高人民法院关于"抵触"情形的列举，学理从权利义务关系与职权职责关系角度对之进行了归纳：(1) 在权利义务关系中，下位法限缩、取消上位法已经确认的权利或者扩大、增加上位法没有设置的义务的；(2) 在职权和职责关系中，下位法扩大、增加上位法没有授予的职权或者限缩、取消上位法已经设置的职责的。[①] 在行政法律关系中，公民权利义务往往与行政职权职责相对应，行政职权职责的增减会使公民权利义务发生变动。不得减损公民权利或增加其义务作为法律明文的强制性规定[②]，同时应视为对行政职权职责增减的严格限制。因此，学理所言"抵触"应是最高人民法院在本案中所言的"明显抵触"。

在行政法中，行政职权的行使通常是相当谨慎的，必须有将整个行政事务分配给行政机关的组织规范和将某一事项授权于某一行政机关具体进行的根据规范。[③] 行政组织必须由宪法或法律予以规范，而不能由行政机关自行其是，这是民主和法治对公共行政组织的一个最基本的要求。否认法律对公共行政组织予以规范的必要性和可行性，就容易在事实上完全纵容行政恣意甚至行政专断。行政机关在机构设置、职权设定等方面任意主张，其裁量权就会过于宽泛而极易导致"合法"外衣下的行政专断和权力滥用，就会出

[①] 参见章剑生《行政诉讼中规章的"不予适用"——基于最高人民法院第 5 号指导案例所作的分析》，《浙江社会科学》2013 年第 2 期。
[②] 《立法法》第 82 条："没有法律、行政法规、地方性法规的依据，地方政府规章不得设定减损公民、法人和其他组织权利或者增加其义务的规范。"
[③] 参见〔日〕盐野宏《行政法总论》，杨建顺译，北京大学出版社，2008，第 46—47 页。

于部门利益考虑而争权越权。^① 如果允许行政惯例随意设置行政职权无疑是对行政法治的解构。

需要注意的是，对于职权要从形式与实质两个层面双重理解，本案给我们的启示是：在考察实质层面的行政职权实际运作状况时，也要注意到法律规范中关于行政职权行使的形式要求，形式要求的背后可能存在特殊的立法目的。然而，其对于行政职责却不同。本案最高人民法院评析也明确表述：法定职责作为行政主体在行使行政职权的过程中应当承担的义务，包括法律、法规、行政合同等设定的法定职责，也包括行政惯例形成的职责。最高人民法院之后又公布的典型案例与几个地方法院判决也都有采纳引用。^② 这几个案例中的惯例所涉行政职责，均为行政机关对不属于本机关办理职责事项应当及时移送有权机关办理的职责。是否有其他可依据惯例认定的职责，具体情形还有待司法判决的积累，但从行政法学理论而言，作为行政自我拘束的职责在一定限度内可自主设定。

考察惯例是否减损公民权利或者增加其义务时，需要将按照惯例操作状态下公民的权利义务状况与遵循法律规范时的权利义务状况进行比较，从原始法律关系到救济法律关系全面地判断权利是否减损、义务是否增加。

2.具有一定的合理性

现代国家行为要求建立在正当性基础之上，行政惯例缺乏成文法的依据，允许其存在则需要寻找借以支撑的合理性基础。"不抵触现行法"标准为行政惯例划定生存底线，"具有一定的合理性"标准则为行政惯例提供存

① 沈岿：《公法变迁与合法性》，法律出版社，2010，第33—35页。

② 参见《钟华诉北京市工商行政管理局通州分局行政不作为案》，中国法院网，https://www.chinacourt.org/article/detail/2015/01/id/1534636.shtml，最后访问日期：2018年8月30日；《江苏省南通市港闸区人民法院行政判决书》（〔2015〕港行初字第00136号）；《广东省佛山市南海区人民法院行政判决书》（〔2015〕佛南法行初字第134号）。

在原因，二者都是必备要素，具有并列关系。

本案中，最高人民法院所提出的"行政效率"是一种合理性的价值。"行政效率是行政权的生命，现代社会中的行政权尤其如此。"[①] 行政效率的提高不仅有利于节约行政一方的成本，还加速了相对人一方权利义务得以稳定的期限。但是效率作为与正义相对立的一种价值，对行政效率的追求不得毁损正义价值，具体表现为不得对相对人权利造成减损。本案惯例虽具有效率意义，但以相对人权利减损为代价，则失去了正义。除行政效率外，得到司法实践肯定的还有"具体执法规律"[②]，它遵循行政的特点在实践中积累而成，司法对执法规律的肯定也体现了司法权对行政权的尊重。

在现代行政法中，行政权通过行政机关发挥作用的全部意义在于承认行政相对人有独立于国家的自身利益，行政相对人的利益获得法律的充分保护。行政相对人构成了行政权的目的，行政机关所有的行政活动都是为了满足行政相对人的利益诉求。行政相对人不再是行政权结果的消极承受者，而是行政权行使过程的积极参与者。[③] 在行政惯例的生成过程中，行政的单方推行需要行政相对人的接受；在对行政惯例的合理性进行评价时，不得不考量相对人一方的利益追求。行政审判案例第 135 号"吴小琴案"就是考虑相对人权利保护的一则判例，该案中虽然行政惯例与法定的保险费收缴秩序不一致，但基于惯例在当地给公众带来的信赖，考虑到相对人的信赖利益保护

---

① 章剑生：《现代行政法基本原理》，法律出版社，2008，第 34 页。
② 见于"广州德发房产建设有限公司诉广州市地方税务局第一稽查局税务处理决定案"。最高法在其典型意义中阐述："尊重行政机关长期执法活动中形成的专业判断和行政惯例。通过司法确认的方式，认可……具体执法过程中形成的不违反法律原则和精神且符合具体执法规律和特点的惯例，对今后人民法院处理类似问题提供借鉴方法。"中华人民共和国最高人民法院网，http://www.court.gov.cn/zixun-xiangqing-47862.html，最后访问日期：2018 年 8 月 30 日。
③ 章剑生：《现代行政法基本原理》，法律出版社，2008，第 87、89 页。

问题，其仍然肯定了惯例的个案效力。①

　　但是，合理性的限度问题也不容忽视。在依法行政的框架之内，行政惯例正当地存在始终不能逾越抵触现行成文法的界限。合理性只能用以支撑惯例存在的一方面原因，合理性应是以不抵触现行法为前提的标准。合理性是一个外延极其广泛的价值概念，虽然具有模糊性，但更好地给予了法官在个案中进行灵活判断的权力，从而保障个案正义。合理性的具体情形会是多种多样的，对合理性的类型列举及进一步研究还需凭借后续司法判例的积累。

五　结语

　　将行政惯例纳入现代行政法法源的观点被学界极力倡导，司法实务亦积极认定并予以审查和适用。但是，行政惯例作为法源之一进入行政诉讼时，依法行政与依惯例行政之间的张力如何消解，成为需要审慎研究的问题。实践中，基本形成了先认定后审查的思路，但是如何认定和审查尚未形成学理定论和指导实践的规则。

　　本文通过对行政审判案例第 152 号案的解读与反思，试图从中挖掘行政惯例的认定要件与审查规则，运用法学理论加以完善，探索得出更易于司法适用的方法。其中，关于行政惯例的合理性判断，由于目前判例积累尚不够，还无法展开类型化的研究，笔者将在今后的研究中对此继续关注。

---

① 中华人民共和国最高人民法院行政审判庭编《中国行政审判案例》（第 4 卷），中国法制出版社，2012，第 77—81 页。

论犯罪工具的没收 *

王晶晶 **

摘 要 由于没收犯罪工具是对所有者权益的剥夺，对犯罪工具的没收应尤为慎重。在司法实践中，对犯罪工具的认定，定义模糊；犯罪工具的没收，标准不一，且对案外第三人财产保障不足。对此，认定犯罪工具，应从客观角度分析其对犯罪活动产生的影响，而不应以权属状况为依据；没收犯罪工具，应引入比例原则，从犯罪分子再次使用该物的可能性、惩罚与犯罪行为所造成危害的相当性角度进行考量。在没收共有和他人所有的犯罪工具的场合，需以第三人的注意义务为要件，以保护无过错共有人和第三人的合法利益。

关键词 犯罪工具 没收 实际使用 比例原则 注意义务

一 犯罪工具没收的司法问题

我国《刑法》第 64 条规定："……违禁品和供犯罪所用的本人财物，应

---

* 基金项目：2018 年度最高人民检察院检察理论研究课题"保护网络产业发展的司法政策研究"（GJ2018D61）。

** 王晶晶，安徽大学法学院硕士研究生。电子邮箱：838503608@qq.com。电话：15205609054。

当予以没收……"该条为没收犯罪工具的法律依据。[①] 在通过中国裁判文书网以"犯罪工具""没收"为关键词所搜索选取的 100 份刑事裁判文书中，作为犯罪工具的"供犯罪所用的本人财物"，主要包括工具属于本人所有财物、与他人共有财物以及第三人所有财物三种类型（见图1）。本文拟以犯罪工具的三种类型为线索分析我国犯罪工具没收的司法问题。

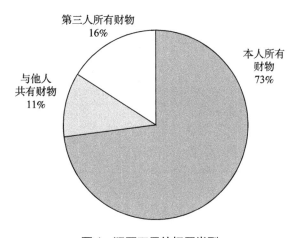

图1 犯罪工具的权属类型

（一）在犯罪工具属于本人所有财物场合，是否一律没收

属于本人所有财物的情形，是犯罪工具认定的主要问题类型。在 100 份裁判案例样本中，有 73 份涉及对犯罪分子本人财物的处理。其中，有 46 份裁判案例将属于犯罪分子所有的个人财物认定为犯罪工具并予以没收，有 5 份裁判案例将其认定为犯罪工具但不予没收，另外，有 22 份裁判案例将其认定为非犯罪工具。宏观上看，有 73 份裁判案例样本的裁判理由不尽相同（见表1）。微观上看，四个代表性案例更为形象地说明了在犯罪工具属于本人所有财物场合没收的具体问题。

---

① 参见胡成胜、王莉《犯罪工具没收的权属限制和量度限制》，《人民检察》2017 年第 23 期。

表 1 犯罪工具属于本人所有财物场合的法院裁判及其理由

单位：份

适用情形	判决理由	数量	案号列举
认定犯罪工具并予以没收	专用于或者主要用于犯罪活动应认定为犯罪工具	12	（2016）桂 0331 刑初 181 号（2017）云 23 刑终 129 号
	在犯罪过程中使用即应认定为犯罪工具	34	（2017）冀 05 刑终 276 号（2017）兵 02 刑 1 号
认定犯罪工具但不予没收	犯罪工具财产与犯罪危害程度不相符	4	（2018）豫 07 刑终 146 号（2017）川 15 刑终 235 号（2018）桂 10 刑终 102 号
	非专门犯罪工具	1	（2015）衡中法刑二终字第 98 号
认定为非犯罪工具	非用于犯罪	5	（2017）桂 10 刑终 145 号
	非专门用于犯罪	17	（2016）赣 1130 刑初 88 号（2018）豫 06 刑终 72 号

案例 1：在史晓飞抢劫、诈骗案中，一审法院判决没收作案工具金立牌手机一部。河北省宁晋县人民检察院抗诉提出，该手机不应作为作案工具予以没收，只有专门用于犯罪活动或者主要用于犯罪活动而偶作其他使用时，才可以认定为作案工具；该手机应当返还被害人。河北省邢台市人民检察院检察员的出庭意见也认为，史晓飞并未将此手机直接用于作案，而是作为日常使用，该手机不是作案工具。而二审法院认为，犯罪工具是指犯罪分子进行犯罪活动所使用的一切物品、器械，只要在犯罪时以犯罪为目的而使用的物品、器械，即为犯罪工具，并不要求必须专门或者主要用于犯罪活动，故驳回抗诉，维持原判。[①]

案例 2：在泽某某、称某某非法持有、私藏枪支、弹药案中，法院认为，供犯罪所用的本人财物，应是行为人直接且专门用于犯罪之物，对犯罪的完

———
① 邢台市中级人民法院（2017）冀 05 刑终 276 号刑事裁定书。

成起决定性或促进性的犯罪工具。涉案手机系被告人本人财物，用于日常通信交流，不是为了实施犯罪而特意准备，不具有用于实施犯罪的专门性，被告人可以通过其他途径获得枪支、弹药，其对构成本罪不起决定作用。因此，涉案手机不符合犯罪工具的认定要件，由执行扣押机关返还被告人。[①]

通过案例1和案例2对比不难看出，法院在犯罪工具是否应专用于或主要用于犯罪活动的问题上存在分歧。

案例3：在尚大伟盗窃案中，一审法院判决没收作案工具汽车一辆。尚大伟以将汽车予以没收理据不足为由提起上诉。二审法院认为，尚大伟驾驶本人汽车伙同他人进行盗窃，该汽车在盗窃犯罪活动中起犯罪工具的作用，属于盗窃犯罪所用的财物，应予没收；但由于尚大伟伙同他人共同盗窃电缆总价值仅为3466元，而尚大伟于2017年1月份购买该汽车的价格达8万余元，且并非专门用于犯罪活动，因此将该汽车予以没收与尚大伟所犯罪行的社会危害性不相适应，且显失公平，原判予以没收不当，应予纠正。[②]

案例4：在高某某、朵某某盗窃案中，一审法院判决对作案工具车牌号为渝D01707的黑色大众牌轿车　辆予以没收。朵某某及其辩护人提出一审判决将渝D01707黑色大众牌轿车作为犯罪工具予以没收不当。重庆市人民检察院第五分院认为，朵某某将渝D01707的黑色大众牌轿车作为实施盗窃犯罪的工具，依法应予没收。二审法院经审理认为，根据刑法规定，供犯罪所用的本人的财物，应当予以没收；渝D01707黑色大众牌轿车属朵某某所有，朵某某实施犯罪时均驾驶该车，属于法律规定的"供犯罪所用的本人财物"，故依法应当予以没收；朵某某及其辩护人的该上诉理由及辩护意见不能成立，不予采纳。[③]

通过案例3和案例4对比可以看出，法院在犯罪工具是否应一律予以没

---

① 白玉县人民法院（2018）川3331刑初3号刑事判决书。

② 新乡市中级人民法院（2018）豫07刑终146号刑事判决书。

③ 重庆市第五中级人民法院（2016）渝05刑终465号刑事判决书。

收的问题上也存在分歧。

基于上述两组案例，"供犯罪所用的个人财物"的认定与没收存在如下问题。一方面，犯罪行为人在犯罪活动中使用的本人财物是否均应认定为犯罪工具。换言之，犯罪工具是否要满足专用于犯罪或主要用于犯罪活动的条件。另一方面，在认定为犯罪工具后，是否应当对犯罪工具一律予以没收。

（二）在没收共有犯罪工具的场合，如何兼顾共有人的利益

犯罪人将与他人共同所有的财物用于犯罪（共同犯罪的情况除外），是没收犯罪工具的第二种类型。在 11 份此类裁判文书中，多数法院认为，犯罪人虽对共有财物享有部分所有权，但将其用于犯罪就应认定为犯罪工具。同时，该种观点又分两种情形：一种是认定为犯罪工具予以没收；另一种则是虽为犯罪工具，但不予没收。仅有 1 份裁判案例认为，犯罪人非唯一所有权人，因而不能将其犯罪所用之共有物认定为犯罪工具（见表 2）。由此可见，没收共有犯罪工具的场合，与没收本人犯罪工具的场合相同，都存在对犯罪工具本身认定的共有问题。而且，案例 5 和案例 6 还显示了没收共有犯罪工具的自身问题。

表 2　在没收共有犯罪工具场合的法院裁判及其理由

单位：份

适用情形	判决理由	数量	案号列举
认定为犯罪工具且予以没收	虽为共有，但是犯罪人享有使用权	4	（2017）粤刑再 9 号 （2013）鹤刑终字第 38 号 （2017）陕 10 刑终 73 号 （2014）遂中刑初字第 13 号
认定为犯罪工具但不予没收	非本人财物，保护案外人利益	4	（2014）安市刑再上字第 1 号 （2016）川 01 刑终 817 号 （2018）鲁 0725 刑终 2 号
认定为非犯罪工具	非唯一所有权人	1	（2017）陕 08 刑终 351 号
	非专用于犯罪	2	（2016）宁 04 刑终 96 号 （2016）皖刑终 187 号

案例 5：在霍开耀、陈晓华盗窃案中，一审法院判决对作案工具比亚迪小轿车一辆予以没收，上缴国库。上诉人霍开耀提出，认定陕 A2JE66 号比亚迪小轿车系作案工具并判决予以没收错误，请求二审法院予以改判。二审法院认为，上诉人霍开耀实施盗窃犯罪过程中驾驶的陕 A2JE66 号比亚迪小轿车，系犯罪工具，该车虽登记于其妻名下，但属于夫妻共同财产，上诉人霍开耀对该车辆享有所有权，一审判决予以没收并无不当，因此判决驳回上诉，维持原判。①

案例 6：在李英全非法采矿案中，被告人李英全辩解，自己与他人合伙买挖掘机不专门用于开采石头，主要给别人干工程。法院认为，犯罪工具的没收范围、价值应当与犯罪的危害性质、危害程度相当，且犯罪工具的没收也应当注意保护第三人的合法权益；本案中，被告人李英全非法采矿所用的挖掘机系被告人李英全与他人共同购买，并非主要用于非法开采石头，且非法开采的石子数量较少，故该挖掘机虽为作案工具，但不宜没收。②

案例 5 和案例 6 的问题在于，在犯罪分子对该工具财物并非享有独立所有权的情况下，如果可以将该物认定为犯罪工具，那么基于共有人的利益考虑，是否应对犯罪工具进行没收。若判决予以没收，则如何兼顾其他共同所有人的利益。

（三）在没收第三人所有犯罪工具场合，如何看待第三人的损失

在涉及案外第三人财物的 16 份裁判文书（见表 3）中，有 4 份裁判文书将第三人所有的财物认定为犯罪工具并予以没收，3 份判决认定为犯罪工具但不予没收，9 份判决认为涉案财物属于第三人所有，不应认定为犯罪工具，更不应予以没收。除了犯罪工具本身认定的共同问题之外，案例 7 和案例 8 也显示出第三人所有犯罪工具自身存在的问题。

---

① 商洛市中级人民法院（2017）陕 10 刑终 73 号刑事判决书。
② 昌乐县人民法院（2018）鲁 0725 刑终 2 号刑事判决书。

表 3   在没收第三人所有犯罪工具场合的法院裁判及其理由

单位：份

适用情形	判决理由	数量	案号列举
认定为犯罪工具且予以没收	他人所有物品，但是用于犯罪应予没收	3	（2018）豫 1628 刑初 22 号 （2017）粤 01 刑终 1146 号 （2018）豫 1628 刑初 226 号
	第三人知情	1	（2015）宁刑初字第 2 号
认定为犯罪工具但不予没收	是作案工具但不予没收	3	（2018）湘 0481 刑初 136 号 （2015）天刑初字第 23 号 （2016）冀 08 刑终 148 号
认定为非犯罪工具	他人所有不予没收	9	（2013）鹤刑终字第 38 号 （2016）赣 03 刑终 53 号 （2014）头刑初字第 142 号 （2018）甘 11 刑终 40 号

案例 7：在杨某某非法经营案中，法院认为，根据河南省高级人民法院《关于办理刑事案件追缴犯罪所得没收犯罪工具若干问题的规定》，犯罪分子使用他人物品实施犯罪的，犯罪工具应予没收；本案犯罪工具别克小型普通客车，经查，系被告人杨某某向王某所借用，该车应予没收。[①]

案例 8：在方小强走私、贩卖、运输、制造毒品案中，法院认为，被扣押的白色 vivo 牌触屏手机一部，属犯罪工具，应当予以没收。被扣押的人民币无证据证实为犯罪工具或违法所得，而被扣押的小型汽车不属于被告人本人财物，本案不宜处理。[②]

据此，能否将用于犯罪的第三人所有而由犯罪人占有并供犯罪使用的财物认定为犯罪工具？若认定为犯罪工具并予以没收，则如何处理第三人的损失？

---

① 鹿邑县人民法院（2018）豫 1628 刑初 226 号刑事判决书。
② 盈江县人民法院（2017）云 3123 刑初 225 号刑事判决书。

对与犯罪工具相关的裁判文书理由进行统计以及对典型案例进行对比分析，可以总结出司法实践中关于犯罪工具的没收主要存在以下问题。第一，犯罪工具是否应满足专用于犯罪活动这一条件。第二，若将与他人共有财物认定为犯罪工具予以没收，如何保障共有人的利益。第三，能否将第三人所有的财物认定为犯罪工具并予以没收。

二　犯罪工具认定的一般标准：实际使用

犯罪工具的认定与没收是两个方面的问题。犯罪工具的认定是刑法的否定性规范评价，而没收是刑法对犯罪工具所进行的强制处分。因此，犯罪工具的认定是对其没收的前提条件。实践中，犯罪工具的认定是否需要满足专用性，如上所述，各地法院分歧较大。而理论界存在三种不同的学术观点："违禁品相当说""相对专用说""实际使用说"。

（一）"违禁品相当说"及其弊端

"违禁品相当说"理论。"违禁品相当说"认为，非违禁品的犯罪工具，虽不属于法律、法规明文规定的违禁品，但此物应是行为人主要或者通常用于犯罪的财物。[①] 该理论通过两个方面对犯罪工具进行认定。一方面，对犯罪工具进行性质上的界定，表明犯罪工具属于违禁品、违法所得之外的物品，而且其在危害程度上与违禁品相当。犯罪构成是认定犯罪成立的条件，犯罪概念不是认定犯罪的具体标准。[②] 违禁品对社会秩序、公共安全均具有危险性，从防卫的角度出发应予没收，故而，犯罪工具的性质是具有社会危险性。另一方面，该说还对犯罪工具的范围进行限缩，要求主要或通常用于犯罪。据此，正常的财物仅在偶尔场合用于犯罪，不具有普遍性和与违禁品

---

① 参见张明楷《论刑法中的没收》，《法学家》2012 年第 3 期。

② 储陈城：《"但书"出罪适用的基础和规范》，《当代法学》2017 年第 1 期。

相当的危险性，不应被认定为犯罪工具。此观点虽然在一定程度上肯定了犯罪工具的危害性，但是对犯罪工具的认定作了进一步限制，即不仅要具有用于犯罪的通常性，而且其危害性要与违禁品相当，这就将具有一般危险性的物品排除在范围之外，从而有将犯罪工具的范围进一步不当缩小之嫌。

（二）相对专用说及其缺陷

"相对专用说"理论。"相对专用说"认为，应当以财物价值的大小来进行专用性判断，而且仅对价值较大的财物进行专用性的判断，对价值小的财物无须考虑专用性。[①] 例如，在毒品犯罪中，如果犯罪行为人用于吸毒的工具价值较小，则无须再利用专用性标准对其进行评判。"相对专用说"虽然对公民的合法财产权的保护进行了充分的考量，但是存在明显的理论缺陷。一方面，其将"价值小"的工具排除在犯罪工具的认定之外，这种过度限缩犯罪工具范围的做法，在一定程度上会助长犯罪的势头，不利于打击使用犯罪工具的犯罪。[②] 另一方面，对于工具的价值判断，是依据工具自身的实际价值、社会一般理性人的观念还是工具与犯罪所得价值的比较，没有统一的判断标准。因此，该说的具体操作非常混乱。

（三）"实际使用说"的合理性

"实际使用说"理论。"实际使用说"认为，犯罪工具是指在犯罪预备、犯罪实施过程中，或犯罪完成后为了掩饰犯罪所得、毁灭证据而使用的物品。[③] 首先，在犯罪预备过程中，行为人有将该物品用于犯罪的可能性，因而具有法益侵害可能性；其次，在犯罪实施过程中，犯罪工具作为犯罪人行为能力的延伸，对整个犯罪过程起到促进，乃至决定性作用；最后，在犯罪

---

① 参见张阳、郭小峰《论"犯罪工具"的内涵及其处理模式》，《昆明理工大学学报》2008年第 5 期。

② 一般而言，使用犯罪工具的犯罪，较无犯罪工具的犯罪的社会危害性大。

③ 参见刘鹏玮《"特别没收"的司法失衡与规范重塑——以"供犯罪所用的本人财物"之没收为视角》，《苏州大学学报》（法学版）2017 年第 3 期。

行为结束之后，掩饰犯罪所得、逃避侦查所利用的物品也应被认定为犯罪工具。

在认定犯罪工具时以"实际使用说"作为判断标准更具有合理性。犯罪工具的认定不应以专用性进行限制，否则会使对犯罪工具的认定范围过于狭窄，达不到对犯罪工具进行评价乃至没收的目的。只要犯罪人将本人所有财物用于犯罪，就可以将此物认定为犯罪工具，而无须考虑是否将其专用或通常用于犯罪。而且，在犯罪过程中进行作用大小的区分同样也不能作为认定犯罪工具的标准。因为犯罪工具所起的作用是客观的，在认定部分就将所起作用较小的财物排除在犯罪工具之列，有限制犯罪工具范围之嫌。"实际使用说"通过犯罪过程的各个阶段分别认定犯罪工具，相对于"违禁品相当说""相对专用说"更具有合理性。

三　犯罪工具没收的一般条件：比例原则

关于犯罪工具的认定，"实际使用说"可能存在的问题是，所认定的犯罪工具范围较大。对此，应当从没收角度进行限制，以防止侵害公民的合法财产。有学者认为，关于犯罪工具的没收，应坚持罪责刑相适应原则和比例原则，以犯罪的社会危害性为基础，全面考虑犯罪的性质、情节、损害后果等因素，保持犯罪工具的没收与犯罪行为社会危害性的相当关系。① 其中，罪刑均衡原则存在缺陷，应当合理运用比例原则。

（一）罪责刑相适应原则及其缺陷

罪刑均衡原则要求惩罚程度与行为造成的危害之间具有相当性，但罪责刑相适应原则在犯罪工具没收的适用中存在两个问题。第一，将罪责刑相适

---

① 参加张阳、郭小峰《论"犯罪工具"的内涵及其处理模式》，《昆明理工大学学报》2008年第5期。

应原则运用到没收犯罪工具之中，缺乏足够的理论基础。罪责刑相适应原则作为刑法的基本原则之一，是法定的刑罚措施应当严格遵循的原则，而学术界通说认为没收并不是一种刑罚措施而仅仅是一种保安处分。因此，运用罪责刑相适应原则没收犯罪工具缺乏刑法体系理论的支撑。第二，罪责刑相适应原则缺乏对犯罪预防的考量。在实践中所存在将罪责刑相适应原则用于犯罪工具没收问题上的案例，如在陈道明等三人盗窃上诉案中，关于原审法院没收原审被告人刘某某的作案工具货车的问题，二审法院认为，该货车在刘某某实施盗窃犯罪中确系"供犯罪所用"的财物，属犯罪工具，但由于刘某某盗窃犯罪数额仅为 22832 元，而该车价值为 27 万元，且该车平时主要用于正常营运，并非专门用于犯罪活动，综合考虑上述因素，根据赃物处理的"相当性原则"，没收该货车与刘某某所犯罪行的社会危害性不相适应，显失公平，原判予以没收不当，应予以纠正。[①] "相当性"原则仍然建立在犯罪工具价值与犯罪所得价值的比较基础之上。在上述案例中作为犯罪工具的汽车价值为 27 万元，但犯罪所得极低，此时法院依据"相当性"原则作出不予没收的判决。然而，在很多犯罪所得数额巨大的场合，犯罪工具的价值往往远远低于犯罪所得，如果对此类犯罪的犯罪工具不予没收，也不合理。以此为依据所作出的没收犯罪工具的决定，无法满足预防犯罪的需要。

（二）比例原则的具体应用

比例原则包括合目的性、必要性、均衡性三个原则。合目的性原则在犯罪工具的没收上表现为，对犯罪工具的没收符合预防犯罪的需要，即犯罪分子再次使用该物的可能性大小。若犯罪工具被再次用于犯罪的可能性较大，则出于预防犯罪的角度考虑，应予以没收；若犯罪分子只是偶然将该财物用于犯罪，虽然可以依据认定标准将其界定为犯罪工具，但是不应予以没收，

---

① 乌鲁木齐市中级人民法院（2014）乌中刑二终字第 3 号刑事判决书。

因为没收该犯罪工具并不能达到预防犯罪的目的。

将比例原则引入犯罪工具的没收在处理上更具有妥适性。首先，比例原则作为宪法性原则，具有指导性意义，其与刑法目的、功能、基本原则、制度以及谦抑性理念等基本内容之间具有高度共通和契合之处，该原则在刑法领域的适用不会引发其与刑法价值、适用目的以及制度的冲突、不协调。[1]具言之，将犯罪行为所造成的危害性与犯罪工具的价值进行比较，若犯罪工具价值远远大于犯罪损害，可以考虑没收一部分，体现对犯罪分子合法财产的保护；在犯罪工具不可分割或者强行分割会使犯罪工具丧失其原有价值时，应当将犯罪工具全部没收；原物存在时，应当对原物进行没收，并且只有将犯罪工具没收才能从根本上消灭再犯罪条件，以达到预防犯罪的目的。追征或以其他财产相替代并不能消除犯罪的客观条件，因此替代性没收并不恰当，可以将没收的犯罪工具进行变价处理。依据《最高人民法院关于刑事裁判涉财产部分执行的若干规定》第12条，被执行财产需要变价的，人民法院执行机构应当依法采取拍卖、变卖等变价措施。对犯罪工具进行没收，客观上已经消除了行为人再次犯罪的条件，达到了预防犯罪的目的。因此可委托有关部门对犯罪工具进行变卖、拍卖，所得价款，可基于比例原则，按照与行为危害性相适应的原则将所得价款没收之后，将剩余部分退还给被告人。

四　犯罪工具认定与没收的特殊条件：注意义务

（一）犯罪工具仅存在于故意犯罪中的不足

认定和没收犯罪工具时应考虑的另一个问题，是犯罪行为人主观意图

---

[1]　于改之、吕小红：《比例原则的刑法适用及其展开》，《现代法学》2018年第4期。

所产生的影响。违法性认识是罪责的规范评价要素,只有具备违法性认识的场合才能对行为人进行相应的归责。[①]"主观意图说"认为,犯罪工具应当仅存在于故意犯罪之中,即要求行为人有将其本人财物用于犯罪的认识,并且有犯罪的故意。[②] 在上述对犯罪工具没收进行样本分析时存在故意犯罪类型居多的情况,但是不能因此将过失犯罪排除在犯罪工具认定的范围之外。

在故意犯罪中,行为人在主观上对于实施犯罪存在一种故意的心理,希望或者放任犯罪结果的发生。在犯罪预备或者实施犯罪过程中,犯罪行为人意识到自己使用某种物品以进行犯罪活动,并且希望通过客观的犯罪行为来达到预期的效果,因此在故意犯罪中对犯罪工具的认定比较简单。问题的关键在于对过失犯罪中犯罪工具的认定,即在犯罪行为人对犯罪行为所造成的危害结果存在过失的心理时,犯罪工具的范围界定。在过失犯罪中,尽管犯罪行为人在主观上并无造成危害结果的故意,但是客观上确实损害了某种法益,即使用某物品实施犯罪并造成危害结果。显然,不能因为行为人主观上没有想要犯罪的意图,而否认过失行为所造成的危害结果。同理,不能因为犯罪行为人的主观意图而否认在过失犯罪中不存在犯罪工具。司法实践中也确实存在过失犯罪中认定犯罪工具的情况,如在徐剑浩交通肇事案中,法院判决对缴获的犯罪工具予以没收。[③] 因此,犯罪行为人的故意或者过失的罪过类型不能作为认定犯罪工具的标准。

(二)第三人所有财物的犯罪工具的认定

仅将犯罪工具界定在犯罪分子本人所有或与他人共有范围之内,会在

---

① 刘艳红:《违法性认识的体系性地位——刑民交叉视野下违法性认识要素的规范分配》,《扬州大学学报》(人文社会科学版)2015 年第 4 期。

② 参见刘鹏玮《"特别没收"的司法失衡与规范重塑——以"供犯罪所用的本人财物"之没收为视角》,《苏州大学学报》2017 年第 3 期。

③ 上海市虹口区人民法院(2010)虹刑初字第 665 号刑事判决书。

一定层面上促使犯罪分子为避免自己的财物遭受没收而借用、租用、盗用他人的物品或者使用共有的财物实施犯罪，从而在客观上使第三人权利处于受侵害的危险状态。在犯罪分子盗用他人物品进行犯罪的情况下，盗窃行为虽不会令财物所有人失去所有权，但所有人会失去根据所有权产生的对物进行支配、处分的可能性，此为刑法所要保护的法益。[①] 另外，盗窃第三人物品的行为，本身也可能构成犯罪。例如，犯罪行为人盗窃第三人的汽车，进行毒品运输。此时，应当将盗用他人汽车的行为和利用汽车运输毒品的行为分别评价，进行数罪并罚。虽然对盗窃他人物品实施犯罪的行为进行数罪并罚会使犯罪行为人因刑罚的严厉性而不敢盗用他人物品用作犯罪工具。但若犯罪人借用、租用他人物品进行犯罪活动，此时租用或借用他人物品的行为不能评价为犯罪行为，而将其用于犯罪的行为也不可以认定为情节严重而予以加重处罚，这便会使犯罪行为人为逃避处罚而利用他人物品进行犯罪。

针对上述问题，不应将第三人所有的物品排除在犯罪工具认定的范围之外，但是对此类财物进行评价时，应考察第三人的主观过错。第三人对自己的财物应尽到注意的义务，在防止其处于受侵害的状态的同时应避免对他人造成损害。基于管理义务，在认定犯罪工具时，第三人将此物出租、出借时的主观心理是关键因素。当第三人尽到合理的注意义务时，不应将该财物认定为犯罪工具，原因在于客观的行为没有危险性，主观上也无故意或过失。如果在这种情形之下将其认定为犯罪工具，即使不予没收，也是对第三人的显失公平。反之，若第三人疏忽大意，导致其所有的财物被用于违法犯罪活动，由于其存在主观上的过失，具有可谴责性，在此时认定为犯罪工具是对该财物的否定评价，也是对第三人的一种惩罚。

---

① 徐凌波:《金融诈骗罪非法占有目的的功能性重构——以最高人民检察院指导案例第40号为中心》,《政治与法律》2018 年第 10 期。

此外，在第三人主观上无任何过错时，将其租借给犯罪行为人的物品评价为犯罪工具都不妥，更无须考虑没收问题。讨论第三人所有财物作为犯罪工具是否应予没收的问题，仅存在一种情况，即第三人存在主观上的过失或者故意。而对被评价为犯罪工具的财物能否没收的问题，答案是否定的。一方面，在犯罪分子借用他人物品进行犯罪时，不论是惩罚犯罪还是预防犯罪，都不能将犯罪工具没收。若为了惩罚犯罪，此时犯罪工具并不属于犯罪分子本人所有，没收与否都没有对犯罪行为人起到惩罚的效果；若基于预防犯罪，将他人所有的财物评价为犯罪工具，足以使案外人对个人所有财物进行谨慎管理，从而起到预防犯罪的效果。第三人仅仅因为过失，而使自己的财产遭到没收，此种处理方式会对第三人过于严厉。另外，第三人对财物的所有权是受法律保护的，根据罪责自负原则，不能因他人的行为而使自己受处罚。

（三）对属于共有物的犯罪工具的没收处理

作为与犯罪活动具有紧密联系的物品[①]，刑法学界将犯罪工具的没收归为特别没收。认定为犯罪工具，并非带来必然没收的后果。在没收方面，犯罪分子与他人共有的犯罪工具和犯罪分子本人所有的犯罪工具并无差别，仍然是从再用于犯罪的可能性、惩罚程度与行为造成的危害之间具有相当性等方面进行考量，最终作出是否没收的决定。

但是，需要注意的是，将犯罪分子与他人共有财物认定为犯罪工具并予以没收时，应当考虑对共有人的利益保护问题。此时，主观罪过对没收产生的影响，主要体现在没收救济方面。基于共有原理，财物的共有人应当对共有的财物尽到一定的管理义务，即共有财物有被其他共有人或第三人用于犯罪的危险。若共有人疏于对共有物进行管理，未尽到注意义务，此时的疏忽

---

① 参见张明楷《论刑法中的没收》，《法学家》2012 年第 3 期。

管理相当于放弃自己对财物的一定权利，客观上会为犯罪行为人使用该物提供一种便利条件。在帮助犯理论中，帮助犯为正犯提供犯罪工具使实行行为人在使用犯罪手段上变得更加容易。[①] 疏于管理致使共有财物被用于犯罪不属于为犯罪行为人提供犯罪工具，但是帮助犯的理论观点仍然可以为没收救济提供一个区分标准。

在共有人尽到合理注意义务的情况之下，行为人仍将共有财物用于犯罪，此时若犯罪工具被没收，基于对共有人合法利益的保护，应当由相关部门对犯罪工具进行拍卖、变卖等处理[②]，此举更有利于此物脱去犯罪危害性的属性，使其发挥更大的经济效益。同时，对犯罪工具进行处置，也使得共有人的利益损失得到制度性的保障。反之，若疏于管理致使财物被没收，因为共有人应当对自己的疏忽管理可能会带来的风险有一定的预见性而没有预见，在此时其主观上是有过错的，因此对此类共有人的救济方式不会有如前者一般的保障。在对犯罪工具进行没收处理后，共有人的损失问题不再属于执行机关的职责范围。此时救济为受有损失的共同所有人以私力救济的方式向犯罪行为人进行追偿，具体所受损失能否得到弥补在所不问。

五　结语

法治建设是推动国家治理现代化的关键步骤。法治意味着法律运行的理性和统一。在现行不断推进立法完善的大环境下，关于犯罪工具的认定及其没收的司法实践，仍有大量模糊和矛盾之处。这导致在犯罪工具的没收中具有司法不公、司法公信力降低的潜在危险。因此，设置合理的犯罪工具

---

① 参见刘艳红《网络犯罪帮助行为正犯化之批判》，《法商研究》2016 年第 3 期。
② 根据《最高人民法院关于刑事裁判涉财产部分执行的若干规定》第 12 条的规定，被执行财产需要变价的，人民法院执行机构应当依法采取拍卖、变卖等变价措施。

认定标准和没收要件，具有司法实践的需求性，可以更好地发挥刑法的惩罚和预防罪犯的功能，同时实现对合法财产的保障。首先，在犯罪工具的认定方面，被实际用于犯罪的财物可以为犯罪分子本人所有，也可以属于共有财物，甚至为第三人财物。"违禁品相当说"与"相对专用说"虽然存在一定合理之处，但仍有不足。"实际使用说"能较全面地将各种类型物品包含在犯罪工具的评价范围之内，也可以避免犯罪分子虽在犯罪活动中使用了某一类财物，但因达不到一定的危害程度而不予认定的漏洞。其次，为防止将犯罪工具范围无限制扩大，从而造成肆意没收犯罪工具，侵害犯罪行为人或其他人的合法权益的情况，建议将作为宪法性原则的比例原则引入犯罪工具的没收处理。罪责刑相适应原则是比例原则在刑法中的具体适用。作为上位法原则，比例原则具有更广的涵盖性。同时，比例原则可以更好地克服对犯罪工具没收性质界定不清时罪责刑相适应原则所存在的缺陷。最后，"主观意图说"是犯罪工具认定和没收的特殊条件。犯罪工具的范围不能仅限制在故意犯罪的范围。将第三人财物认定为犯罪工具的主要依据是第三人的主观心理状态，可将具有主观过错的第三人财物评价为犯罪工具，但依据责任主义原则不应对犯罪工具进行没收。基于对案外人利益的保护，在将共有财物认定为犯罪工具予以没收之后，要给共有人提供救济的机会。因此，应从共有人的管理注意义务方面对救济机制作出不同的规定：若共同所有人在共有财物被用于犯罪活动时没有任何过失，则由执行机关对其权益进行保障；反之，则由受有损害的共有人以私力救济方式进行追偿。

域外法制

改善社交网络[*]中的法律执行的法律^{**}

叶　强^{***}译

目　录

第 1 条　适用范围

1. 本法适用于以营利为目的运营网络平台的电信媒体服务商

---

* 社交网络，在本法中指英特网。

** Gesetz zur Verbesserung der Rechtsdurchsetzung in sozialen Netzwerken，简称:《网络执行法》（Netzwerkdurchsetzungsgesetz），缩写：NetzDG。

　　说明：联邦议院于 2017 年 9 月 1 日制定的《改善社交网络中的法律执行的法律》是一部大衣法（Mantelgesetz），包含 3 个条款：第 1 条即《改善社交网络中的法律执行的法律》（注：和作为大衣法的整部法律重名）；第 2 条即《电信媒体法修订法》；第 3 条是生效日期，即 2017 年 10 月 1 日生效。本文翻译的《改善社交网络中的法律执行的法律》是大衣法的《改善社交网络中的法律执行的法律》的第 1 条，其又包含 6 个条款。

*** 叶强，中南财经政法大学法学博士后，法治发展与司法改革研究中心研究人员。

（Telemediendiensteanbieter），其运营的网络平台让用户可以与其他用户分享任意的内容或者向公众开放社交网络。提供新闻—编辑服务的网络平台由服务商自行承担法律责任，不在本法规定的社交网络范围内。为个人通信（Individualkommunikation）服务或者规定为传播特定内容（Verbreitung spezifischer Inhalte）的网络平台也不在本法规定的范围内。

2. 当国内社交网络的注册用户（Registrierte Nutzer）少于 200 万人时，该社交网络的服务商依据本法第 2 条和第 3 条的规定免于承担法律责任。

3. 第 1 款中的违法内容是指符合刑法典第 86 条、第 86a 条、第 89a 条、第 91 条、第 100a 条、第 111 条、第 126 条、第 129 条至第 129b 条、第 130 条、第 131 条、第 140 条、第 166 条、第 184b 条与第 184d 条、第 185 条至第 187 条、第 201a 条、第 241 条或第 269 条的构成要件，且没有被正当化的内容。

第 2 条　报告义务（Berichtspflicht）

1. 社交网络服务商在 1 个日历年度收到 100 起以上有关违法内容投诉的，有义务根据本条第 2 款的规定每半年制作一份关于处理网络平台违法内容投诉的德文报告，并最迟于半年结束后的下一个月内，在联邦公报（Bundesanzeiger）和自己的网站上公布。在自己网站上公开的报告应该简单易懂、方便获取和永久可用（Leicht erkennbar, Unmittelbar erreichbar und Ständig verfügbar）。

2. 报告至少应该包括以下方面。

（1）一般措施，即社交网络服务商为防止刑事可罚行为（Strafbare Handlung）而采取的各种措施。

（2）关于违法内容投诉的传达机制的描述；关于删除和阻止违法内容的判断标准的描述。

（3）在报告期内收到的关于违法内容投诉的数量，并按照投诉地的投诉、用户的投诉和投诉理由分类整理。

（4）负责处理投诉的工作单位的机构、人员配置、专业和语言能力；负责处理投诉的人员的培训和指导。

（5）对行业协会（Branchenverband）中成员的提示，即是否在该行业协会内有1个投诉点。

（6）为了便于作出投诉处理决定而向第三方咨询的投诉的数量。

（7）在报告期内导致删除和阻止被投诉的内容而产生的投诉数量，并按照投诉地的投诉、用户的投诉和投诉理由分类整理。投诉理由如是否存在本法第3条第2款第3项（a）规定的情形；在本法第3条第2款第3项（a）规定的情形下，是否存在向用户发送的事实，或者依据本法第3条第2款第3项（b）的规定，是否存在向已被认可的受规制的自我规制机构①传播的事实。

（8）投诉到达社交网络后删除和阻止违法内容而耗费的时间，并对投诉地的投诉、用户的投诉、投诉理由和处理时间分类整理，其中处理时间包括：24小时内、48小时内、一周内和一个最长的时间。

（9）将投诉处理决定告知投诉人和用户的措施。

第3条　对违法内容投诉的处理

1.社交网络服务商应该依据本条第2款和第3款的规定制定一个有效透明的违法内容投诉处理程序。服务商还应该为用户提供一个简单易懂、方便获取和永久可用的有关违法内容投诉的传达程序。

---

① 受规制的自我规制（Regulierte Selbstregulierung）是由2004年颁布的《青少年媒体保护国家合约》确立的一种新的监管模式，是指首先由自我审查机构对节目提供者进行监督，审查其是否违反了相关的青少年保护法规和行业自律规范，再由青少年媒体保护委员会（KJM）对自我审查机构进行审查。受规制的自我规制的认可制度来自《青少年媒体保护法》。该法规定了对自我监管机构的认可制度，即自我监督机构当满足了人员组成、适当的装备、审查的标准和程序规则以及听证和说明理由等方面的所有具体要求时，可申请成为被青少年媒体保护委员会认可的自我监督机构。参见喻文光《文化市场监管模式研究——以德国为考察中心》，《环球法律评论》2013年第3期。

2. 该程序应该保证社交网络服务商能够：

（1）立即知悉投诉的内容并审查投诉报告中的内容是否违法，是否应该删除这些内容或者阻止用户登录。

（2）在收到投诉的 24 小时内删除明显违法的内容（Offensichtlich Rechtswidriger Inhalt）或者阻止用户登录；当社交网络服务商与主管的刑事追诉机关（Strafverfolgungsbehörde）商定了一个更长的时间来删除或者阻止明显违法的内容时，24 小时的规定不适用。

（3）对于违法内容，通常应在收到投诉的 7 天之内立即删除或者阻止用户访问；当出现以下情形时，7 天的期限可以延长，即：

（a）网络内容的违法判断是基于事实陈述的错误作出的或者明显依赖于其他事实，在这种情况下，社交网络服务商可以在投诉处理决定作出前给予用户就投诉作出说明的机会；

（b）社交网络服务商在收到投诉的 7 天内作出网络内容违法的决定后，依据本条第 6 款至第 8 款的规定向已被认可的受规制的自我规制机构送交这一决定，并受该决定约束。

（4）在删除的情况下，为了保全证据，应该固定内容并在欧盟指令 2000/31/EG 和 2010/13/EU 的适用范围内将这些违法内容存储 10 周。

（5）及时告知投诉人和用户关于投诉的处理决定以及做出决定的理由。

3. 该程序必须规定，每一个投诉以及相关救济措施都在欧盟指令 2000/31/EG 和 2010/13/EU 的适用范围内登记在案。

4. 处理投诉，应该按照每月监督的要求在社交网络服务商主管的监督下进行。在处理投诉时，必须立刻消除机构上的问题。通常负责处理投诉的员工应该由社交网络管理部门至少每半年进行德语培训和指导服务。

5. 本条第 1 款规定的程序可以由本法第 4 条提及的行政机关任命的专员进行监督。

6. 本法中，受规制的自我规制机构（Einrichtung der Regulierten Selbstregulierung）是指满足下列条件的机构：

（1）保证其审查员的公正性和专业性；

（2）拥有一套合适的配置，并在 7 天内迅速审查；

（3）拥有一套程序规则，由其调整审查的范围、流程与相关社交网络服务商的提交义务（Vorlagepflicht），以及规定对投诉处理决定进行审查的可能性；

（4）设置一个投诉点；

（5）拥有一套合适的配置并由多个社交网络服务商或者机构组建，此外，其还应该向更多的服务商尤其是社交网络服务商开放。

7. 由本法第 4 条提及的行政机关对受规制的自我规制机构作出认可决定。

8. 当认可的要件在事后被取消时，认可可以全部或者部分撤回，或者规定附加条件加以执行。

9. 本法第 4 条提及的行政机关还可规定，当可预见社交网络服务商在与受规制的自我规制机构保持联系时仍不能完成本条第 2 款第 3 项规定的义务时，可以免除其依据本条第 2 款第 3 项（b）的规定在一定的时间内送达投诉处理决定的义务。

第 4 条　罚款规定

1. 故意或者过失实施下列行为的，认定为违法：

（1）违反第 2 条第 1 款第 1 句的规定而没有、没有真实地、没有全面地或者没有及时地制作报告，或者没有、没有真实地、没有全面地、没有按照规定的方式或者没有及时地公开报告；

（2）违反第 3 条第 1 款第 1 句的规定没有、没有适当地、没有全面地规定一个处理由投诉点或者用户发出的投诉，不论该用户是否在国内定居或者有住所；

（3）违反第 3 条第 1 款第 2 句的规定没有、没有适当地、没有全面地规定一个可以使用的上述程序；

（4）违反第 3 条第 4 款第 1 句的规定没有、没有适当地对投诉处理进行监管；

（5）违反第 3 条第 4 款第 2 句的规定没有、没有及时解决机构存在的问题；

（6）违反第 3 条第 4 款第 3 句的规定没有、没有适当地提供针对员工的培训或者指导；

（7）违反第 5 条的规定没有指定国内的送达代理人或者国内的受领人；

（8）违反第 5 条第 2 款第 2 句的规定，作为国内的受领人而不回应答复请求（Auskunftsersuchen）。

2. 针对本条第 1 款第 7 项和第 8 项的违法行为处以 50 万欧元以下的罚金，针对第 1 款中的其他违法行为处以 500 万欧元以下的罚金。《违反秩序法》（Gesetz über Ordnungswidrigkeiten）第 30 条第 2 款第 3 句应当适用。

3. 对于不是发生在国内的违法行为也应该加以制裁。

4.《违反秩序法》第 36 条第 1 款第 1 句中的行政机关是指联邦司法局。联邦司法部和联邦消费者保护部在与联邦内政部、联邦经济与能源部和联邦交通与数字基础设施部商得一致的情况下，发布在采取罚款程序和裁量罚款数额时罚款机构行使裁量的一般行政原则。

5. 当行政机关发现作出决定依据的事实，即未删除或者未阻止的内容根据本法第 1 条第 3 款的规定违法时，其应当事先就该内容的违法性向法院提起诉讼。法院有权对罚金决定的异议作出决定。行政机关在征得社交网络服务商同意时，可以向法院提出初步裁决（Vorabentscheidung）的请求。未经口头审理，法院可就该请求作出裁决。该裁决不可诉并对行政机关有约束力。

第 5 条　国内的送达代理人（Zustellungsbevollmächtigter）

1. 社交网络服务商应该在国内指定一名送达代理人并在其网络平台上以简单易懂和直接获取的方式使其被人知晓。送达代理人受本法第 4 条规定的程序或者因传播违法内容而适用德国法院的司法程序的影响。这同样适用于这些程序规定的法律文书的送达。

2. 针对国内刑事追诉机关的答复请求，社交网络服务商应该在国内指定一名受领人。受领人有义务按照本条第 1 款的要求在收到答复请求的 48 小时以内作出答复。如果社交网络服务商不能按照答复请求的要求作出详尽的回复，应该在答复中提供理由。

第 6 条　过渡条款

1. 依据本法第 2 条，社交网络服务商第一次制作报告的时间应当在 2018 年上半年。

2. 应该在本法生效之日起 3 个月内执行本法第 3 条规定的程序。当一种社交网络的服务商在较迟的时间内才满足本法第 1 条规定的条件时，本法第 3 条规定的程序应该在其满足条件之日起 3 个月内进行。

美国宪法变迁与直接民主：
现代挑战与宝贵机遇 *

〔美〕维克拉姆·戴维·埃玛尔 ** 著

吴志刚 *** 译

摘　要　美国联邦宪法在正式变迁和非正式变迁进程中，最重要的特征之一就是以选举制为代表的直接民主机制得到了持续巩固和强化。源于州级宪法变迁的公民立法动议机制、选区划分机制和总统竞选筹资机制等普选机制，都通过对直接民主理念的不断认知和接纳，激发和推动联邦宪法中的直接民主机制发生相应变化。面向未来，不论是立法领域，还是司法领域，都应克服既有的守旧传统，并对直接民主理念持以更加开放和包容的立场，进而推动直接民主机制不断完善和发展。

关键词　宪法变迁　直接民主　公民立法动议　总统选举

---

*　本文是在阿肯色州大学法学院的刊物《阿肯色法律评论》于 2016 年 1 月 22 日（星期五）主办的研讨会上所作口头主题发言的修订版。感谢活动的组织者及给予很多帮助的《阿肯色法律评论》工作人员。本次发言中的一些观点已经在 justia.com 在线专栏等其他地方发表。

**　维克拉姆·戴维·埃玛尔，美国伊利诺伊大学香槟分校法学院院长、伊万基金会教授。

***　吴志刚，南京森林警察学院副教授，东南大学法学院博士后流动站研究人员，美国伊利诺伊大学香槟分校法学院访问学者。电子信箱为 wuzg@nfpc.edu.cn。联系电话为 15062288110。

本次研讨会的会议手册已经提到，"会议投稿人不仅将围绕结构、规范和前后文关系等能够有效区分州级宪法与联邦宪法中相关对应部分之间差异的内容进行讨论，而且还将围绕能够反映州级宪法变迁之本质属性和重要意义的相关差异本身进行讨论"。[①] 除此之外，我还想把这个讨论重心做一些适度的扩展，以便于讨论州级宪法与联邦宪法中相关对应部分之间的具体差异究竟是如何影响到联邦宪法变迁进程的。理由是，我认为这两种宪法间的相互影响（而不仅仅是比较）在美国民主制度中是一个非常重要的，但又未受重视的探究性课题。

一　美国联邦宪法的正式变迁与非正式变迁

当我们提及联邦宪法的变迁进程时，尽管一定会有很多可供讨论的话题，但是，还是有很多人倾向于凭借联邦最高法院的经典判例来研究联邦宪法的变迁。诚然，诸如 *Brown v. Board of Education*、[②] *Roe v. Wade*[③] 和 *New York Times Co. v. Sullivan*[④] 等分别涉及种族平等、自主生育和言论自由的案件，都属于类似的经典案例，而且相关判例也确实对后世产生了巨大影响。可是，问题是，一旦从本能上认可联邦最高法院此类开创性判例的中心地位，往往会使我们容易忽视那些同样重要的（只可能会更重要）宪法变迁。只不过，这些宪法变迁尽管发生在法院外部，但同样有可能会导致产生一些

---

① 法学院共邀请了 15 位客座学者和政府官员参加本年度研讨会，阿肯色州大学新闻稿（2016 年 1 月 19 日），https://news.uark.edu/articles/33323/law-school-to-host-15-guest-scholars-public-officials-for-annual-symposium（https://perma.cc/8R4T-SXQV）。

② 347 U.S. 483 (1954).

③ 410 U.S. 113 (1973).

④ 376 U.S. 254 (1964).

具有可行性的司法原则。① 另外，本人和其他参会者在本次会议上所提及的
"正式"和"非正式"宪法修正案都属于典型的宪法变迁结果。只不过，就
性质来看，不仅所有联邦宪法修正案都体现出民粹主义属性，而且这种民粹
主义也已经被其他法律发展趋势所不断巩固和强化。

现在，我们首先来集中讨论正式的宪法修正案究竟是如何发生变迁的。
不过，需要事先声明的是，这些宪法变迁其实是宪法修正案在宪法文本上的
变迁，而不是对宪法修正案的解释或实际适用。截至 2017 年，美国联邦宪
法文本共有 27 条宪法修正案。其中，有 11 条修正案（第 1 条至第 10 条，以
及第 27 条）属于州和联邦分权协议中的实质内容。根据这 11 条修正案，只
要州的数量达到最低法定标准，宪法修正案就将作为宪法的一部分被批准通
过，而且这种批准并不完全属于对宪法本身所进行的实质修订，却只属于对
宪法原初含义的进一步强化。另外，至于其他 16 条修正案，我们则可以称
之为"真正的"修正案或后续修正案。在这 16 条修正案中，被整体称为"重
建修正案"的宪法第 13 条、第 14 条和第 15 条等修正案，是在美国南北战争
之后，基于特殊背景和通过特殊程序制定的。如此一来，只有剩下的 13 条
修正案才是属于在相对普通背景下通过或多或少的常规程序进行制定的。而
在这 13 条宪法修正案中，第 18 条宪法修正案和第 21 条宪法修正案则又由于
属于相互抵销而几乎不再具备任何宪法影响，即前者先将禁酒政策写进基本
法，而后者则又于 13 年后正式废止该修正案。② 为了回到我们正在讨论的
议题，我将忽略（或者至少加个引号）关于宪法的简短题外话。

---

① 此外，基于所谓的"政治问题排除"原则，某些特定类型的宪法变迁则并非必然会导致
形成司法原则。See *Baker v. Carr*, 369 U.S. 186, 208-14 (1962)（讨论政治问题排除原则是
否可以决定议席分配不属于司法审查范围）。U.S. CONST. amend. XI。

② 另外，在同意废止第 18 条宪法修正案问题上，第 21 条宪法修正案还规定："在美国任何
一个州、准州或属地内，凡以违反当地法律的方式在当地发货或使用而运送或输入可以
致醉的酒类饮品，均予以禁止。"U.S. CONST. amend. XII。

就剩下的 11 条宪法修正案而言，我们可以将其称为宪法的普通变迁（必须承认，对国家基本宪章作出的任何修改都需要非同寻常的政治协议）。当我们仔细审视这些修正案时，一个清晰的逻辑脉络将自动浮现出来，因为其中有 9 条修正案都涉及设置政府组织的民主程序。具体言之，从时间顺序上来看这 9 条宪法修正案：第 12 条修正案规定了总统与副总统的选举程序 [1]；第 17 条修正案要求各州民众直接选举参议员 [2]；第 19 条修正案将公民选举权范围扩大到女性 [3]；第 20 条修正案不仅明确了总统权力交接和国会会议的时间安排问题，而且规定了当选总统在正式就职前出现死亡情形的紧急对策 [4]；第 22 条修正案通过限制总统不超过两届任期的方式保证总统职位不会被长期"霸占" [5]；第 23 条修正案将哥伦比亚特区纳入总统选举进程 [6]；第 24 条修正案专门通过取消人头税的方式将公民选举权范围扩大到穷人 [7]；第 25 条修正案不仅对涉及总体死亡、离职、失去资格等问题进行了部分修订（并非全部），而且构建了更为民主的总统职位替补程序 [8]；第 26 条修正案禁

---

[1] U.S. CONST. amend. XII. 为了讨论需要制定第 12 条宪法修正案的原因，专门设计出总统和副总统的"转换"问题以供分析，see Akhil Reed Amar & Vik A mar, "President Quayle?" *78 VA. L. REV.* 913, 918−24 (1992)。

[2] U.S. CONST. amend. XVII. 关于该条宪法修正案的背景，see Vikram David Amar, "Indirect Effects of Direct Election: A Structural Exammation of the Seventeenth Amendment", *49 VAND. L. REV.* 1347 (1996)。

[3] U.S. CONST. amend. XIX. 关于一般背景，see Vikram David A mar & Alan Brownstein, "The Hybrid Nature of Political Rights", *50 STAN. L. REV.* 915, 920 (1998)。

[4] U.S. CONST. amend. XX.

[5] U.S. CONST. amend. XXII.

[6] U.S. CONST. amend. XXIII.

[7] U.S. CONST. amend. XXIV. 关于该条的讨论，see Vikram David A mar, "Jury Service as Political Participation Akin to Voting", *80 CORNELL L. REV.* 203, 242−44 (1995)。

[8] U.S. CONST. amend. XXV. 关于该修正案的一般背景和相关分析，see Akhil Reed A mar & Vikram David Amar, "Is the Presidential Succession Law Constitutional?" 48 *STAN. L. REV.* 113, 127−29 (1995)。

止以年龄为由来限制 18 周岁及以上公民的选举权。①

不仅这些修正案推动选举程序取得了很多明显进步（我们可以将此称
为"选举机制完善"），更为重要的是，所有这 9 条修正案（也许我们在这
里还可以加上第 14 条和第 15 条修正案）还进一步推动美国选举机制沿着更
加民主的方向去发展——在人口数量和地理范围上都扩大了公民的选举权范
围，促使总统职位降低被长期霸占的可能性，以及促使总统职位交接程序更
能接近选举结果。

除了前述正式的宪法修正案以外，还有其他一些宪法变迁。当然，如同
正式的宪法修正案一样，这些宪法变迁也是通过司法解释以外的方式来完成
的。另外，与正式宪法修正案不同的是，非正式的宪法修正案则都是不成文
的。例如，就总统及其选举方式而言，费城制宪者早在 1787 年就明确拒绝了
如下两种模式：一是政府议员模式，即由议会或议会内的执政党来负责选出
行政首长；二是必须由各州议会来负责共同选出总统。从根本原因上来看，
费城制宪者之所以会拒绝这两种模式，是因为拟打算设置的总统职位不仅将
独立于国会和各州，还需要被配置足够的权力以便能够对国会和各州作出适
当的限制。与这两种模式相反的是，目前，总统由独立于国会和各州议会的
选举人团的独立机构所选举出来。②

最初，各州议会其实无须通过普选机制来选出本州的选举人团成员。然
而，自 19 世纪 20 年代开始，有些州就开始通过普选机制来选出本州的选举
人团成员。进入 20 世纪，所有的州都开始实行类型不一的普选机制。随后，

---

① U.S. CONST. amend. XXVI。宪法第 15 条、第 19 条、第 24 条和第 26 条修正案的文本
结构是基本相似的，See Vikram David A mar, "Jury Service as Political Participation Akin to
Voting", *80 CORNELL L. REV.* 206, 216, 242–44 (1995).

② 宪法并没有使用"选举人团"这一术语，而是仅使用了来自不同州的"选举人"，而
本人之所以使用"选举人团"，是因为该术语更适合用来讨论总统选举机制。See Akhil
Reed Amar & Vik A mar, "President Quayle?" *78 VA. L. REV.* 919, 918–24 (1992) (明确指出，
"严格来讲，宪法并没有使用'选举人团'一词")。

在 20 世纪，许多州也相继制定法律，明确要求本州的选举人团成员必须把选举人票投给本州选民通过全民普选所选出来的候选人。但是，至于这些要求是否真的具有法律执行力，我们其实并不十分清楚。[①] 假设，目前有某个州的议会真的能够推翻以往惯例，并选出那些将会遵从其自身或州议员意愿，而非州全体选民意愿的选举人团成员[②]，那么，可以肯定的是，这种拟推翻以往惯例的做法，不仅作为一个宪法议题是异常艰难的，而且作为一个政治议题更是不可能的。由此，我们目前所实行的要求总统选举人或多或少受限于州普选结果的选举方案，不仅已经成为我们不成文宪法的一个基本特征，而且似乎同时得到了国家和联邦最高法院（在一定程度上）的批准。现在，所有美国人都坚信一个道理：不仅他们自己在选举总统，而且总统是属于"他们"自己的。

尽管我们目前所实行的民粹主义总统政策是前述非正式宪法变迁进程的必然产物，但是其也已经完成将自身写入宪法的正式发展进程。例如，1967 年通过的宪法第 25 条修正案其实就是本人刚刚所提到的相关背景下的典型产物。除此之外，该修正案还规定了副总统的补缺方式。根据原先宪法，总统其实无权替换已经死亡或离职的副总统。[③] 但是，宪法第 25 条修正案现在则要求总统在面对副总统职位出现空缺时"应提名一名副总统，并经国会两院都以过半数票批准后正式任职"。[④] 关于总统应该优先挑选和亲自挑选继任者的观点，其实是 20 世纪总统自身系由全民授权机制的直接产物。与之相反，对于经由部分民众选出的个别参议员或众议员而言，这个原理就无法适用了。因为，目前，当我们提及"人民总统"这个术语时，其就

---

① See *Ray v. Blair*, 343 U.S. 214, 229–30 (1952).
② 不同大法官都在 *Bush v. Gore* 一案裁决意见中提及这种可能性，531 U.S. 98, 104 (2000)（由法院作出裁决）。
③ U.S. CONST. amend. XXV.
④ U.S. CONST. amend. XXV.

是专指人民选择的，且应当享有挑选直接继任者权力的那个人。

二 美国州级宪法变迁与直接民主机制尝试

现在，关于联邦宪法变迁及发展的讨论已经比较充分了。但是，如何保证我们本次研讨会的主题——州级宪法的功能及结构改革，也能够与前述相关原理相吻合？一句话，最为显著的是，宪法第 25 条修正案之所以会集中关注总统选举制及能够反映总统选举方式的一些非正式变化，并导致白宫组织架构也发生相应改变，主要在于州内民众和州议会运用宪法赋予他们的权力（该情况是依据第 2 条）进行集体创新，并保证不再重新构建总统选举机制。而如果州级宪法和州级议会还没有向总统普选制方向发展（建国者之所以没有选择该制度，一定程度上是因为奴隶制)①，那么现在我们就可以在电视上看到很多完全不同的总统候选人。②

还有一个鲜为人知的例子，其不涉及总统选举，但是涉及国会选举，能够再次清晰说明：源于州级宪法传统的诸多改革究竟是如何激发并巩固联邦宪法发生相应正式变迁的。通常看法是，不仅原先宪法将选举美国参议员的权力和责任配置给各州议会，而且宪法第 17 条修正案将直接选举参议员机制写入宪法也属于进步时代的一个重要标志。不过，就宪法第 17 条修正案的发展历程来看，其主要针对州级层面的改革。对此，正如我在其他地方已经做出的详细解释那样，自 19 世纪中期开始，州级层面的政党、组织就曾尝

---

① 关于该议题的具体讨论，see Akhil Reed Amar & Vikram David Amar, "History, Slavery, Sexism, the South and the Electoral College: Part One of a Three-Part Series on the 2000 Election and the Electoral College", FINDLAW, http://writ.news.findlaw.com/amar/20011130.html [https://perma.cc/85A9-NVH9]，最后访问日期：2018 年 12 月 9 日。

② 译者注：一旦各州没有实行总统普选制，那么各选举人势必将其所持选票投给自己中意的候选人。如此一来，自然将导致全国出现非常多的总统候选人。

试运用多种方法以保证人民可以更为直接地选举出本州的候选人。

这一改革进程中的最关键一步也许就是首次出现的将全州范围内的喜好度投票和选举制度联系起来的改革尝试。早在 20 世纪初，俄勒冈州就率先启动此项改革。根据"俄勒冈州计划"（众所周知），该州选民参加作为例行选举之组成部分的喜好度投票，尽管不会在法律意义上选举出参议员，却可以影响到州议员的下一步选择。"就个体意义上的州议员而言，只要其愿意的话，那么他们就可以在喜好度投票阶段作出拟支持本次投票获胜者的正式承诺"（即使遭遇很大的政治压力，他们依然可以如此承诺）。后来，该计划的后续版本（例如，Oregon in 1908）开始提出适用于本州的"公民立法动议权"（直接民主），（从州级法律层面）要求在全州公选中获得最多票数支持的州议员应该当选为参议员。"到了 1909 年，内布拉斯加州和内华达州也开始启动这项改革"，后来，"到了 1911 年，……有一半以上的州都采用了俄勒冈州的这项制度或其他类似制度"。对此，正如我在以前的文章中所言，"事实上，宪法第 17 条修正案在相关改革进程中其实只是正式入宪的最后一步"。[1]

的确，宪法第 17 条修正案似乎真的无法获得参议院三分之二多数票，但是，不论基于何种意图，许多在职参议员都是通过直接选举方式得以当选的。随之，这些参议员也应该相信他们可以在未来的直接选举时代能够做得更好。对此，我也早就注意到，宪法第 17 条修正案对既定事实的承认，不仅使相关事实不受改革左右，还将具有一定的象征性意义。[2] 不过，在这里，必须要说明的是，故意淡化州级法律改革作为整体改革进程核心的做法其实

---

[1] Vikram David Amar, "The Case for Reforming Presidential Elections by Subconstitutional Means: The Electoral College, the National Popular Vote Compact, and Congressional Power", 100 *GEO. L.J.* 237, 238 (2011) (alterations in original) (footnotes omitted).

[2] Vikram David Amar, "Indirect Effects of Direct Election: A Structural Examination of the Seventeenth Amendment", 49 *VAND. L. REV.* 1355 (1996).

是很不明智的选择。①

我坚信，不论是现在，还是将来，州级宪法能够接纳直接民主机制（如果不是鼓励的话）将显得尤为重要。尽管建国时期已经非常流行人民主权和人民自治等华丽辞藻，同时，尽管在全国范围内推行公民立法动议机制在许多方面都与我们的基本原则相符合，但是，对直接民主的认知确实属于州级宪法在 20 世纪所取得的最重要的成果之一。从 20 世纪早期进步时代的系列改革开始，许多州就已经在各自宪法中增加为公民提供直接立法机会的内容。到了 20 世纪末，除了有 24 个州已经针对公民投票创议机制作出规定，以及 24 个州允许选民可以通过全民公决的方式撤销相关立法外，还有一些州授权选民可以罢免本州的议员、行政官员和司法官员。② 加利福尼亚州、科罗拉多州、俄勒冈州和华盛顿州等许多州选择"通过直接民主方式处理很多最重要和最高层级的立法事务"。③ 尽管有些评论人主张起源于加利福尼亚州的直接民主机制，不仅存在被滥用的情况，而且还是一种比较危险的理念，但是，我也的确看到许多存在争议的公民立法动议最后被批准为法律 ④——这已经成为我们州级宪法传统的一部分，也绝不和联邦宪法的文本及精神存在冲突。

从一开始，美国宪法理论就具有比较简单，却异常强大的理念基础，即主权（终极性法律统治权）应当归属于人民而非政府。尽管联邦宪法不允许

---

①   See Vikram David Amar, "Indirect Effects of Direct Election: A Structural Examination of the Seventeenth Amendment", 49 *VAND. L. REV.* 1355 (1996).

②   See Vikram David Amar, "Standing Up for Direct Democracy: Who Can Be Empowered Under Article Ⅲ to Defend Initiatives in Federal Court?" 48 *U.C.DAVIS L. REV.* 473, 475 n.1 (2014).

③   See Vikram David Amar, "Standing Up for Direct Democracy: Who Can Be Empowered Under Article Ⅲ to Defend Initiatives in Federal Court?" 48 *U.C.DAVIS L. REV.* 475 (2014).

④   在加利福尼亚州，诸如第 13 号（涉及 20 世纪 70 年代的财产税增长）、第 187 号（涉及控制该州的非法移民）和第 209 号（涉及试图明显减少或完全消除种族歧视的纠正歧视行动）等提案都属于广受批评的公民立法动议。

联邦政府在日常运转中采用直接民主机制（正如法院最近在 *Cook v. Gralike* 一案中所作出的正确裁定一样，不应为州选民配置"命令"联邦议员的权力 [1]），但是，联邦宪法也没有给州级宪法可以采用直接民主机制设立任何障碍。另外，虽然"共和制"政府只能采用代议制的观点在直觉上具有很强的诱惑性，但是，必须要明确的是，共和制政府最持久和最核心的理念应当是多数决定原则。[2] 对此，正如亚历山大·汉密尔顿在《联邦党人文集》第21篇所言，宪法要求各州必须采用共和制政府形式并"不会阻碍大多数人可以用合法且和平的方式来修订各州宪法"。[3]

三　直接民主机制推动宪法变迁的具体实例

我坚信直接民主机制会永远重要的关键原因，不仅在于其能够不断塑造或修正各州基本政策，而且在于其能够推动联邦宪法持续更新。当然，直接民主机制能够发挥此等作用的前提是政府部门及所有法院都不能对直接民主机制进行压制。在这里，我将通过三个当代案例来加以说明。

首先，关于选区划分问题。主流观点认为，各州议会均无权划分联邦和州的选区界限，因为该项权力应该属于人民。而就相关改革措施来看，其中，最有创意及最根本的改革举措应当是将所有选区划分工作全部由各州当选议会移交给具有独立属性的选区划分委员会。至于亚利桑那州、加利福尼亚州和佛罗里达州之所以也都推行这一改革举措，并不是基于巧合，而是源于这

---

[1]　531 U.S. 510, 525-26 (2001).

[2]　See *generally* Akhil Reed Amar, "The Central Cleaning of Republican Government: Popular Sovereignty, Majority Rule, and the Denominator Problem", 65 *U. COLO. L. REV.* 749 (1994) （强调宪法第4条中有关共和制政府的条款，不仅重申主权这一基本原则，而且不一定排斥直接民主机制）.

[3]　Alexander Hamilton, "The Federalist", NO. 21, at 140 (Clinton Rossiter ed., 1961).

些州的宪法都已经规定了符合直接民主理念的公民立法动议机制。①

其次，关于竞选筹资问题。许多重要，且仍然继续涌现的竞选筹资创新方案都经由直接民主方式而得以产生。② 在这里，我将集中对此提出全面质疑。在加利福尼亚州，选民会被要求就如下问题进行投票从而正式表明其观点（据我所知，这是全州范围内的首次针对选举的民意投票）。

美国国会如果提出动议，且加利福尼亚州议会予以批准，美国宪法的一条或多条修正案是否能够推翻 *Citizens United v. Federal Election Commission (2010)558 U.S. 310*（以下简称"*Citizens United*"）一案的判决及其他类似司法判例，进而可以通过对竞选的捐款和支出进行全面监管和限制，从而保证所有公民都可以在不论财富多少的情况下都能够相互表达观点，以及可以进一步明确美国宪法所保护的权利是人之为人的天然权利？③

现在，我恰巧也认为应当对通过宪法修订方式以推翻 *Citizens United* 一案判决的观点持以必要的警觉。尤其是，如果 *Citizens United* 一案的判决能够被撤销，为何"纽约时报"集团的编辑数量不能被限制在一定程度以保证可以支持特定候选人，或者，为何"纽约时报"集团的新闻报道数量不能被限制在一定程度以保证这些新闻报道将被合理地认为没有预设的民主立场？对此，我认为在新闻出版行业和其他行业（法院再三抵制这一观点）之间划定界限，不仅徒劳无益，甚至会适得其反。④ 但是，在这里，我想强调的重

---

① 亚利桑那州第 106 号提案于 2000 年通过，加利福尼亚州第 11 号提案于 2008 年通过，佛罗里达州第 6 号修正案于 2010 年通过。

② See generally John Pippen et al., "Election Reform and Direct Democracy: Campaign Finance Regulation in the American States", 30 *AM. POL. RES.* 559 (2002)（讨论直接民主对于立法机关竞选筹资规则的影响）。

③ S. 1272, 2014 Leg., 2013-2014 Sess. (Cal. 2014). 基于诉讼原因，加利福尼亚州第 49 号提案并没有出现在 2014 年大选当中，而是推迟到 2016 年大选才出现。

④ See Vikram David Amar, "From Watergate to Ken Starr: Potter Stewart's 'Or of the Press' a Quarter Century Later", 50 *HASTINGS L.J.* 711, 713- 15 (1999).

点，其实并不是联邦宪法变迁的实质内容，而是联邦宪法变迁的具体过程，因为，该变迁过程使州级宪法中的直接民主机制优势得到了充分发挥。

最后，再来考虑全国性的总统普选运动。对此，正如我之前所言，尽管州级宪法的发展已经推动国家不再固守选举人团机制的原初内涵，但是，正如 2000 年总统大选结果所示，我们依然没有做到可以确保最受全国欢迎的候选人能够赢得总统选举的最终胜利。在过去的 15 年里，根据一项合作计划，我和我哥哥 Akhil Amar，还有（相对独立）西北大学法学院前院长罗伯特·贝内特（可能还有其他人）共同撰写了一些文章，呼吁应当尝试推动全民去更进一步了解全国直接普选总统制度。[①] 该选举方案（尽管有点类似于"柔道"，但完全以符合宪法的方式）意图充分利用总统选举进程下沉基层的优势，尤其是宪法第 2 条已经为各州配置自主选择选举人或选举人团成员权利的优势。目前，各州都各自任命本州选举人并希望其能将选票投给在本州最受欢迎的总统候选人和副总统候选人。[②] 但是，不论是从联邦宪法第 2 条角度来看，还是从联邦宪法的文本、结构或历史来看，其都没有禁止各州可以要求本州选举人应当支持赢得全国普选的总统候选人和副总统候选人。事实上，许多州更愿意其任命的选举人能够支持那些获得全民授权而非仅获得地方支持的总统候选人和副总统候选人，不过，相关前提必须是这些州已经知道其他一些州（足够多的）也愿意这样做。由此，全民普选（NPV）计划将会邀请美国各州签署一项州际协议。根据该协议，各签署州将承诺在下次总统选举过程中会让选举人团将其选票投给获得全国最多选票的总统（也包

---

① 我之所以会说"更进一步了解"，是因为从长远来看，能够保证全国普选机制得以施行的唯一方法就是必须要对现行宪法进行修订，但是，正如我和其他主张此项改革的倡议者所认识到的一样，修订宪法似乎不可能发生，至少在短期之内是不会发生的。

② Vikram David Amar, "The Prospects for Presidential Election Reform as the 2016 Campaign Season Gets Underway", *VERDICT* (July 31, 2015), https://verdict.justia.com/2015/07/31/the-prospects-for-presidential-election-reform-as-the-2016-campaign-season-gets-underway [https://perma.cc/Q6FT-3FPQ].

括副总统）候选人，而非投给仅在各签署州内获得最多选票的总统（也包括副总统）候选人。[①] 一旦有足够数量的州能够支持 NPV 计划（这些州可以集体代表绝大部分州的选举人团），那么，除非选举人出现不忠行为（也就是说，最终投票违背了先前的公开承诺），或者出现其他异常情况（例如总统候选人在选举日至选举人团最后投票的期间内死亡），否则，最终都将由 NPV 计划的获胜者当选总统。[②] 与此同时，由于 NPV 计划获胜者最终将入主白宫，故而 NPV 计划必须要确保每位选民（不管其居住在哪个州）的选票都将与其他选民的选票具有同等效力。更重要的是，NPV 计划还将为总统竞选活动提供更好的激励。因为，既然每张选票都具有同等效力，那么所有总统候选人不仅都将想方设法以赢得各州（包括坚定的红州或蓝州）所有未决选民的选票，还不会将竞选重心仅放在（像他们正在做的一样）两党选民势力几乎相当的"摇摆州"身上。[③] 目前，很多几近被忽视的州（及其民众）都没有得到应有的重视。值得注意的是，基于我之前曾提到过的原因，即有些州不愿意降低地方偏好以支持全国范围内支持度最高的候选人，除非其他州也都愿意这样做，由此，就 NPV 计划自身来看，其将直至且除非各州都联合

---

①   Vikram David Amar, "The Prospects for Presidential Election Reform as the 2016 Campaign Season Gets Underway", *VERDICT* (July 31, 2015), https://verdict.justia.com/2015/07/31/the-prospects-for-presidential-election-reform-as-the-2016-campaign-season-gets-underway [https://perma.cc/Q6FT-3FPQ].

②   Vikram David Amar, "The Prospects for Presidential Election Reform as the 2016 Campaign Season Gets Underway", *VERDICT* (July 31, 2015), https://verdict.justia.com/2015/07/31/the-prospects-for-presidential-election-reform-as-the-2016-campaign-season-gets-underway [https://perma.cc/Q6FT-3FPQ].

③   Vikram David Amar, "The Prospects for Presidential Election Reform as the 2016 Campaign Season Gets Underway", *VERDICT* (July 31, 2015), https://verdict.justia.com/2015/07/31/the-prospects-for-presidential-election-reform-as-the-2016-campaign-season-gets-underway [https://perma.cc/Q6FT-3FPQ]; Vikram David Amar, "(Unpersuasive) Challenges to the National Popular Vote Plan: Part One in a Series of Columns", *VERDICT* (Mar. 15, 2013), https://verdict.justia.com/2013/03/15/unpersuasive-challenges-to- the-national-popular-vote-plan [https://perma.cc/ZW2F- F44A].

起来以拥有足够数量的选举人票，也就是说，签署州的选举人团所持有的总票数将达到 270 票，否则，NPV 计划将不会起到任何实际效果。①

到目前为止，加利福尼亚州、夏威夷州、伊利诺伊州、马里兰州、马萨诸塞州、新泽西州、纽约州、罗得岛州、佛蒙特州和华盛顿州 10 个州以及哥伦比亚特区的议会所持有的共计 165 张选举人票，已经超过 NPV 提案生效（正式批准为法律以供实施）所需 270 张选举人票的一半。② 即使是在那些还没有批准 NPV 计划的州，也有很多州议员非常重视或者积极对待（至少有许多州）该计划。③

需要指出的是，NPV 计划存在一个不太乐观的特征——确实能够被感知到的党派属性，即迄今为止所有参加 NPV 计划的州都是指那些在近些年倾向于支持民主党候选人的"蓝州"。④ 关于 NPV 计划只会帮助民主党人（实际上是党派策略）的观点，不仅是令人遗憾的，而且是完全不准确的。事实上，目前的总统选举机制不仅可以轻易摧毁"蓝州"，而且可以轻易摧毁"红州"。不少民众可能已经忘记 2000 年的大选情况了，当时，许多分析人士都预测阿尔·戈尔将会赢得选举人团，但会失掉全国普选，事实情况却

① Vikram David Amar, "The Prospects for Presidential Election Reform as the 2016 Campaign Season Gets Underway", *VERDICT* (July 31, 2015). NPV 计划中还有一些条款规定相关签署州可以退出该计划，但是，前提如下：一是要在下次总统竞选前的足够长时间内提出；二是退出行为将不损害其他州，以及那些将会相信他们参与该计划的候选人。

② See "Agreement Among the States to Elect the President by National Popular Vote", *NAT'L POPULAR VOTE*, https://www.nationalpopularvote.com/written-explanation（https://perma.cc/RR9G—2D7Y）(last visited Apr. 5, 2016).

③ See "Agreement Among the States to Elect the President by National Popular Vote", *NAT'L POPULARVOTE*, https://www.nationalpopularvote.com/written-explanation(https://perma.cc/RR9G—2D7Y) (last visited Apr. 5, 2016).

④ Vikram David Amar, "What the Supreme Court's Arizona Redistricting Ruling Means for Presidential (Not Just Congressional) Election Reform", *VERDICT* (July 8, 2016), https://verdict.justia.com/2015/07/08/what-the-supreme-courts-arizona-redistricting-ruling-means-for-presidential-not-just-congressional-election-reform（https://perma.cc/GD2S-MGE5）.

恰恰相反。另外，在 2004 年，如果约翰·克里能在俄亥俄州做得更好一点的话（或者说，如果天气不那么恶劣的话），即使乔治·沃克·布什可以在全国普选中多获得 300 万张选票，约翰·克里依然能够赢得总统职位。[①] 还有，暂且抛开近年一些历史案例以集中观察相关激励情况，我们将看到 NPV 计划能够产生如下效果：如果所有选民的选票都具有同等效力的话，"红州"和"蓝州"都会得到更多的关注。目前，对于得克萨斯州与加利福尼亚州这两个都属于被忽视的州而言，其州内共计数百万选民在全国普选机制下将会比在目前选举机制下得到更多的关注。进而，如前所述，NPV 计划势必会促使总统候选人向那些"摇摆州"投入更多的精力和做出更多的承诺。[②]

令人遗憾的是，很多"红州"的议会似乎忽略了历史学和分析学，进而仍对 NPV 计划持怀疑态度（尽管我应该补充一点，许多由共和党人所控制的"红州"议会和"蓝州"议会已经投票支持该项改革举措）。[③] 或者，即使很多共和党议员已经意识到 NPV 计划其实是符合本州所有选民最大利益的，他们仍然担心共和党总部会以违反党的一贯原则为由对其进行处罚。[④]

---

① See "2004 Presidential General Election Results", DAVE LEIP'S ATLAS U.S. PRESIDENTIAL ELECTIONS, https://uselectionatlas. org/RESULTS/national. php?year=2004（https://perma. cc/B8W3-7T2N）(last visited Apr. 5, 2016); see also *2004 Presidential Election Electoral Vote Data*, DAVE LEIP'S ATLAS U.S. PRESIDENTIAL ELECTIONS, https://uselectionatlas.org/RESULTS/national.php?year=2004&f=0（https://perma.cc/PV44-YSEE）(last visited Apr.5, 2016)（列出各州选举人团的票数）。

② Vikram David Amar, "What the Supreme Court's Arizona Redistricting Ruling Means for Presidential (Not Just Congressional) Election Reform", *VERDICT* (July 8, 2016).

③ See Ben Adler, "Would the National Popular Vote Advantage Red-State Republicans?" *AM. PROSPECT* (Jan. 9, 2009), http://prospect.org/article/would-national-popular-vote-advantage-red-state-republicans（https://perma.cc/M HV8-ECU4）.

④ Vikram David Amar, "What the Supreme Court's Arizona Redistricting Ruling Means for Presidential (Not Just Congressional) Election Reform", *VERDICT* (July 8, 2016).

作为共和党立法怀疑论产物（似乎是非理性在作祟）[1] 的 NPV 计划运动，很有可能在"红州"取得成功（不过，无论是从理论角度，还是从实践角度，NPV 计划都必须要通过 270 张选举人票大关），由此，"红州"民众或许必须要推翻或避开本州当选议会。[2] 任何一州的选民，即便是投票给共和党候选人的那些选民，似乎不会像本州在任议员那样更能坚守党派立场，反而会更加关注那些在全国范围内属于正确的、公平的，以及能够对本州带来利益的事项。[3] 由此，如果 NPV 计划想要跨过 270 张选举人票这一大关，那么州级宪法中的直接民主机制改革就将是突破口。

四　立法领域对直接民主机制的抵制与支持

直接民主的倡议者将如何在 21 世纪开展工作? 在这里，我认为这个问题有点复杂。对此，正如本次研讨会主持人约翰·迪南所言，近期很多改革方案都试图使直接民主机制的运用变得更加艰难，而非更加容易。[4] 在我看来，由于州级议会时常会持有一些敌意，故而其自然会经常采取一些明显的非法举措以阻挠相关提议。例如，以亚利桑那州选区划分委员会提案为例，

---

[1] 另一种可能性是共和党人比较关注未来，并基于人口和党内诸多困难，认为民主党人只可能获得未来几代选民的支持，这就意味着目前的总统选举机制（根据该制度，类似于 2000 年总统大选的结果是很容易发生的）对共和党其实是有利的。如果这就是共和党人反对 NPV 计划的根本原因，那么相应的改革举措就是应当调整 NPV 计划以使其在未来十五年内不进行上网运作。不过，相较于现行的总统选举机制，其实很难就哪个政党（如果有的话）会在哪个时间点在全国普选中获胜或失败给出明确的结论。

[2] Vikram David Amar, "What the Supreme Court's Arizona Redistricting Ruling Means for Presidential (Not Just Congressional) Election Reform", *VERDICT* (July 8, 2016).

[3] Vikram David Amar, "What the Supreme Court's Arizona Redistricting Ruling Means for Presidential (Not Just Congressional) Election Reform", *VERDICT* (July 8, 2016).

[4] See generally John Dinan, "Twenty-First Centuy Debates and Developments Regarding the Design of State Amendment Processes", 69 *ARK. L. REV.* 283 (2016) (讨论州级宪法修订程序的可行性).

该州当选议会就专门提起过诉讼（起诉本州——不夸张地说，这简直就是一个奇怪的诉讼程序）以阻止该改革举措生效。[1] 另外，再介绍一个不太广为人知的（但更能说明问题的）加利福尼亚州第 187 号提案，因为该提案也曾试图通过在法理上更站不住脚的立法手段以阻挠如下改革倡议，即由加利福尼亚州选民于 1994 年所提出，其主旨是处理加利福尼亚州的学校及其他公共服务机构所凸显出来的非法移民问题。加利福尼亚州第 187 号提案通过提出非法入境不具有合法身份人员不应当享受公共健康服务、公共社会服务和公共教育服务等社会福利相关条款，要求"州及其以下相关部门应当调查任何被拘捕嫌疑犯究竟是否属于非法入境人员"。[2] 第 187 号提案由亚利桑那州参议院于 2010 年批准，旨在控制非法移民之第 1070 号法案的先驱或蓝本。而就该第 1070 号法案来看，其不仅是众多美国新闻媒体的关注焦点，而且曾是相关联邦诉讼的争议焦点。2012 年，联邦最高法院在 *Arizona v. United States* 一案中就曾判决该法案的部分条款无效。[3]

在第 187 号提案获得通过后不久，就出现了一起针对该提案之主要条款的联邦诉讼。[4] 经过初步救济和一系列涉及当事人法定权利的诉讼程序之后，联邦地区法官根据联邦宪法中的宪法至上条款所产生的联邦优先性，以及其发现的相关立法动议与联邦移民法及政策之间的冲突，决定永久性阻止该提

---

[1] *Ariz. State Legislature v. Ariz. Indep*, Redistricting Comm'n, 135 S. Ct. 2652, 2658−59 (2015).

[2] Vikram David Amar, "Why the California Legislature Can't Simply Repeal the Judicially Invalidated Proposition 187", *VERDICT* (June 20, 2014), https://verdict.justia.com/2014/06/20/california−legislature−cant−simply−repeal−judicially−invalidated−proposition−187（https://perma.cc/R7SS−Q6CV）.

[3] Vikram David Amar, "Why the California Legislature Can't Simply Repeal the Judicially Invalidated Proposition 187", *VERDICT* (June 20, 2014), https://verdict.justia.com/2014/06/20/california−legislature−cant−simply−repeal−judicially−invalidated−proposition−187 (https://perma.cc/R7SS−Q6CV); see also 132 S. Ct. 2492, 2510 (2012).

[4] Vikram David Amar, "Why the California Legislature Can't Simply Repeal the Judicially Invalidated Proposition 187", *VERDICT* (June 20, 2014).

案关键条款获得通过的可能。[①] 最终，加利福尼亚州州长选择不再向上级联邦法院提出上诉，而是通过调解程序来解决这一争议。至于最终结果，则是针对第 187 号提案的联邦地方法院禁止令已经持续生效了近二十年。[②]

几年前，一群善良的加利福尼亚州议员批准了参议院第 396 号法案，以授权联邦地方法院"将违宪的 187 号提案从加利福尼亚州法规汇编中删除"。[③] 一名参与撤销第 187 号提案过程的关键议员通过如下言论解释了努力撤销该法案的缘由，"二十年来，不仅明确承认 187 号提案中有关歧视性和排斥外国人等缺陷条款会对加利福尼亚州人民造成诸多伤害的事实是正确的，而且将这些缺陷从州法规汇编中予以删除的做法无疑也是正确的"。[④] 目前，第 396 号法案已经顺利通过了该州的常规立法过程，只要加利福尼亚州议会两院以简单多数通过且经由州长签署，其就将成为正式法律。[⑤]

从州法规汇编中删除"那些不仅不具有可操作性，而且还向社会公众传递歧视性信息的提案"，到底会产生哪些具体危害？[⑥] 对此，正如我在其他

① Vikram David Amar, "Why the California Legislature Can't Simply Repeal the Judicially Invalidated Proposition 187", *VERDICT* (June 20, 2014).

② Vikram David Amar, "Why the California Legislature Can't Simply Repeal the Judicially Invalidated Proposition 187", *VERDICT* (June 20, 2014).

③ Vikram David Amar, "Why the California Legislature Can't Simply Repeal the Judicially Invalidated Proposition 187", *VERDICT* (June 20, 2014).

④ Vikram David Amar, "Why the California Legislature Can't Simply Repeal the Judicially Invalidated Proposition 187", *VERDICT* (June 20, 2014); see also KEVIN DELEóN, SB 396 (DE LEóN)：ERA PROPOSITION 187 ACT 2 (2014), http://sd22.senate.ca.gov/sites/sd22.senate.ca.gov/files/SB%20396%20(De%20Leon)%20Erase%20Proposition%20187%20Act-Background%20Sheet.pdf (https://perma.cc/QUR7-BTZP).

⑤ Vikram David Amar, "Why the California Legislature Can't Simply Repeal the Judicially Invalidated Proposition 187", *VERDICT* (June 20, 2014).

⑥ Vikram David Amar, "Why the California Legislature Can't Simply Repeal the Judicially Invalidated Proposition 187", *VERDICT* (June 20, 2014).

地方所观察到的那样 ①，在该立法行为的具体目的上，套用情景喜剧《辛菲尔德》主演伊莱恩·贝奈斯针对另一名女演员曾努力摆脱剧中人物乔治·科斯塔萨形象时所说过的话，那就是，"我确实不能再同情自己了"。② 但是，该项立法任务的难点在于，加利福尼亚州宪法会与其他一些州的宪法一样，都将阻止州议会撤销那些全部或部分由选民提出的立法动议。当然，例外的情况是，这些由公民提出的立法动议本身明确授权州议会有相应撤销权力或者提出这些动议的选民自身同意撤销相关动议。③ 而之所以会这样安排，原因其实相当简单：如果公民立法动议机制本身应当属于一种监督机制——对州议会内部功能失调的响应，那么州议会将无权基于对州议会之所作所为的不满而可以规避或废止那些由公民提出的且已经生效的立法动议。④ 基于这一缘由，在加利福尼亚州，经由公民发起的立法动议，不论被定性为普通的州法还是被定性为州宪法修正案，其都应当在州宪法渊源中占有一席之地，在法律效力等级上还将高于州议会制定的其他普通法律。⑤ 由此，第 187 号提案就如同州宪法修正案一样，也属于州议会无权撤销或修改的法案。与此同时，同样重要的是，第 187 号提案自身并无相关条款授权州议会可以在未经选民批准的情况下通过普通立法程序来将其撤销。⑥

---

① Vikram David Amar, "Why the California Legislature Can't Simply Repeal the Judicially Invalidated Proposition 187", *VERDICT* (June 20, 2014).

② Seinfeld, "The Chicken Roaster" (NBC television broadcast Nov. 14, 1996).

③ Vikram David Amar, "Why the California Legislature Can't Simply Repeal the Judicially Invalidated Proposition 187", *VERDICT* (June 20, 2014); see also Cal. CONST. art. Ⅱ, § 10.

④ Vikram David Amar, "Why the California Legislature Can't Simply Repeal the Judicially Invalidated Proposition 187", *VERDICT* (June 20, 2014).

⑤ Vikram David Amar, "Why the California Legislature Can't Simply Repeal the Judicially Invalidated Proposition 187", *VERDICT* (June 20, 2014).

⑥ Proposition 187, "Text of Proposed Law", *AM. PATROL*, http://www.americanpatrol. com/REFERENCE/prop 187text.html (https://perma.cc/7MT8—HUV9) (last visited Apr.5, 2016).

事实上，联邦法院法官已经裁决第 187 号提案部分条款违宪的事实，也并不会改变任何情况。

"基于不可执行性所引发的法律清理"这一观点（隐藏在参议院第 396 号法案背后）其实是对司法审查机制以及法院针对某一法令所使用的"使无效"或"废除"之真正内涵的根本性误解。裁定某项法令是否违宪的司法裁决（会伴随出现禁止实施该法令的禁止令）实际上只是法院作出的书面陈述。与此同时，其他所有法院都将尊重该法院的此项裁决，并将同时拒绝适用已被裁定违宪的相关法令。当一项法令被"废除"时，其并不意味着会按照字面解释将该法令从法规汇编中删除，而只是意味着该法令将暂时无法被执行，直到且除非情况发生改变。既然被"废除"的法令还会始终被保存在法规汇编中，那么一旦发生足以撤销法院禁止令的情形，该法令将会立即被执行而无须经过新的立法程序（事实上，除了第 187 号提案继续保持在法规汇编之中这一事实外，参议院第 396 号法案也将不会被重新提议）。

法院在宣布某项法令无效之后，又该采取哪些举措才能使其重新生效？一方面，上级法院可以撤销导致该项法令无效的裁决。毫无疑问的是，没有人会认为加利福尼亚州议会将在第九巡回法院上诉期间撤销第 187 号提案，因为我们都清楚，很多联邦地方法院的裁决其实往往都是很短暂的。但是，问题是，现在这个上诉已经停止了，难道这还不意味着（联邦地方法院的）裁决将是长期的吗？当然，情况也并不完全如此。例如，随着法律干预所取得的不断进步，新颁发的联邦最高法院案例——可以使各方能够寻求"重启"案件，并使其从不再能够如实反映当前法律问题和事实问题的法院裁定中解脱出来。事实上，尽管加利福尼亚州的政治氛围可能会阻止民选官员在近期试图重启第 187 号提案，但是，联邦最高法院在 *Arizona v. United States* 一案中的部分裁决意见，不仅支持亚利桑那州参议院第 1070 号法案，还可能会引发一些关于当地执法官员插手监管是否违反移民法的疑虑（联邦地方法院在第 187 号提案一案中所提出的观点）。

事实上，联邦最高法院判定某项法令无效的裁决其实只能表明多数法官目前不愿意执行该法令，而不意味着该裁决就将一成不变。一些由联邦最高法院作出的最重要（正义）的裁决，已经推翻联邦最高法院在此前作出的，但是我们现在认为是错误的司法裁决。由此，我们应该知道没有哪个联邦最高法院的司法裁决将是永远正确的。①

正确评价参议院第 396 号法案之法律问题属性的另一个方法，就是假定存在一个不同的程序不完善问题（并非未能获得通常意义上的批准）。具体言之，假设推动撤销第 187 号提案的支持者坚称他们无须州议会两院多数投票通过及州长签名批准就可以实现撤销目的 ②，那么，可以想象到，他们将会基于第 187 号提案已经被司法裁决判定失效，进一步主张无须在该州法典的后续版本中将其印刷进去，毕竟没有多大实质意义。③ 事实上，每个人都能很容易就认识到这种行为其实是非法的，因为加利福尼亚州宪法明确要求所有法律都必须要履行两院制和呈送制，否则将无法生效（不论他们是正在

---

① Vikram David Amar, "Why the California Legislature Can't Simply Repeal the Judicially Invalidated Proposition 187", *VERDICT* (June 20, 2014). 我就联邦最高法院裁决的持久性写过如下文字：法院尽管很少会去否决那些曾经承认个人权利或有限州权的既往裁决，但是，如同 *Brown v. Board of Education* 一案一样，更为普遍的做法是否决那些排斥而非支持限制州权的既往裁决。事实上，也没有什么事情可以阻止法院去撤销那些对政府进行限制的裁决了。如果法官们愿意否决 *Roe v. Wade* 一案的原先裁决，并且承认堕胎权利缺乏宪法保护，那么在 *Roe* 案之前已经针对堕胎问题制定相关法规的州就可以直接开始施行这些法规，而无须重新通过立法程序以恢复这些法规的效力。可以肯定的是，当任何一个州准备长时间不执行某项法律时，"不用就可以废止"的法律原则将可以组织该州试图使该法律重新生效，但是，如果长时间不执行某项法律的理由是我们正在讨论的错误的司法禁令，该宪法错误一旦被纠正，就可以重新实施相关法律。

② Vikram David Amar, "Why the California Legislature Can't Simply Repeal the Judicially Invalidated Proposition 187", *VERDICT* (June 20, 2014).

③ Vikram David Amar, "Why the California Legislature Can't Simply Repeal the Judicially Invalidated Proposition 187", *VERDICT* (June 20, 2014).

将无法执行的条款从法规汇编中删除，还是试图实现其他合理目标）。[1] 除此之外，履行两院制和呈送制的法定程序也并不属于第 187 号提案自身的合宪性根据。[2] 但是，相较于州议会拟撤销公民发起的立法动议所必需之公众批准这一前置程序，两院制和呈送制的法定要求则并不属于州立法程序的最基本规则。[3] 如同既不能忽视前文，也不能忽视后文的法律清理机制一样，不论是排除州议会两院或州长，还是排除社会公众，都将无法实现撤销提案的立法目的。[4]

另一种假设也许更有助于把问题解释清楚。设想一下，加利福尼亚州议会准备对本州宪法的文字进行修订，而非撤销选民已经批准的法令。[5] 具体言之，加利福尼亚州宪法虽然授权州议员可以提出修宪提案，但是没有授权其可以直接批准此等提案能够即刻生效。与此相反，这些修正案却必须经过本州选民批准后才会正式生效。[6] 这种必须经由公众批准的法定程序并不会无缘无故地不适用或被简单放弃，因为该州议会正打算改变宪法文本以使其能够符合近期关于州宪法的司法解释。例如，假设加利福尼亚州最高法院（州级法律的终局性解释者）已经于最近根据本州宪法决定不再将汽车列入

---

① Vikram David Amar, "Why the California Legislature Can't Simply Repeal the Judicially Invalidated Proposition 187", *VERDICT* (June 20, 2014).

② Vikram David Amar, "Why the California Legislature Can't Simply Repeal the Judicially Invalidated Proposition 187", *VERDICT* (June 20, 2014).

③ Vikram David Amar, "Why the California Legislature Can't Simply Repeal the Judicially Invalidated Proposition 187", *VERDICT* (June 20, 2014).

④ Vikram David Amar, "Why the California Legislature Can't Simply Repeal the Judicially Invalidated Proposition 187", *VERDICT* (June 20, 2014).

⑤ Vikram David Amar, "Follow-Up on California's Legislative Effort to Repeal Proposition 187", *VERDICT* (June 30, 2014), https://verdict.justia.com/2014/06/30/follow-californias-legislative-effort-repeal-proposition-187 (https://perma.cc/Q2WL-LKBB).

⑥ Vikram David Amar, "Follow-Up on California's Legislative Effort to Repeal Proposition 187", *VERDICT* (June 30, 2014), https://verdict.justia.com/2014/06/30/follow-californias-legislative-effort-repeal-proposition-187 (https://perma.cc/Q2WL-LKBB).

搜查和扣押措施的保护范围。[①] 可是，对于所有宪法修正案而言，其如果缺少了公众批准这一法定程序，还有谁会认为加利福尼亚州议会将有权在宪法文本中明确增加以促使搜查汽车不属于保护范围的文字，而理由仅仅是（根据当下的普遍司法裁决）该修正案并不必然会改变原先条款的实际适用"范围和效力"？就我个人而言，我不会这么认为。[②]

　　我还应当明确指出，在这里，我从未说过能够表达如下意思的话：加利福尼亚州议会在正式撤销第 187 号提案或其他涉及州宪法内容法案的过程中的地位无足轻重。如前所述，加利福尼亚州宪法授权本州议会只能在选民批准的前提下才能撤销由公民发起的立法动议。作为保障州议会权力不受侵犯的重要举措，参议院第 396 号法案可以，且应该作出适当调整，从而能够提交给选民并获得他们的批准。州议会本该可以起到引领作用（其实这是比较明智的选择，因为没有哪个组织会愿意投入时间和金钱就撤销法案问题亲自征求各方签名），但是，允许选民在批准阶段直接参与决定是否废止第 187 号提案，无疑将是一种比较适当和合法的方式。[③] 另外，让选民自己撤销其受到误导而发起的提案，不仅具有法律上的适当性，还是优雅的，甚至是富有诗意的补救措施。[④] 就目前情况来看，不论原因如何，

---

① Vikram David Amar, "Follow-Up on California's Legislative Effort to Repeal Proposition 187", *VERDICT* (June 30, 2014), https://verdict.justia.com/2014/06/30/follow-californias-legislative-effort-repeal-proposition-187 (https://perma.cc/Q2WL- LKBB).

② Vikram David Amar, "Follow-Up on California's Legislative Effort to Repeal Proposition 187", *VERDICT* (June 30, 2014), https://verdict.justia.com/2014/06/30/follow-californias-legislative-effort-repeal-proposition-187 (https://perma.cc/Q2WL- LKBB).

③ Vikram David Amar, "Follow-Up on California's Legislative Effort to Repeal Proposition 187", *VERDICT* (June 30, 2014), https://verdict.justia.com/2014/06/30/follow-californias-legislative-effort-repeal-proposition-187 (https://perma.cc/Q2WL- LKBB).

④ Vikram David Amar, "Follow-Up on California's Legislative Effort to Repeal Proposition 187", *VERDICT* (June 30, 2014).

州议会在事实上压制公众意愿和漠视公民立法动议机制的做法其实都是不正当的。[①]

另外，我还要补充一点，加利福尼亚州议会并不总是对直接民主机制充满敌意。例如，旨在就是否凭借宪法修订方式以解散 *citizens united* 这个议题以征求选民意见的第 149 号提案，其实就是由州议会积极推动并要求交由选民进行投票的。[②] 所以，当政治理念正确的时候，州议会有时就会坚持直接运用公众意见。

五　司法领域对直接民主机制的抵制与支持

当我们将观察视野从立法领域转向法院时，我们还会对那些指向直接民主机制的司法意见作出何种评价呢？事实上，有些情况比较令人担忧，有些情况则比较令人乐观。需要优先考虑的问题其实是立场问题。例如，尽管亚利桑那州法院和当选议会一样，都在诉选区划分委员会一案中秉持相同的包容立场[③]，但是，在几年前，该州法院并不倾向于对本州第 8 号提案（加利福尼亚选民就同性婚姻一体议题发起的州宪法禁令提案）的官方发起人或倡议人持包容立场。[④] 尽管这种缺乏立场的论证方式对于历史上州最高法院在谨慎处理案件的是非曲直问题时非常具有吸引力，当时，此种解决方案的基

---

① Vikram David Amar, "Follow-Up on California's Legislative Effort to Repeal Proposition 187", *VERDICT* (June 30, 2014).

② Maura Dolan, "'Citizens United' advisory measure can go on ballot, California high court says", *L.A. TIMES* (Jan. 4, 2016), http://www.latimes.com/local/lanow/la-me-ln-california-supreme-court-ballot-20160104-story.html (https://pe rma.cc/N5KW-NS8M).

③ *Ariz. State Legislature v. Ariz. Indep. Redistricting Comm'n*, 135 S. Ct. 2652, 2659 (2015).

④ *Hollingsworth v. Perry*, 133 S. Ct. 2652, 2659 (2013).

础却存在很多潜在风险。[①] 尤其是，总体来看，法院用来驳回第 8 号提案发起人之要求的理由明显存在损害公民立法动议机制的风险。事实证明，法院在这里其实无须过于谨慎，因为其完全可以基于公民立法动议机制具有无害性的理由来驳回该提案发起人的相关要求。要想厘清联邦最高法院首席大法官罗伯茨的 5∶4 多数裁决意见是如何轻松处理直接民主机制之完整性在立法进程中受到损害这一棘手问题，我们就必须仔细审视那些持赞成和反对案件立场的相关因素。[②]

支持提案发起人立场的常识性言论（如肯尼迪法官的反对意见）有点类似于前文就第 187 号提案所讨论的观点，即民选官员仅凭不对那些挑战联邦法院司法裁决的法令进行辩护，其实是无法真正摧毁公民立法动议机制的。[③] 也正如前文所指出的那样，对于那些能够弱化或破坏公民发起的立法动议之民选官员而言，其之所以有可能会处于尴尬境地，不仅在于民选官员有权发起立法动议这一根本原因，而且在于民选官员有时并不一定会完全忠

---

① Vikram David Amar, "What the Supreme Court Should Have Said in the Proposition 8 Case, and How an Important Tweak Would Have Avoided Unnecessary Damage to the Initiative Device", *VERDICT* (July 3, 2013), https://verdict.justia.com/2013/07/03/what-the-supreme-court-should-have-said-in-the-proposition-8-case-and-how-an-important-tweak-would-have-avoided-unnecessary-damage-to-the-initiative-device (https://perma.cc/9SC7-C9LM).

② Vikram David Amar, "What the Supreme Court Should Have Said in the Proposition 8 Case, and How an Important Tweak Would Have Avoided Unnecessary Damage to the Initiative Device", *VERDICT* (July 3, 2013), https://verdict.justia.com/2013/07/03/what-the-supreme-court-should-have-said-in-the-proposition-8-case-and-how-an-important-tweak-would-have-avoided-unnecessary-damage-to-the-initiative-device [https://perma.cc/9SC7-C9LM].

③ Vikram David Amar, "What the Supreme Court Should Have Said in the Proposition 8 Case, and How an Important Tweak Would Have Avoided Unnecessary Damage to the Initiative Device", *VERDICT* (July 3, 2013), https://verdict.justia.com/2013/07/03/what-the-supreme-court-should-have-said-in-the-proposition-8-case-and-how-an-important-tweak-would-have-avoided-unnecessary-damage-to-the-initiative-device [https://perma.cc/9SC7-C9LM].

于公众的利益和愿望。[①] "尽管绝大多数由公民发起的立法动议其实是属于对立法部门不作为（或者是不经常的作为）的回应，但是，我们仍然没有足够理由认为，通过公民立法动议机制体现出的对民选官员的不信任感，不会被传递给州长和司法部长等其他（行政）官员。"[②]

当然，还有一些更为根本的，且更有说服力的主张，也可以降低质疑公民立法动议发起人立场的可能性。[③] 而就公民立法动议发起人的立场而言，最关键的困难是这些并非"经由选民选举出的发起人或倡议人很有可能会缺乏信誉，或者实际上就是受到操控的无赖傀儡。从主要观点、情感，以及愿望等方面来看，这些人和我们正在讨论的已经批准公民立法动议的选民完全不是一回事，更不用说那些还正处于立法争议诉讼期间的选民了"。[④]

这一系列主张（略有不同的表述）似乎能够说服大多数法官不再坚持如下观点，即公平来看，公民立法动议发起人一旦无视本州相关法律规定，就

---

① Vikram David Amar, "What the Supreme Court Should Have Said in the Proposition 8 Case, and How an Important Tweak Would Have Avoided Unnecessary Damage to the Initiative Device", *VERDICT* (July 3, 2013), https://verdict.justia.com/2013/07/03/what-the-supreme-court-should-have-said-in-the-proposition-8-case-and-how-an-important-tweak-would-have-avoided-unnecessary-damage-to-the-initiative-device [https://perma.cc/9SC7-C9LM].

② Vikram David Amar, "What the Supreme Court Should Have Said in the Proposition 8 Case, and How an Important Tweak Would Have Avoided Unnecessary Damage to the Initiative Device", *VERDICT* (July 3, 2013), https://verdict.justia.com/2013/07/03/what-the-supreme-court-should-have-said-in-the-proposition-8-case-and-how-an-important-tweak-would-have-avoided-unnecessary-damage-to-the-initiative-device [https://perma.cc/9SC7-C9LM].

③ Vikram David Amar, "What the Supreme Court Should Have Said in the Proposition 8 Case, and How an Important Tweak Would Have Avoided Unnecessary Damage to the Initiative Device", *VERDICT* (July 3, 2013).

④ Vikram David Amar, "What the Supreme Court Should Have Said in the Proposition 8 Case, and How an Important Tweak Would Have Avoided Unnecessary Damage to the Initiative Device", *VERDICT* (July 3, 2013).

不可能会与州进行换位思考。^① 根据 *Hollingsworth* 一案中的多数判决意见，公民立法动议发起人所持立场的根本问题其实在于这些发起人不像其他普通州官员那样会受到选民的掣肘。^②

但是，事实证明，当发起人与部分普通官员进行比较时，尽管关于是否受到掣肘这一关键问题的结论在一定程度上可能是真实的，但是，情况又并非总如此。进而，这一结论也就不可能具备足够的立论基础。^③ 例如，在选民没有被配置罢免权和任命权的相关州内，尽管选民对其缺乏足够的控制力量，但是，任期受限的州司法部长仍然有资格去捍卫那些已经被批准的有关法令。事实上，通过对 *Hollingsworth* 一案多数判决意见进行多元但公正的解读，可能意味着，对于任何人而言，其如果不属于领取政府薪水的全职工作人员，那么将无权在联邦法院对公民立法动议进行辩护。^④ 不过，公民立法动议机制的支持者经常会基于合理的理由，不愿意授权或直接建立新的政府机构。^⑤

一些持不同意见者也已经意识到司法裁决中多数意见所主张的方法有可能会损害到公民立法动议机制，并且也正是基于这一原因，所以才允许经授

---

① Vikram David Amar, "What the Supreme Court Should Have Said in the Proposition 8 Case, and How an Important Tweak Would Have Avoided Unnecessary Damage to the Initiative Device", *VERDICT* (July 3, 2013).

② Vikram David Amar, "What the Supreme Court Should Have Said in the Proposition 8 Case, and How an Important Tweak Would Have Avoided Unnecessary Damage to the Initiative Device", *VERDICT* (July 3, 2013).

③ Vikram David Amar, "What the Supreme Court Should Have Said in the Proposition 8 Case, and How an Important Tweak Would Have Avoided Unnecessary Damage to the Initiative Device", *VERDICT* (July 3, 2013).

④ Vikram David Amar, "What the Supreme Court Should Have Said in the Proposition 8 Case, and How an Important Tweak Would Have Avoided Unnecessary Damage to the Initiative Device", *VERDICT* (July 3, 2013).

⑤ Vikram David Amar, "What the Supreme Court Should Have Said in the Proposition 8 Case, and How an Important Tweak Would Have Avoided Unnecessary Damage to the Initiative Device", *VERDICT* (July 3, 2013).

权的公民立法动议发起人可以为所有由公民发起的立法动议进行辩护。① 但是，这种过于绝对的方法并未能充分说明许多公民立法动议发起人可能存在欺诈情况的事实。② 我们所需要的恰恰也是正在被遗忘的方式，其实应当是一种中间路线，即"任何一个州都应当可以自由授权公民立法动议发起人能够为相关立法动议进行辩护（在某种程度上，联邦法院也会接受这一做法），但是，此类授权必须要谨慎且以选民能够接受的方式来完成"。③ 对此，正如前文所述。如果要在公民立法动议发起人之立场所反映的各种冲突之间构建一个可行的平衡方案，那么联邦法院就应当承认这些发起人是有特定立场的。但是，只有当州法明确授权公民立法动议发起人有权进行辩护，选民才可能会充分认识到，在其批准该立法动议时，他们实际上也就是授权相关发起人可以在法院对其进行辩护。此外，作出如下明确授权的声明是比较明智的：(1) 公民立法动议发起机构中能够有权作出关键决定及让步的具体主体；(2) 公民立法动议发起人辩护权的持续时限；(3) 如果辩护失败，律师费用是否将由国库负担清偿；(4) 当政府官员决定采取不同于公民立法动议发起人为支持相关法案而采取之诉讼策略的相关辩护措施时，公民立法动议发起人和司法部长／州长的各自权限范围。④

---

① Vikram David Amar, "What the Supreme Court Should Have Said in the Proposition 8 Case, and How an Important Tweak Would Have Avoided Unnecessary Damage to the Initiative Device", *VERDICT* (July 3, 2013).

② Vikram David Amar, "What the Supreme Court Should Have Said in the Proposition 8 Case, and How an Important Tweak Would Have Avoided Unnecessary Damage to the Initiative Device", *VERDICT* (July 3, 2013).

③ Vikram David Amar, "What the Supreme Court Should Have Said in the Proposition 8 Case, and How an Important Tweak Would Have Avoided Unnecessary Damage to the Initiative Device", *VERDICT* (July 3, 2013).

④ Vikram David Amar, "What the Supreme Court Should Have Said in the Proposition 8 Case, and How an Important Tweak Would Have Avoided Unnecessary Damage to the Initiative Device", *VERDICT* (July 3, 2013).

最终结果显示，解决此类争议的关键并不在于（正如大多数人提出的错误建议一样）公民立法动议发起人是否被选民或州其他部门左右，相反，却应在于（所有大法官都忽略了这一关键因素）公民立法动议发起人是否受到严格挑选以及是否被选民先行授予一定的自主权。① 这个关键因素是对公民立法动议发起人和司法部长做出有效区分的正确方法。非常有趣（并且令人高兴）的是，事实证明，第 8 号提案的发起人将无须经过该挑选程序，因为2008 年加利福尼亚州法律（该法律通过时）已经告知选民，在批准该项法案时，他们可以同时选择一些动议发起人作为其代理人。② 不过，我们还应以此制度为基础继续往前发展，即给那些希望在加利福尼亚州或其他地方利用公民立法动议制度的人民提供更加明晰的指引，指引他们如何委派公民立法动议发起人作为本州的支持代表。而就相关指引内容来看，其要么包括公民立法动议机制的详细文字表述，要么通过其他一些类似制度以保证选民能够知悉采用公民立法动议机制势必会让公民立法动议发起人产生代理关系。只有澄清这个问题，才可能会构建出有效机制以防止民选官员仅仅基于那些在联邦法院受到质疑的法令未能得到有效辩护的情况就选择破坏直接民主制度。③ 非常不幸的是，联邦最高法院所有九名大法官都没有能够注意到这种

---

① Vikram David Amar, "What the Supreme Court Should Have Said in the Proposition 8 Case, and How an Important Tweak Would Have Avoided Unnecessary Damage to the Initiative Device", *VERDICT* (July 3, 2013).

② Vikram David Amar, "What the Supreme Court Should Have Said in the Proposition 8 Case, and How an Important Tweak Would Have Avoided Unnecessary Damage to the Initiative Device", *VERDICT* (July 3, 2013).

③ Vikram David Amar, "What the Supreme Court Should Have Said in the Proposition 8 Case, and How an Important Tweak Would Have Avoided Unnecessary Damage to the Initiative Device", *VERDICT* (July 3, 2013).

中间路线的必要性和可行性。①

我已经集中讨论过诸多民选官员和法官对直接民主机制的抵制，现在则以针对直接民主机制的司法支持进行结尾，即联邦最高法院关于 *Arizona Legislature v. Arizona Independent Redistricting Commission (AIRC)* 一案之司法裁决中的诸多积极价值。② 对选区划分委员会的挑战依赖于宪法第 1 条中所谓选举条款（第 1 条第 4 款）的文本及含义，即"各州议会应规定本州的参议员及众议员之选举时间、选举地点和选举程序，但是，国会却可以随时通过法律来制定或变更此种规定……"③

亚利桑那州议会声称，不论是从宪法文本本身来看，还是从宪法的历史发展和相关政策来看，选举条款中的"议会"都是专指由州普通议员组成的民选机构。与之相反，如果是另一方选区划分委员会被授权重新划分选区，那么民选议会其实就是被不恰当地剥夺了宪法赋予的特权。④

Hawke v. Smith 一案可以作为论据为亚利桑那州的观点提供有力论证。⑤ 在该案中，法院不允许通过事后公民投票形式来破坏各州依据宪法第 5 条对相关宪法修正案作出的最终批准。事实上，宪法第 5 条也使用了"议会"一

---

① Vikram David Amar, "What the Supreme Court Should Have Said in the Proposition 8 Case, and How an Important Tweak Would Have Avoided Unnecessary Damage to the Initiative Device", *VERDICT* (July 3, 2013).

② See generally *Ariz. State Legislature v. Ariz. Indep. Redistricting Comm'n*, 135 S. Ct. 2652 (2015) (裁定第 106 条提案没有违反联邦宪法中的选举条款，因为该提案并没有取消州议会的区划权力)。

③ U.S. CONST. art. I, § 4; *see also* Vikram David Amar, "What the Supreme Court's Arizona Redistricting Ruling Means for Presidential (Not Just Congressional) Election Reform", *VERDICT* (July 8, 2016).

④ Amar, *supra* note 43; *see also* Brief of Appellant at 13, *Ariz. State Legislature v. Ariz. Indep. Redistricting Comm'n*, 13S S. Ct. 2652 (2015) (No. 13 — 1314).

⑤ 253 U.S. 221 (1920).

词。① 但是，霍克注意到"议会"一词"在被写进宪法时其实并非一个内涵不确定的词。今天，这个词的含义仍然应当保留其当初被写进宪法时的状态"②，即"代表人民制定法律的代议机构"。③

更重要的一点是，法院在审理 *AIRC* 一案过程中还发现两个其他判例，即 *Ohio ex. rel.Davis v. Hildebrant*④ 和 *Smiley v. holm*。⑤ 其中，在 *Hildebrant* 判例中，法院支持俄亥俄州利用公民复决制度（人民通过直接投票方式行使否决权）来审查各州民选议会实施的选区划分行为；在 *Smiley* 判例中，*Smiley* 则赞成明尼苏达州授权州长可以通过行使否决权以参与选区划分过程的相关法律规定。⑥ 更为关键的是，借鉴 *Hawke* 一案后面两个判例得以产生的 *AIRC* 一案多数裁决意见（由金斯伯格大法官执笔），能够说明联邦宪法第 5 条所提到的"议会"（也是 *Hawke* 案的关键问题）与联邦宪法中选举条款所提到的"议会"并不是同一回事。因为，在联邦宪法第 5 条中，议会的任务是作出能够起到上下沟通作用的批准性决定；而在联邦宪法选举条款中，议会的任务则是通过制定能够普遍适用的法律以规制国会选举进程。⑦ *AIRC* 一案多数裁决意见的推理过程不仅清晰，而且很有说服力。对此，正如我解释的一样。

---

① *Id.* at 227; *see also* Vikram David Amar, "What the Supreme Court's Arizona Redistricting Ruling Means for Presidential (Not Just Congressional) Election Reform", *VERDICT* (July 8, 2016).

② *Hawke,* 253 U.S. at 227.

③ *Hawke,* 253 U.S. at 227.

④ *AIRC*, 135 S. Ct. at 2666 [*discussing Ohio ex rel Davis v. Hildebrant*, 241 U.S. 565 (1916)].

⑤ *AIRC*, 135 S. Ct. at 2666 [*discussing Ohio ex rel Davis v. Hildebrant*, 241 U.S. 565 (1916)] at 2667 [*discussing Smiley v. Holm*, 285 U.S. 355 (1932)].

⑥ Vikram David Amar, "What the Supreme Court's Arizona Redistricting Ruling Means for Presidential (Not Just Congressional) Election Reform", *VERDICT* (July 8, 2016).

⑦ Vikram David Amar, "What the Supreme Court's Arizona Redistricting Ruling Means for Presidential (Not Just Congressional), Election Reform", *VERDICT* (July 8, 2016); *see also* *AIRC*, 135 S. Ct. at 2666–67.

在联邦宪法中，提及州"议会"的条款被称为州立法条款（不同于批准或其他功能——例如，在 19 世纪，根据不涉及一般法规政策的原有宪法来挑选参议员）。在该条款中，"议会"是指州立法机制，其概念中包括履行直接民主职责的全州人民。①

事实上，由于亚利桑那州法规汇编中的议会法已经授权本州选民可以这样做，故而法院自然会极力支持该州选区划分委员会一方。进而，金斯伯格大法官就选择竭尽全力去论证选举条款中"议会"的内涵应当属于广义上的宪法问题。②

回想一下，选举条款的后半部分最终给了国会全权管理国会选举的权力。此外，还有一个事实，*AIRC* 一案中的多数裁决意见选择支持委员会一方，认为现行联邦法规能够反映出国会其实允许各州通过公民立法动议机制来重新划分选区（只要该机制与州法保持一致）。尽管如此，法院（没有遵循所谓的"规避"理论，即法院会尽可能去寻找各种方式以规避宪法问题）仍然明确选择根据对选举条款的广义（在我看来，是正确的）理解来作出裁决。根据法院支持的广义理解，即使没有国会批准，亚利桑那州选民仍然被允许可以做他们已经做了的事情。③

可以肯定的是，*AIRC* 一案的裁决结果及其广义推理方法都为国会选举进程中的诸多改革事项开启了更为广阔的大门。④ 但是，这一裁决也能对总统选举进程的改革产生重大影响。例如，就前文详细讨论的 NPV 计划而言，

---

① Vikram David Amar, "What the Supreme Court's Arizona Redistricting Ruling Means for Presidential (Not Just Congressional) Election Reform", *VERDICT* (July 8, 2016).

② Vikram David Amar, "What the Supreme Court's Arizona Redistricting Ruling Means for Presidential (Not Just Congressional) Election Reform", *VERDICT* (July 8, 2016).

③ Vikram David Amar, "What the Supreme Court's Arizona Redistricting Ruling Means for Presidential (Not Just Congressional) Election Reform", *VERDICT* (July 8, 2016).

④ Vikram David Amar, "What the Supreme Court's Arizona Redistricting Ruling Means for Presidential (Not Just Congressional) Election Reform", *VERDICT* (July 8, 2016).

我不仅指出"红州"只有采用 NPV 计划才能推动总统选举机制改革取得成功，还指出全国性的公民立法动议机制（不同于民选议会立法动议机制）是取得改革突破的最简单方法。①

就此而言，*AIRC* 一案其实还是相当重要的。因为，尽管可以根据选民所享有的公民立法动议权这一背景来对宪法第 1 条选举条款和第 5 条批准条款中的"议会"一词进行界定，但是到目前为止，宪法第 2 条中"议会"一词的内涵还是有点不太清晰的。② 不过，*AIRC* 一案似乎可以为此提供一个清晰的答案，即"当宪法第 2 条使用了'议会'，其就是指制定旨在规制各州如何普遍选举总统选举人进程之法律的机制"。③ 由于 *AIRC* 一案能够对州议会（可能不允许全民参与）和州立法（允许全民参与）两者间的二元选择或其他类似行为作出简单且清晰的区分，故而有充足理由相信对前述涉及选举条款中"议会"一词裁决意见的分析可以同样适用于宪法第 2 条。④

事实上，联邦宪法第 2 条和联邦宪法选举条款在文本结构上是非常相似的，都是"关于授权和限制各州制定规制选举进程的规则，而不是就批准或决定（在 20 世纪以前）谁能在小范围内被选为美国参议员这一议题作出二元选择"。⑤ 就文本而言，选举条款就议会选举问题仅提及应当"规定……方式"的权力，而宪法第 2 条则就总统选举人的挑选问题正式规定"指导方

---

① Vikram David Amar, "What the Supreme Court's Arizona Redistricting Ruling Means for Presidential (Not Just Congressional) Election Reform", *VERDICT* (July 8, 2016).

② U.S. CONST. art. I I, § 1; Vikram David Amar, "What the Supreme Court's Arizona Redistricting Ruling Means for Presidential (Not Just Congressional) Election Reform", *VERDICT* (July 8, 2016).

③ Vikram David Amar, "What the Supreme Court's Arizona Redistricting Ruling Means for Presidential (Not Just Congressional) Election Reform", *VERDICT* (July 8, 2016).

④ Id.; see also U.S. CONST. art. I, § 4; U.S. CONST. art. II, § 2.

⑤ Vikram David Amar, "What the Supreme Court's Arizona Redistricting Ruling Means for Presidential (Not Just Congressional) Election Reform", *VERDICT* (July 8, 2016); *see also* U.S. CONST. art. I, § 4.

式"的权力。① 更为关键的是，"manner"这个词均是两个条款的核心亮点，而且（两个条款分别使用的）"prescribe"和"direct"则属于内涵相当的同义词，因为，不论有意识还是无意识，AIRC 一案多数裁决意见在描述选举条款时，都在事实上替换使用"direct"和"prescribe"这两个词。② 事实上，关于宪法第 2 条允许全民参与的论据可能比宪法第 1 条选举条款允许全民参与的论据更为有力，原因在于，宪法第 2 条中授权条款的语法主体是"州"本身，而非"议会"。③

我应当说，即使在 AIRC 一案之前，我就已经主张（并且也这样说了）④宪法第 2 条其实是允许实行全民参与机制的。但是，一些分析人士似乎不确定这一点。其中，部分原因是前文提及的 Davis v. Hildebrant 这一早期案例有很多篇幅是关于议会授权而非"议会"一词的本身内涵；部分原因则是三名大法官（首席大法官伦奎斯特、大法官斯卡利亚和大法官托马斯）在 Bush v. Gore 一案⑤中似乎清晰表达了对宪法第 2 条中的"议会"应当作狭义理解。⑥ 但是，现在的五位大法官（包括肯尼迪大法官，就现有优势来看，他在 Bush v. Gore 一案中没有加入相对多数裁决意见的决定似乎是故意为之）已经签署了一份裁决意见。该裁决意见认为（确认）Davis v Hildebrant 一案将宪法第 1 条中"议会"一词解释为允许州在立法过程中使用直接民主机制，以及 NPV 计划或其他类似改革可以采用直接民主机制的路径似乎并不存在任何障碍，至少从宪法角度来说如此。

---

① U.S. CONST. art. Ⅱ, § 2.

② *Ariz. State Legislature v. Ariz. Indep. Redistricting Comm'n*, 135 S. Ct. 2652(2015).

③ U.S. CONST. art. Ⅱ, § 1.

④ Vikram David Amar, "Direct Democracy and Article Ⅲ: Additional Thoughts or Initiatives and Presidential Elections", 35 *HASTINGS CONST. L.Q.* 631 (2008).

⑤ 531 U.S. 98 (2000) (per curiam).

⑥ Id. at 111 (Rehnquist, C.J., concurring).

图书在版编目（CIP）数据

东南法学. 2019 年. 春季卷 / 刘艳红主编. -- 北京：
社会科学文献出版社，2019.4（2019.10 重印）
　ISBN 978 - 7 - 5201 - 4461 - 2

　Ⅰ.①东… 　Ⅱ.①刘… 　Ⅲ.①法学 - 文集 　Ⅳ.
①D90 - 53

　中国版本图书馆 CIP 数据核字（2019）第 047558 号

东南法学 2019 年春季卷

主　　编／刘艳红

出 版 人／谢寿光
责任编辑／姚　敏
文稿编辑／张春玲

出　　版／社会科学文献出版社·集刊分社（010）59367161
　　　　　地址：北京市北三环中路甲 29 号院华龙大厦　邮编：100029
　　　　　网址：www.ssap.com.cn
发　　行／市场营销中心（010）59367081　59367083
印　　装／北京虎彩文化传播有限公司

规　　格／开　本：787mm×1092mm　1/16
　　　　　印　张：20　字　数：371 千字
版　　次／2019 年 4 月第 1 版　2019 年 10 月第 2 次印刷
书　　号／ISBN 978 - 7 - 5201 - 4461 - 2
定　　价／98.00 元